U0874063

"十四五"职业教育国家规划教材

山西省"十四五"首批职业教育规划教材

智慧职教MOOC"个人理财"在线开放课程配套教材

"岗课赛证"融通教材

新编21世纪高等职业教育精品教材·金融类

个人理财

（第二版）

主　编　康建军　王　波

副主编　梁兴国　王小军

中国人民大学出版社

·北京·

前言

近年来，个人理财领域发生了日新月异的变化。证券发行注册制改革使投资者面临多样性的投资问题，但也有利于投资者结构的优化，加深投资者对价值投资理念的深入理解；《关于规范金融机构资产管理业务的指导意见》和《商业银行理财业务监督管理办法》的相继发布意味着银行理财产品打破刚性兑付，在净值型产品成为未来市场主流的背景下投资者面临更高的风险；个人养老金制度的正式实施使得“三支柱”养老保险体系更加健全，个人养老金的来源更加多元化；正式实施的《民法典》对自然人的人身权、财产权、人格权等做出明确翔实的规定，体现了对人民权利的充分保障；个人所得税制度的持续改革和优化，房产税和遗产税、延迟退休政策的未来走向等个人理财的政策环境在不断地发生变化，也引起人们更多的关注。

2022 年 10 月，党的二十大胜利召开。二十大是在我国迈上全面建设社会主义现代化国家新征程、向第二个百年奋斗目标进军的关键时刻召开的一次十分重要的大会，举国关注、世界瞩目。党的二十大报告从战略全局深刻阐述了新时代坚持和发展中国特色社会主义的一系列重大理论和实践问题，科学谋划了未来一个时期党和国家事业发展的目标任务和大政方针，在党和国家历史上具有重大而深远的意义。

为了深入贯彻党的二十大精神，推动党的二十大精神进教材、进课堂、进头脑，我们对本教材及时进行了修订。本次修订在保留第一版的特色的基础上，重点在以下方面寻求突破：

第一，全面推进习近平新时代中国特色社会主义思想和党的二十大精神进教材。为深入学习领会党的二十大精神，教材编写人员对党的二十大报告进行了逐字逐句的学习，力求全面准确领会，为做好教材修订打好思想基础、提高认识水平，确保教材修订内容的准确性、权威性。在此基础上结合个人理财的学科特点深入研究“进什么、怎么进、进到哪”的问题，全书在规范财富积累机制、健全资本市场功能、弘扬勤俭节约精神、弘扬诚信文化、加强家庭家教家风建设等数十处与“个人理财”学科知识进行了有机融合，采用理财文化、理财前沿、模块导入等多种形式有机代入，使得全书通篇闪耀着党的二十大精神的光辉，确保习近平新时代中国特色社会主义思想和党的二十大精神进教材落实到位，发挥铸魂育人实效。

第二，进一步加大课程思政实施力度，将中华民族优秀传统文化、社会主义核心价值观等课程思政元素有机融入教材。每一模块“学习目标”栏目下增设“素养目标”板块，并与该模块内容进行有机、自然的融合；每一模块之后增设“理财文化”栏目，结合模块内容，将中华民族优秀传统文化中的诚信义利、勤俭节约、讲信修睦、亲仁善邻等中华文明的智慧结晶融入教材，从而达到厚植中华文化底蕴、增强民族自豪感、坚定文化自信的目的。

第三，进一步促进“岗课赛证”融通。全书修订过程中有机衔接了银行业专业人员职业资格考试“个人理财”科目以及“健康财富规划”和“家庭理财规划”两项“1+X”职业技能等级证书考试相关内容，参考了全国职业院校技能大赛“智慧金融”赛项的比赛内容，将岗位技能要求、职业技能竞赛、职业技能等级证书标准有关内容有机融入教材，以延伸教材读者群、扩大教材应用范围。

第四，强化教材职业教育特征。在理财职业认知的内容设置方面，增加理财从业人员职业素养、职业能力、行为准则、商务礼仪和沟通技巧等内容，增加与个人理财相关法律法规的介绍，从而对理财从业人员这一职业轮廓进行大体的勾勒，使从业人员从事理财服务有迹可循，强化学生的职业认知，丰富职业教育的特征。

第五，大幅提升教材内容的实践性和可操作性。在原有基础上增加或者细化流程操作相关内容，使每一项规划都有明确具体的流程可循；增设“理财锦囊”和“理财实训”两个栏目，前者侧重理财技能，后者侧重实战训练；增加相关案例分析和运用，删除部分理论性较强、实务性较差的内容，优化教材内容体系。

第六，及时补充理财领域的新政策、新规定以及新变化，保持教材内容的前瞻性。增设“理财前沿”栏目，对理财领域最新的法规、制度进行科学解读，使教材内容更加贴近实际、贴近生活。

另外，由山西省财政税务专科学校个人理财教学团队精心打造的“个人理财”在线开放课程已在智慧职教 MOOC 上线并投入使用，丰富了纸质教材的表现形式。本教材中还以二维码的方式链接相关知识，从广度、深度上拓展了纸质教材的内容，这些均有助于实现教材的增值赋能。

第二版教材仍然由山西省财政税务专科学校康建军、王波担任主编，负责拟定大纲和最后的总纂定稿。各模块的撰写分工如下：模块一由山西省财政税务专科学校赵素春撰写；模块二由山西省财政税务专科学校王波撰写；模块三由山西省财政税务专科学校张吉平撰写；模块四由山西财贸职业技术学院吴征撰写；模块五由山西省财政税务专科学校邓雪莉撰写；模块六由山西省财政税务专科学校赵翔撰写；模块七由山西省财政税务专科学校常江撰写；模块八由山西省财政税务专科学校康建军撰写；模块九由山西省财政税务专科学校李毅撰写；模块十由晋中职业技术学院孙艳婷撰写；模块十一由山西金融职业学院刘洁撰写。教材修订过程中，编者与晋商银行等金融企业就教材内容、体例等进行了充分的研讨。山西省保险学会秘书长梁兴国先生，经济学博士、晋商银行运城分行行长王小军先生对教材内容的实用性、教材的逻辑与层次、教材的形式以及教材的实践部分等方面进行了严格审核和鉴定，在此一并表示感谢。

由于编者学识有限，时间紧迫，所以书中难免有疏漏和不足，敬请广大读者提出宝贵意见和建议，以便日后我们不断地修改和完善。

编者

目录

基础篇

理论篇

实务篇

基础篇

模块一 个人理财概述

学习目标

● 知识目标

1. 了解个人理财的含义；
2. 了解个人理财的作用；
3. 熟悉个人理财的内容。

● 能力目标

1. 能够分析个人理财规划的特征；
2. 能够掌握理财从业人员必备的职业能力和行为准则；
3. 能够采用科学理性的理财思维进行个人理财。

● 素养目标

1. 通过理财从业人员职业素养分析，引导学生树立守法合规、廉洁从业、独立客观、诚实守信等职业道德准则；
2. 通过开源与节流的辩证分析，引导学生树立量入为出、勤俭节约、朴实无华、有所节制的朴素的消费观；
3. 启发学生深刻思考财富与人生的关系，建立正确的人生观与价值观。

模块导入

电影《西虹市首富》(2018 年) 是一部有关财商的电影，大致的故事情节是：在特烦恼之城的西虹市，混迹于丙级业余足球队的守门员王多鱼，因比赛失利被开除离队。正处于人生最低谷之时，王多鱼突然接受了神秘财团一个月花光 10 亿元的幸福挑战，没想到迎接他的却是一次花钱特烦恼的喜剧人生：一月之内必须花光天降的横财。被贫穷限制了想象力的他使出洪荒之力，以梦想之名上演“花钱 72 计”。电影所折射的是人们对待金钱的观念。什么是有钱？所谓有钱，不是指你拥有多少金钱，而是指你能否合理支配、利用这些财富。面对突然到来的财富，王多鱼为何会陷入手足无措的状态？是因为他缺乏足够的财商修炼。什么是真正的财务自由？财务自由的真实含义，不是钱的自由，而是人的自由。王多鱼拼命花钱，却总距离 300 亿元的财产咫尺天涯，生活看似随性奢华，却相当压抑。当他把目光从财富上移开，关注他人生活，输送善良，财务自由却骤然而至。

经济学里也有财商的概念。简单地说，财商就是一个人认识金钱和驾驭金钱的能力，体现的是一个人理财的智慧，这也说明理财是一门学问。本模块将从认识理财入手，分析理财的意义或作用，梳理理财观念，建立科学的理财思维，并在此基础上了解个人理财规划的内容。

任务一　认识个人理财

一、个人理财的含义

“理财”一词，顾名思义即是“打理财务”，管理资金。它最早见于20世纪90年代初期的报端。随着我国资本市场的扩容、商业银行零售业务的日趋丰富和居民收入的不断上升，“理财”概念逐渐深入到普通人的生活中。但一般人谈到理财，想到的不是投资就是赚钱，实际上理财的范围很广。理财是人们为了实现自己的生活目标，合理管理自身的财务资源的一个过程，是贯穿一生的过程。理财是以管钱为中心，通过攒钱、生钱、护钱三个环节，管好现在和未来的现金流，让资金（或个人资产）在保值的基础上实现稳步、持续的增长，让自己终生“有钱花”。

个人理财是个人金融（或财务）规划。个人理财的主体是以个人或家庭为单位，它的本质可以用公式“个人理财=人+钱”来表示。在这个公式中，人是居于主动地位的，即个人理财的研究重点是人如何选择，因此个人理财是围绕着人来进行，强调个性而非共性。

关于个人理财的定义，目前业内有不同的说法。美国理财师资格鉴定委员会对它的描述是：个人理财是指制定合理利用财务资源、实现客户个人人生目标的程序。而中国金融理财标准委员会将个人理财服务称为金融理财，认为个人理财是一种综合金融服务。它是指理财专业人士通过收集客户家庭状况、财务状况和生涯目标等资料，与客户共同界定其理财目标及优先顺序，明确客户的风险属性，分析和评估客户的财务状况，为客户量身制定合适的理财方案并及时执行、监控和调整，最终满足客户人生不同阶段的财务需求的综合金融服务。它不局限于提供某种单一的金融产品，而是针对客户的综合要求进行有针对性的金融服务组合创新。金融理财是由专业人士提供的金融服务，而不是客户自己理财。

理财讨论

赚钱的目的是让人生获得幸福，分组讨论什么是幸福（可一一列举），然后再分析幸福的实现和金钱的关系。

二、个人理财的作用

（一）平衡现在和未来的收支

理财是人生收支平衡的“调节器”。理财人生曲线（见图1-1）中，横轴代表年龄，纵轴代表收入或支出。

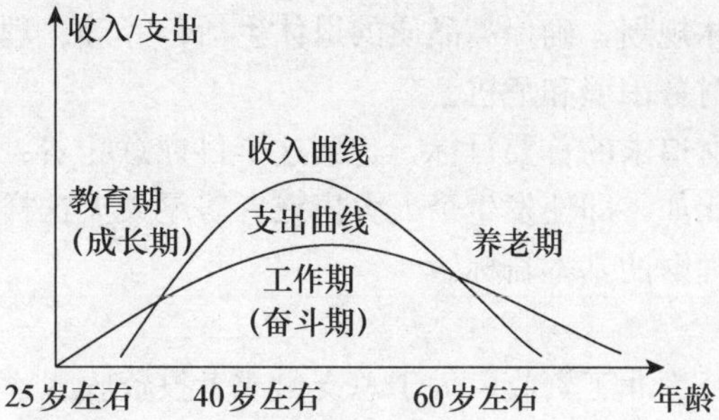

图1-1　理财人生曲线

人的一生都有支出，而收入只在特定阶段才有。一般来说收支在一生中往往存在两个不平衡：

一是时间上不平衡。人生每一个阶段都会有各种各样的开支，但收入主要是在工作期赚取。一个人在工作期间赚取的收入，要尽量满足自己工作期的支出需求，还要考虑养老期的追求和下一代的成长需求，因而可能出现工作期收大于支，而成长期、退休期收不抵支。

二是总量上不平衡。如果收大于支，则生活无忧，还可能留有遗产。如果收不抵支，则生活可能陷入危机甚至破产。

理财的核心就是使一生的收入和支出基本平衡，实现一生的效用最大化，这也是个人理财的理论基础和生命周期理论的基本思想。

理财视角的一生

（二）提高生活水平

平衡一生的收支只是个人理财的基本目的。个人理财可以帮助人们通过投资行为保值个人资产，积累充分的财富以供支配，满足人们追求更高层次生活品质的需要。

（三）规避风险和灾害

个人或家庭所面对的风险主要有两类：一类是微观风险，如失业、疾病、伤残、意外死亡等；另一类是宏观风险，一般是无法控制的，如通货膨胀、金融危机、政治动荡等。这些风险给个人的财务安全带来不同程度的冲击。个人理财可以帮助人们事先采取有针对性的财务防范措施来达到保障的目的，以转移风险、应对突发事件造成的财富损失。

三、个人理财的目标

理财目标是人生目标之一，对于所处经济环境、生活环境不同的人和处于不同人生阶段的同一个人，其理财目标也是不同的。对个人理财目标，可以从以下不同维度去理解。

（一）个人理财的基本目标和终极目标

1. 财务安全

保证财务安全是个人理财要解决的首要问题。财务安全是指财务资源足以应对未来的财务支出和其他生活目标的实现，不会出现大的财务问题。财务安全可以从多个角度进行衡量：是否有稳定而充足的收入；是否有充足的现金储备；是否有收益稳定的投资；负债水平是否合理；是否有充足的保险保障；是否享受社会保障；是否有额外的养老保险计划；等等。要实现财务安全，制定并执行科学合理的理财规划至关重要。比如通过现金规划确保资产的流动性，预防突发事件引起的现金需求；通过保险规划规避各种意外发生带来的财务冲击；通过退休规划，确保高品质的退休生活；等等。理财规划可以帮助我们实现财务安全健康，远离财务困境和危机。

财务安全是人生理财追求的首要目标，达到这个目标意味着：对任何出现的情况，你都没必要为财务担心。比如，即使发生个人大病或者房屋火灾这样的风险，你一样能从容应对。财务安全是个人理财的基本目标。

2. 财务自由

财务自由通常被解释为非工资收入大于总支出或者投资收入大于总支出。其基本含义是依靠非工资收入或者投资收入就能满足家庭的总支出。财务自由表明一个人或家庭的收入，主要来源于主动投资而不是被动工作。财务自由意味着家庭财务处于健康状态，家庭的财务压力和负担很轻，同时工作对个人或家庭的重要性发生了根本变化，工作不再是谋生的手段，个人从被迫工作的压力中解放出来，已有财富成为创造更多财富的工具。这时候，个人或家庭的生活目标相比财务安全层次下有了更强大的经济保障。

财务自由可用财务自由度这个指标来衡量：

$$财务自由度=\frac{投资收入(非工资收入)}{日常消费支出}\times 100\%$$

财务自由度一般是用来衡量个人财务自由程度的一个指标。如果财务自由度大于100%，则表示个人财务自由度大；反之，如果财务自由度小于100%，则表示个人财务自由度小。

财务自由是个人理财的终极目标，要实现财务自由就必须有足够的投资收入，而投资收入的前提是要有必需的资本积累，即个人财富的增加。个人财富的增加，一方面靠节俭，但节俭是有限的，节俭过度必然会牺牲生活品质，这不是个人理财所追求的生活状态；另一方面靠投资来开源，投资是无限的。依据理财目标和个人风险属性，选择合适的投资方案，合理配置投资品种使投资收入在家庭收入中的比重逐渐上升，成为家庭收入的主要来源，最终实现财务自由。

例 1-1： 某家庭有可投资资产 1 000 万元，采取最保守的投资策略将其全部存入银行，一年期存款利率目前大致 2%，则一年利息就有 20 万元，基本上可以满足目前中国城镇绝大部分家庭的年度开支，该家庭就实现了财务自由。

例 1-2： 某家庭在上海市区有一套房屋可以出租，年租金大概 20 万元，能够满足该家庭年度支出，那么该家庭同样实现了财务自由。

理财实训

李某今年 40 岁，家庭每月消费支出为 6 000 元，现有投资性资产共计 100 万元，预计每年能带来 10%的投资收益，则该家庭的财务自由度是多少？

（二）个人理财的具体目标

1. 短期目标、中期目标和长期目标

短期目标，通常预计在一年内达成，比如出国旅游、购置冰箱和电脑等；中期目标通常预计在三到五年内完成，比如买车、修整房子等；长期目标一般则预计在五年以上完成，如筹措买商品房的资金、退休资金等。短期、中期或长期目标设定时都必须明确而不含糊。

需要说明的是，短期目标、中期目标和长期目标之间的界限并不是绝对的，特别是短期目标和中期目标之间，界限更不是特别明显。此外，相同的理财目标对于不同客户，其分类也可能不相同。如购买汽车，对于一个刚毕业的学生来说，可能是中期目标，而对于一个中年人而言，可能就是短期目标。

2. 必须实现的理财目标和期望实现的理财目标

必须实现的理财目标是指对个人或家庭正常的生活而言必须要完成的目标，主要包括保证日常的衣食住行等与个人或家庭生存密切联系的支出，是应优先考虑的理财目标。

期望实现的理财目标是指在个人或家庭正常生活水平的前提下，客户期望完成的目标，如环球旅游、购买豪华游艇、出国旅居等。相对于必须实现的理财目标而言，期望实现的理财目标是在所有必须实现的目标都满足后，再考虑实现的目标。

（三）理财目标的确定原则

第一，理财目标必须具有合理性和可实现性，而且不同的目标之间应该没有矛盾。例如，一个年收入为 10 万元的客户把他的短期目标设定为四年内偿还购房所欠的抵押贷款 40 万元，显然难以实现。

第二，理财目标要具体明确。无论是何种目标，在制定时一定要具体化，并且将最终希望达到的财务状态加以明确。比如客户希望为自己女儿积蓄一笔上大学的费用，那么就必须调查大学的收费状况，并且明确从现在起距离上大学的时间以及通货膨胀率等因素，才能计算出通过一次性累计或年金的方式在未来应该准备的经费。

第三，将预留紧急备用金作为必须实现的财务目标来完成。人生周期中可能会遇到失业、疾病、意外伤害等事件，导致收入突然中断或者支出突然暴增，此时若没有紧急备用金就会捉襟见肘，陷入一时的财务困境，因而制定任何理财目标都必须预留足够的紧急备用金。

第四，理财目标要兼顾不同的期限和先后顺序。短期目标、中期目标和长期目标要同时兼顾，不可厚此薄彼，特别是要避免财务安排中的短视行为，忽视长期目标。应将客户所有的目标按重要程度列出，并用时间加以区分。

第五，以改善客户财务状况，使之更加合理为主旨。实践中，一些客户往往过于关注投资的高收益而忽略了从总体上改善财务状况。

理财实训

参照表 1-1，完成人生不同阶段的理财目标的设定。

表 1-1 不同阶段理财目标的设定

个人状况	短期目标（1 年左右）	中期目标（3～5 年）	长期目标（5 年以上）
单身	（如）完成大学学业	（如）结婚	（如）购买一套商品房
已婚夫妇（无子女）			
父母（有年幼子女）			

任务二　认识个人理财规划

一、个人理财规划的含义与特征

个人理财规划是指专业理财人员运用科学的方法和特定的程序为个人制定切合实际、具有可操作性的某方面或综合性的财务方案。本书所述的个人理财是指个人理财规划，当然其基本原理知识和方法也适用于个人打理财富及安排人生。

个人理财规划具有以下特征：

首先，个人理财规划是全方位的综合金融服务。它不局限于提供某种单一的金融产品，而是针对客户不同阶段的各种理财目标进行的全方位、多层次的服务。

其次，个人理财规划是个性化的综合金融服务。每个客户都有自己独特的财务与非财务状况，理财需求存在很大的差异性，这就决定了理财规划服务不可能有一成不变的模式，而应根据客户具体情况具体对待。

再次，个人理财规划是长期性的综合金融服务。它是针对个人一生而不是某个阶段的规划，它的内容涵盖了个人生命周期的各个阶段，如居住规划、保险规划、教育规划、退休规划、遗产规划等。

最后，个人理财规划是专业性的综合金融服务。理财从业人员应受过严格培训并取得相应资质证书，了解各种金融理财工具，熟悉金融理财相关法规，具备一定的职业道德和专业素养。

理财讨论

请结合具体生活实践，分组讨论个人理财规划的全方位、个性化、长期性、专业性的特征。

个人理财服务的从业人员

二、理财从业人员

理财规划的全方位性要求理财从业人员全面掌握各种金融工具及相关法律法规，为客户提供量身定制的、切实可行的理财方案，并不断修正，以满足客户长期的不断变化的财务需求。在国外，理财从业人员可以在非独立理财机构和独立理财机构任职。非独立理财机构即企业经营性理财机构，是指经营投资理财产品的银行、证券、保险等金融机构；独立理财机构是指基于中立的立场，不代表任何机构如保险公司、基金公司、银行等，也不仅仅代表单个客户的利益，为客户提供综合理财规划服务的中介机构，如咨询公司、理财师事务所、会计师事务所、税务师事务所、律师事务所等机构。目前在我国，理财从业人员主要在非独立理财机构任职。

结合2021年12月29日中国人民银行发布的《金融从业规范　财富管理》（以下简称《标准》），理财从业人员的主要执业标准有以下几个方面。

(一) 理财从业人员的职业级别

在从业者职业级别方面，《标准》根据理财从业人员所服务客户的金融资产规模及所提供服务的不同，分为个人理财师、理财规划师、私人银行家、家族财富传承师四个职业级别。不同职业级别的理财从业人员角色定位如下：

1. 个人理财师

服务社会公众的理财从业人员，能根据客户的不同理财需求提供相应的理财产品。

2. 理财规划师

服务富裕人士的理财从业人员，在个人理财师的基础上，能为客户提供符合生命周期需求的财富管理方案。

3. 私人银行家

服务高净值人士的理财从业人员，在个人理财师以及理财规划师的基础上，能为客户提供财富保全、财富移转及其他非金融服务。

4. 家族财富传承师

服务超高净值人士的理财从业人员，在个人理财师、理财规划师以及私人银行家的基础上，能为客户提供家族企业治理与家族治理方面的金融与非金融服务。

(二) 理财从业人员的职业道德素养

在理财规划专业服务中，从业人员与客户之间形成一种受托关系，“受人之托，忠人之事”是必须恪守的准则。社会公众的“信任”或“信心”最终来源于从业人员严格的职业素养，具体包括以下四个方面：

1. 守法合规

理财从业人员应积极配合监管机构的监管，主动向监管机构提供违法违规的线索，举报违法违规的行为，避免自己实施或参与违法违规的行为，避免为他人违法违规的行为提供帮助。

2. 廉洁从业

在开展理财相关业务活动中，理财从业人员不应谋取不正当利益或者向公职人员、客户、正在洽谈的潜在客户及其他利益关系人输送不正当利益。

3. 独立客观

理财从业人员应基于客户自身情况及其利益的考虑为其提供财富管理方案，应充分发挥专业判断能力，避免他人不当干预和其他不当因素的影响。

4. 诚实守信

理财从业人员应坦诚地为客户服务，承担提供完整准确信息的义务，如实告知客户可能影响其利益的重要情况，正确向其揭示风险，不应做出不当承诺或保证。

(三) 理财从业人员的职业能力

1. 基本能力

(1) 建立正确态度的能力：在合法合规的基础上，应以了解、满足及实现客户在生命周期不同阶段的财富管理需求为出发点开展财富管理业务活动。

(2) 获取客户信息的能力：通过情景式引导，获取与客户财富管理需求相关的详细信息。

(3) 了解财富管理产品的能力：清楚掌握固定收益类、权益类与保障类等财富管理产品的定位、功能与特性。

（4）基本沟通能力：向客户清楚传达服务内容与产品的基本信息。

2. 专业能力

（1）个人专业形象塑造能力：运用顾问式营销获得客户的尊敬与信赖，凭借客户的反馈与口碑，塑造个人专业形象。

（2）高质量沟通能力：通过经济数据及实际案例等，分析目标客户当前面临的问题及潜在风险，使客户感同身受并愿意进一步沟通。

（3）客户需求分析与挖掘能力：挖掘客户的核心痛点，分析客户在生命周期的不同阶段对资产保值与增值的需求。

（4）客户人格特质与决策风格的分析及应用能力：在与客户的互动过程中，通过逻辑推理或科学实证判断客户的人格特质与决策风格，确定客户财富管理目标，实现高效营销。

（5）宏观趋势分析与经济数据解读能力：梳理影响全球市场的宏观趋势，分析国内外重要经济数据的意义及对资产走向的影响，解读相关政策，洞察投资机遇。

（6）产品的选择与应用能力：熟悉各种金融产品的优劣势及适用场景，根据不同的客户需求，选择最能满足客户目标的产品或产品组合。

（7）资产评价与资产配置能力：评价股票、债券、汇率、天然资源、房地产的基本面、资金面、法人面，根据不同资产的收益和风险特性，分别采取短期、中期、长期投资策略。

（8）法务与税务筹划能力：熟悉国内外重要法务与税务规定及政策动向，为客户提供合理的法务建议或最佳的税务筹划方案。

（9）家族传承分析与规划能力：应用家族传承分析工具，了解家族客户面对的传承挑战并提出满足客户对家族财富永续、基业长青、人才辈出及家族和谐的方案。

（10）专业简报能力：通过撰写专业简报，高效地向客户传达沟通的重点与目标。

3. 知识能力

理财从业人员应具备的知识能力如表1-2所示。

表1-2 理财从业人员应具备的知识能力

从业人员	客户分层	角色定位	应具备的专业知识
个人理财师	社会公众（委托管理60万元以下）	根据客户的不同理财需求提供相应的理财产品	财富管理概述；金融科技的发展与应用；金融科技在客户营销中的创新应用；财富管理产品；保险规划；客户关系管理
理财规划师	富裕人士（委托管理60万元至600万元）	能够为客户提供符合生命周期需求的财富管理方案	个人理财师应具备的专业知识；金融科技在财富管理领域的创新应用；政府经济政策宏观分析；基金评价；投资组合；退休规划；法律风险筹划；税务筹划；制定高效营销战略
私人银行家	高净值人士（委托管理600万元至3 000万元）	在常规投资理财服务的基础上，能够为客户提供财富保全、财富转移和其他非金融服务	理财规划师应具备的专业知识；财富管理组织的理论基础；大类资产评价；不动产投资规划；收藏品规划；家族财富传承

续表

从业人员	客户分层	角色定位	应具备的专业知识
家族财富传承师	超高净值人士（3 000万元以上，或自管2亿元以上）	能够在私人银行家的基础上为客户提供家族企业治理与家族治理方面的金融和非金融服务	私人银行家应具备的专业知识；天然资源规划；创业规划；企业经营规划

从表1-2可以看出，理财从业人员的知识要求是递进式的，对级别高的从业人员的知识要求涵盖级别低的，并在级别低的层次上提出了新的要求。

（四）理财从业人员的行为准则

1. 保守秘密

理财从业人员应依法妥善保管并严格保守客户信息，除属于法律要求披露的信息外，不得公开或披露该信息。

2. 专业胜任

理财从业人员应具备与其开展财富管理业务相适应的知识与经验，并保持和提高专业胜任能力，不应做出任何与专业胜任能力不相称的行为。

3. 严谨审慎

理财从业人员应严谨审慎、细致、周全、周密开展服务，提高风险识别和管理能力，不应从事自己力不能及的工作。

4. 勤勉尽责

理财从业人员应本着对客户高度负责的精神、秉持勤勉的工作态度，切实履行应尽的职业责任，向客户提出具有高度专业见解的财富管理规划建议，不应出现遗漏或疏忽。

5. 客户至上

理财从业人员的执业活动应一切从客户的合法利益出发，不应从事与客户有利益冲突的业务。遇到自身或相关方利益与客户利益发生冲突或可能发生冲突时，应及时向所在机构报告，当无法避免利益冲突时，应确保客户利益得到公平对待。

6. 公平竞争

理财从业人员应尊重同业人员，公平竞争，不应贬损同行或以其他不正当竞争手段争揽业务。

理财讨论

结合前文对理财从业人员的职业道德素养、职业能力、行为准则的介绍，分小组讨论你所理解的理财的本质是什么。“受人之托，忠人之事”，你能否体会到理财从业者肩上沉甸甸的责任和使命？

（五）理财从业人员的商务礼仪和沟通技巧

在商务来往中，良好的礼仪与沟通技巧能迅速获得客户的好感，从而得到客户的认可。

1. 商务礼仪

孔子曰：“不学礼，无以立”。礼仪作为文明的外化，是沟通的开始，也是每一个职场人的必修课程。在商务活动中，为了体现相互尊重，需要通过一些行为准则去约束人们在商务活动中的方方面面。商务礼仪是指在商务活动中，各方为了体现相互尊重应该遵守的一些行为准则。

商务礼仪的基本原则是“尊重、友好、真诚”，主要包括仪表礼仪和会客礼仪。

仪表礼仪包括个人形象六要素（仪表、表情、风度、服饰、谈吐语言、待人接物）、着装的“TOP”原则（Time 时间、Objective 目的、Place 场合）等。总体而言，职业化的形象常常代表着丰富的专业经验和严格的职业操守。

会客礼仪包括守时、握手与自我介绍、交换名片、站立行走的姿态等方面。

礼在外，更在内。中华礼仪的形成逻辑，源于发自内心的尊重与友善。理财人员发自真心地为他人着想，不用刻意地背诵记忆规则，就能融汇于日常的理财活动。

2. 沟通技巧

沟通技巧主要体现在表达能力、倾听、提问、肢体语言的运用等方面。

人的声音和语调能使对方产生正面或负面的感觉，因此在表达过程中发音要准确，语速要适中，口气要谦和，内容要简明，精神要饱满，表情要自然，目光要温和，距离要合适，尽量少用方言，慎用外语。

注意倾听。倾听要专注，避免分心的举动或手势，如起身招呼他人或接打电话，或者中间打断说话者；要把自己置身于说话者位置，理解他想要表达的意思，时不时赞许地点头，有茅塞顿开的面部表情，可有少许提问和复述。提问有不同的方式，应根据具体情况采用开放式提问、封闭式提问、重申式提问等方式，确保提问效果。提问时必须切中实质、保持礼貌和谨慎。

肢体语言包括眼神、面部表情、身体姿势、手势等。在沟通过程中，适当运用肢体语言，可以让对方更好地理解，提高沟通效果。

三、个人理财规划的内容

（一）现金规划

现金规划是个人理财规划的起点。个人持有现金主要是为了满足日常开支需要、投机性需要，以及预防突发事件需要。现金规划是对个人或家庭日常所需现金及现金等价物的安排和对家庭收支管理的过程。现金规划既要保证客户资金的流动性，又要考虑现金的持有成本。现金规划的目标是要保持必要的家庭资产流动性和一定的储蓄额。

（二）住房规划

房地产投资作为一种长期的高额投资，除了用于个人消费，还具有显著的投资价值。投资者购买房产主要出于四种考虑：自己居住、对外出租、投机获利和减免税收。针对不同的投资目的，投资者在选择具体房地产品种时，也会有不同的考虑。这就要求投资者既要了解房地产方面的法律法规和影响房地产价格的各种因素，又要了解自己的支付能力以及金融机构关于房地产的各种规定，以确定自己最合理的房地产购置规划。

（三）保险规划

保险规划应当位于个人理财规划的前列。人生很可能会面对一些不期而至的风险，比如意外的人身伤害、疾病、火灾等。为了规避这类风险，在现实生活中人们通过购买保险来满足自身的安全需要。保险除了具有基本的转移风险、减少损失的功能之外，它还具有融资、投资功能。在个人理财中经常用到的保险产品包括人寿保险、意外伤害保险、健康保险、财产保险、责任保险等。保险规划的目的在于通过对个人经济状况和保险需求的深入分析，选择适合自己的保险产品，确定合理的期限和金额。

（四）投资规划

投资规划是个人理财规划的核心。投资是个人获取财富的主要手段，不同的金融投资工具具有不同特点，包括股票、债券、基金、外汇以及黄金等，在个人理财中往往占有很高的比例。投资规划要求个人在充分了解自身风险偏好和投资回报率需求的基础上，通过合理的资产分配，使投资组合既能满足流动性要求与风险承受能力，又能获得充足的回报。需要注意的是不同的理财目标，要借助于不同的投资产品来实现。

（五）税收筹划

税收筹划又称“合理避税”。它来源于 1935 年英国的“税务局长诉温斯特大公案”。当时参与此案的英国上议院议员汤姆林爵士对税收筹划作了这样的表述：“任何一个人都有权安排自己的事业。如果依据法律所做的某些安排可以少缴税，那就不能强迫他多缴税。”这一观点得到了法律界的认同。经过近一个世纪的发展，税收筹划的规范化定义得以逐步形成，即“在法律规定许可的范围内，通过对经营、投资、理财活动的事先筹划和安排，尽可能取得节税（Tax Savings）的经济利益”。

（六）教育规划

教育投资是一种智力投资，它不仅可以提高人的文化水平与生活品位，还可以使受教育者增加人力资本。教育投资可以分为两类，自己的教育投资和对子女的教育投资。在进行教育投资时，首先要对自身的教育需求和子女的基本情况进行分析，确定未来的教育投资需求；其次要分析收入情况，并根据具体情况确定自己和子女教育投资资金的来源；最后要综合运用各种投资工具来弥补教育资金来源和需求之间的差距。

（七）养老与退休规划

退休规划是为保证将来有一个有尊严、自立、保持水准的退休生活，而从现在开始制定实施关于如何筹措和管理退休以后的生活资金，以及如何安排退休后收支的一系列财务活动方案的过程。退休规划是一个长期的过程，不是简单通过在退休之前存一笔钱就能解决，而是个人在退休之前的几十年就要开始确定目标，进行详细的规划，为将来退休做准备。

（八）财产分配与传承规划

财产分配与传承规划是个人理财规划中不可或缺的部分，它是指当事人通过选择遗产管理工具和制定遗产分配方案，对其财产进行合理分配，减少财产分配与传承中发生的支出，满足家庭成员在家庭发展的不同阶段产生的各种需求，避免财产分配过程中可能发生的纠纷，促进家庭关系的和谐。

四、个人理财规划的基本流程

（一）建立客户关系

如何从众多的客户群体中找出潜在客户，并与之建立良好的关系，是个人理财规划的第一步。建立客户关系的方式多种多样，如电话交谈、互联网沟通、面对面会谈等。其中，与潜在客户面对面会谈是建立客户关系最重要、最常用的方式。在与客户会谈之前应做好充分的准备，展示职业化的形象，同时还应掌握一定的沟通技巧和营销策略。

（二）收集客户信息

没有准确的信息，就无法了解客户的财务状况，也无法与客户共同确定合理的财务目标，进而就不可能为客户提出切实可行的理财规划方案。因此，收集有关信息在理财规划之前是一个十分重要的程序，只有可靠、完整和准确的信息才能保证财务建议的有效性。

客户信息分为财务信息和非财务信息两类。财务信息指客户当前的收支状况、资产负债状况、各种财务安排以及这些情况的未来发展趋势等。财务信息是制定理财规划的基础和根据，它决定客户的目标和期望是否合理，以及完成理财规划的可能性。非财务信息指其他的相关的信息，如客户的社会地位、年龄、投资偏好和风险承受能力等，借此可以进一步了解客户，对理财计划的选择和制订有着直接的影响。

（三）分析评价客户财务状况

在将客户信息进行整理和分析之后，就可以为客户编制财务报表，分析财务数据，全面深入地了解客户目前财务状况与其财务目标之间的差距，通过制定个人理财规划帮助客户实现财务目标。

家庭财务报表一般包括资产负债表和收支表。其中，资产负债表是反映家庭某一时点财务状况的财务报表，通过分析资产负债表可以全面了解客户的资产负债状况，掌握客户实际拥有的财富数量，资产负债表的财务分析指标通常包括净资产、负债比率、清偿比率等；收支表是反映家庭某一时期财务状况的财务报表，通过分析收支表可以了解客户一段时期内的财富变动状况，收支表的财务分析指标通常包括结余比率、支出比率、自由储蓄额等。本书将在模块三中对客户财务状况分析的内容进行深入阐述。

（四）制定个人理财规划方案

根据客户财务状况分析的结果，结合客户理财目标，从现金规划、保险规划、投资规划、住房规划、教育规划、税收筹划、养老与退休规划、财产分配与传承规划等八个方面制定完整的个人理财规划方案，并对方案进行具体的分项说明，同时根据客户的需求对理财方案进行相应的修改。

（五）执行个人理财规划方案

方案的执行要兼顾准确性、及时性和有效性三个基本原则。准确性是指方案执行者应在资金数额分配和品种选择上准确无误，以确保既定目标的实现；及时性是指方案执行者要及时落实各项行动措施，根据客户自身情况和市场状况的变化及时地进行计划调整；有效性是指方案执行者要使计划的实施能够有效实现预定目标，使客户的财产得到真正的保护或者实现预期的增值。

（六）监控个人理财规划方案的实施

任何宏观或者微观环境的变化都会对个人理财规划方案的执行效果造成影响，因而必须定期地对理财规划方案的执行和实施情况进行监控和反馈，并就实施结果及时与客户进行沟通，必要时还可以对方案进行适当的调整。

五、个人理财规划相关法律法规

如表 1－3 所示，个人理财作为一项综合金融服务，它所涉及的法律法规是多层次的、多领域的。

表 1-3　个人理财规划相关法律法规

	法律法规名称	制定机构	最新修订实施年份	在个人理财中的主要运用
法律	《公司法》	全国人大及其常委会	2024	投资规划
	《个人独资企业法》		2000	财产分配与传承规划
	《合伙企业法》		2007	财产分配与传承规划
	《商业银行法》		2015	现金规划
	《证券法》		2020	投资规划
	《保险法》		2015	保险规划
	《证券投资基金法》		2015	投资规划
	《信托法》		2001	财产分配与传承规划
	《个人所得税法》		2019	个人纳税筹划
	《民法典》		2021	财产分配与传承规划
行政法规	《人民币管理条例》	国务院	2018	现金规划
	《征信业管理条例》		2013	住房规划
	《存款保险条例》		2015	现金规划
	《防范和处置非法集资条例》		2021	现金规划
	《住房公积金管理条例》		2019	住房规划
	《期货交易管理条例》		2017	投资规划
部门规章	《中国人民银行金融消费者权益保护实施办法》	中国人民银行	2020	现金规划
	《个人养老金实施办法》	人社部等	2022	退休养老规划
	《商业银行理财业务监督管理办法》	银保监会	2018	投资规划
	《理财公司理财产品销售管理暂行办法》		2021	投资规划
	《关于规范金融机构资产管理业务的指导意见》		2018	投资规划

（一）个人理财相关法律

《公司法》《个人独资企业法》《合伙企业法》等法律规范各类市场主体的组织和行为，保护公司、企业、股东和债权人等的合法权益，有助于维护社会经济秩序，促进社会主义市场经济的发展。

《商业银行法》《证券法》《保险法》《证券投资基金法》《信托法》等金融法规的制定和实施有助于保护商业银行、存款人和其他客户、投资者、保险活动当事人的合法权益，规范商业银行、证券经营机构等金融机构的行为，维护金融秩序。

《个人所得税法》是调整征税机关与自然人（居民、非居民）之间在个人所得税的征纳与管理过程中所发生的社会关系的法律规范的总称，是个人纳税筹划的法律依据。

《民法典》自 2021 年实施后，在法律体系中居于基础性地位，也是市场经济的基本法。《民法典》通篇贯穿以人为中心的发展思想，着眼满足人们对美好生活的需要，对自然人的人身权、财产权、人格权等作出明确翔实的规定，体现了对公民权利的充分保障，被誉为“新时代公民权利的宣言书”。

（二）个人理财相关行政法规

与个人理财相关的行政法规主要有《人民币管理条例》《征信业管理条例》《存款保险条例》《防范和处置非法集资条例》《住房公积金管理条例》《期货交易管理条例》等，这些法规在现金规划、住房规划、投资规划等个人理财规划中起着重要作用。

（三）个人理财相关部门规章

部门规章通常是国务院所属的各部门（金融业主要是中国人民银行、银保监会、证监会）根据法律和行政法规制定的规范性文件，数量较多，其中与个人理财密切相关的主要有《中国人民银行金融消费者权益保护实施办法》《个人养老金实施办法》《商业银行理财业务监督管理办法》《理财公司理财产品销售管理暂行办法》《关于规范金融机构资产管理业务的指导意见》。

理财前沿

规范财富积累机制

改革开放以来，我国居民财富快速积累，但财富分配差距也呈扩大趋势，共同富裕的发展目标面临挑战。为此，“规范财富积累机制”这一与我国当前经济发展阶段相适应的全新概念在党的二十大报告中被首次提出。

首先，从收入的结构来看，对大部分人来说，劳动收入是其主要收入来源。同时，党的二十大报告提出，鼓励勤劳致富，也是强调劳动的重要性以及劳动收入的重要性，为此，应增加劳动收入在初次分配中的比例，鼓励多劳多得，给中低收入群体指明了勤劳致富的方向。其次，财产性收入是增加居民收入不可或缺的渠道，但前提是合法合规，对违法违规的财产性收入应依法取缔。最后，拓宽城乡居民财产性收入渠道，探索通过土地、资本等要素使用权、收益权增加中低收入群体的要素收入。另外，住房是居民财富的重要构成，支持居民合理拥有住房资产，促进房地产市场持续健康发展。

由于不同来源的收入在财富积累中具有本质区别，规范财富积累机制首先是要让财富积累方式更加合法、合规和合理。为此，党的二十大报告重申，要保护合法收入，调节过高收入，取缔非法收入。同时，引导、支持有意愿有能力的企业、社会组织和个人积极参与公益慈善事业。

社会主义市场经济本质上是法治经济，必须以保护产权、维护契约、统一市场、平等交换、公平竞争、有效监管为基本导向，规范财富积累要依法进行。累进税制、房地产税、遗产税等都需要在结合国情、充分论证基础上有序推进。

规范财富积累机制的提出，说明了建设、完善财富积累机制的必要性。同时，也意味着“财富积累”过程中所涉及的法律、金融等相关制度层面的设计也将进一步完善。从财富人士的角度看，采用合法、合规的金融工具，洞察规则变化，把握风向利好，在制度框架内进行财富的积累、保障和传承更加重要。

任务三　树立科学理性的理财观念

一、理财既要开源也要节流

理财的关键是开源、节流，争取资金收入。

首先来看开源。对大部分人来说，工作收入（被动收入）是唯一的收入。正常情况下，随着年龄的增长，工作收入会越来越多。但有两种情况工作收入会减少：一是退休；二是身故或失去工作能力。所以我们要在年轻时保住赚钱能力，并且在有能力的时候努力开源，如做兼职、副业甚至是微创业。

其次来看节流。所谓节流便是计划消费、提前规划大额开支。华尔街的基金经理人布莱特·麦克蒂格曾研究过，为什么许多一生勤奋的人，最终却无法颐养天年。他总结了十几年的工作经验与心得，仔细分析了那些在金钱游戏中摸爬滚打的经纪人和投资者曾经犯下的各种错误，找出了投资老手也不能幸免的投资盲点，并调查分析了500多位开始时一无所有，但最终积累了成百上千万财富的投资者的致富之道，研究发现：一个人富有的程度取决于他的支出，而非他的收入。在你还没有找到更好的方法去开源的时候，节流往往是最有效的理财方法。人们常说“赚钱不如省钱”就是这个道理。但节流并不意味着吝啬寒酸，而是知所节制、朴实无华和量入为出。因此要克服盲目购物、追求表面奢华、轻视小钱和不理性的消费习惯。

理财讨论

观点一：“省下就是赚到”；观点二：“钱是赚下的，不是省下的”。以上两种观点你认同哪一种？

二、理财既要保值也要增值

“投资”和“理财”并不能等同，理财不仅要考虑财富的积累，还要考虑财富的保障。理财在追求投资收益的同时，更注重人生的职业生涯规划和风险管理规划等一系列的人生整体规划，而投资关注的只是如何钱生钱的财富增值问题，相对来说，理财比投资更宽泛，它是基于个人当前的家庭情况、财务状况、生活环境、未来目标以及结合当前所处的经济形势对资产的一种规划，是通过各种资产的互补，以期达到不论外部环境如何变化，个人财富都会朝着对自己比较有利的方向变化。理财是管理家庭财富，是对家庭不同周期现金流进行管理和规划，是让家庭财富蓄水池稳步充盈。

理财锦囊

标准普尔资产管理象限图

标准普尔为全球最具影响力的信用评级机构，专门提供有关信用评级、风险评估管理、指数编制、投资分析研究、资料处理和价值评估等重要资讯。标准普尔曾调研全球10万个资产稳健增长的家庭，分析总结出他们的家庭理财方式，从而得到标准普尔家庭资产象限图（见图1-2）。它完整地体现了家庭理财的财富管理思想，是全球个人理财规划的重要参考。

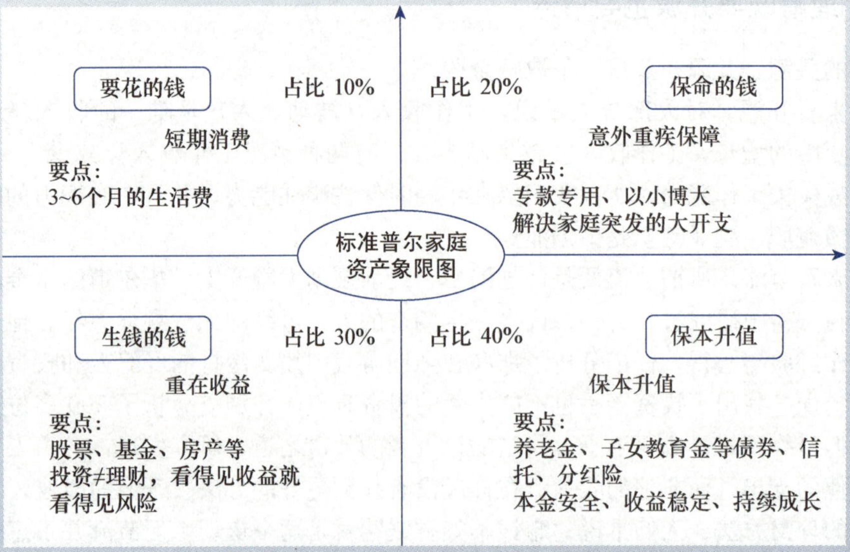

图1-2 标准普尔家庭资产象限图

标准普尔家庭资产象限图把家庭资产分成四个账户，这四个账户作用不同，所以资金的投资渠道也不相同，只有拥有这四个账户，并且按照固定合理的比例进行分配才能保证家庭资产长期、稳定、持续增长。

理财讨论

博多·舍费尔在《财务自由之路》中提道："将每月收入的10%存入一个独立账户，这10%会让你变得富足。使用90%和使用100%，生活并没有很大的区别"。谈谈你对这句话的理解。你是否认同作者的说法？试想假如是你，这10%的资金可以投向哪里？

三、理财首先是风险控制，其次才是让钱生钱

任何形式的资产或资金配置都要遵循安全性、流动性和收益性的原则，个人理财也不例外。从大的框架来看，个人理财包含：保险、储蓄和投资。

无论我们选择哪种金融工具，或者叫理财工具，都要紧紧围绕收益性、安全性和流动性这三要素去思考，按照需求去选择：到底是以追求收益性为主，还是以安全性为主、以流动性为主？证券业的主要特点就是收益性，所以买股票，是追求收益的；而保险业最大的优势就在于安全性，所以买保险以追求安全为主；而银行业最大的功能就是提供现金流，它的优势是流动性比较好。每一个选择都有代价，不能同时兼顾安全、流动、盈利，

需要根据理财的目标和要求做最恰当的选择。

从逻辑上看，理财的第一步就是风险管理，把损失降到最低，目的是追求财务的安全；第二步才是进行资产匹配，目的是追求财务的自由，就是希望需要花钱的时候一定可以变现。保险在整个理财的框架里具有重要的基础作用。

许多人不理解保险的理财功能，在理财资金配置中往往忽略保险的配置。而保险恰恰是财务安全的重要保障。

人生有风险，而且充满了不确定性。人身风险包含大事：比如重疾、死亡、残疾等；也包含无事：养老、教育带来的资金压力，需要提前准备；还包含小事：就是一般的住院医疗费带来的损失。这些人身风险都可以通过人身保险来进行保障。财产保险主要包含：财产损失保险、信用保险、责任保险和保证保险等，主要解决社会风险、法律风险、自然风险所带来的经济损失。科学家爱因斯坦将保险比拟为人类有史以来所发明的最伟大的财务证券。保险是风险管理的有效工具，是现代社会风险管理不可或缺的选择。

理财讨论

"不确定性既可能是敌人也可以是朋友，区别只在于：你选择什么时候与其握手。注意，一定要敢于握手，才能获得你需要的价值。另外，当价格已经给出足够的折扣以反映这种不确定性时，其可能会是友善的朋友；而当不确定性隐藏在高昂的价格和乐观的预期背后的时候，就可能是致命的杀手。"

试着以你的理解和认知谈谈对这段话的理解。人生充满了风险，即不确定性，而应对这种风险最好的工具是什么？你懂得和它握手吗？

四、重新认识"资本"的价值，学会让钱为我们"打工"

（一）人创造财富的局限性

对大部分家庭而言，都只是成员用自己的工作去创造财富。但是，如果仅仅依靠人力创造财富，可能存在哪些问题呢？首先，创造财富过程中人的时间和精力有限，每个人的寿命是有限的，在几十年的生命当中，我们不可能一直从事工作；其次，创造财富过程中人只能从事某一项或某几项工作，所以创造财富的能力有限；最后，人在创造财富过程中存在各种风险。对一个人来说，可能会发生疾病或者突发的意外状况，以及遇到没有办法抵御的天灾人祸等。一旦遇到这些意外的状况，一个家庭的经济支柱可能会变成家庭的拖累。这就决定了我们所创造的财富也是有限的。

（二）资本创造财富的无限性

首先，在投资过程中资本有无限时间和精力。因为资本投资本身并不需要休息，也不需要吃穿住行，所以它的时间精力是无限的，而且生命可以很长很长，长得我们几乎无法想象。例如，我们都听过的诺贝尔奖，本身就是一个基金，并且已经延续了很长时间。所以，资本是可以无限去延长的，但是人就没有这么长的经历。从这个方面而言，资本的时间和精力可以很长，比人更具有优势。其次，在投资过程中资本的能力无限（与投资能力相关）。投资后的资产增值速度、增值规模与人的投资能力相关，但是不会受到人身体能力的限制。资产增值的一个重要原因——复利（也就是利息，是货币自身的时间价值），赋予了投资资产一个无限增值空间。规模可以达到非常非常大，这比个人具有非常明显的优势。再次，投资过程中存在风险，但是是可控的。例如：市场风险、利率风险、汇率风险等，可以通过技术手段进行分散、防控。相对于前面的人身风险而言，这个风险其实要可控很多。这也是投资相对人创造财富的一个根本优势。由于资本投资以上的这些优势，时间精力无限，可以不断创造财富，在投资能力不错的情况下，再分散风险，那么财富的规模就是无限的。

在认识到资本投资的优势以后，我们就应该想办法让家庭不断地向投资靠拢，而不再仅仅依赖每个人去创造价值。让钱赚钱，让利润奔跑，这是通向“财务自由”的不二法门。

理财文化

《说文解字》里的勤俭和节约

勤俭节约是中华民族的传统美德。《说文解字》释“勤，劳也。”这说明，“勤”与“劳”的意思是相通的，甚至可以说，“勤”的主体意义就是“劳”。曾国藩曾把“勤”定义为：“勤，不必有过人之精神，竭吾力而已矣。”可见，勤劳，就是对所从事的事业尽心竭力、孜孜不倦的态度并为之不懈努力的行为。

《说文解字》释：“俭，约也。”可见，俭即俭约、不奢侈放纵的意思。《尚书》中把“克勤于邦，克俭于家”联系起来阐述，说明古人很早就意识到勤劳与俭约之间具有一种天然联系。诸葛亮在《诫子书》中提道“静以修身，俭以养德”。《群书治要》则言：“历观有家有国，其得之也，莫不阶于俭约；其失之也，莫不由于奢侈。”

党的二十大报告要求在全社会弘扬劳动精神、奋斗精神、奉献精神、创造精神、勤俭节约精神。纵观中国共产党百年历史，就是一部党带领人民筚路蓝缕、艰苦卓绝的奋斗史。今日之中国，经济高速发展，人民生活普遍富裕。但不论社会如何变化，时代如何变迁，我们都要戒骄戒躁、克勤克俭、砥砺奋进，这样方能行稳致远。在全社会继续弘扬勤俭节约精神，形成更加良好的勤俭节约风尚，这是排除新的困难，走好新时代长征路的必然要求。

模块小结

任务一　认识人个理财		
个人理财的含义	个人理财是个人金融（财务）规划	
个人理财的作用	平衡现在和未来的收支、提高生活水平、规避风险和灾害	
个人理财的目标	基本目标	财务安全
	终极目标	财务自由
	具体目标	短期、中期、长期目标
		必须实现的理财目标和预期实现的理财目标
	理财目标的确定原则	

任务二　认识个人理财规划	
个人理财规划的含义与特征	个人理财规划是指专业理财人员运用科学的方法和特定的程序为个人制定切合实际、具有可操作性的某方面或综合性的财务方案
理财从业人员	职业级别
	职业道德素养
	职业能力
	行为准则
	商务礼仪和沟通技巧
个人理财规划的内容	现金规划、住房规划、保险规划、投资规划、税收筹划、教育规划、养老与退休规划、财产分配与传承规划
个人理财规划的基本流程	建立客户关系、收集客户信息、分析评价客户财务状况、制定个人理财规划方案、执行个人理财规划方案、监控个人理财规划方案的实施
个人理财规划相关法律法规	法律、行政法规、部门规章
任务三　树立科学理性的理财观念	
理财既要开源也要节流	
理财既要保值也要增值	
理财首先是风险控制，其次才是让钱生钱	
重新认识“资本”的价值，学会让钱为我们“打工”	

模块测评

1. 很多年轻人认为理财是中年人的事或是有钱人的事，这种观点正确吗？请说明理由。

2. 你目前的理财习惯有哪些？还有哪些理财习惯需要养成？为自己制订一个切合实际的理财计划，可以从储蓄开始，也可以从创造财富开始，还可以从投资开始。

3. 很多人都看过足球比赛：一个球队有 11 名队员，不同的球队会有不同的阵型、不同的战术，但是不管怎么排兵布阵，最终可以简单按照不同位置的职责将他们分成 4 类：门将、后卫、中场、前锋。请思考各类角色的职责，它们体现了一种怎样的理财思维？试着将它们和你已经了解到的理财产品进行搭配。

理论篇

模块二 个人理财理论与计算基础

学习目标

- **知识目标**

1. 了解货币时间价值基本原理；

2. 了解生命周期理财计划；

3. 熟悉各种收益率的计算方法以及风险的度量指标。

- **能力目标**

1. 能够运用货币时间价值理论进行理财决策分析；

2. 会计算单利、复利以及各种年金的现值和终值；

3. 会计算投资的各种收益率和风险；

4. 能够根据风险承受能力评估引导客户适当调整投资目标，使之更符合客户的风险承受能力。

- **素养目标**

1. 通过货币时间价值的相关计算，使学生养成书写规范、认真严格的良好习惯，体现扎实的专业素养；

2. 运用生命周期理论，引导学生用生命周期视角关注个人的成长、家庭的变化、父母的无私付出，使学生在感恩父母的同时，树立起更强的责任担当意识。

模块导入

大学生活快要结束了，你是选择立即就业还是继续深造？来到一个新的城市工作，你是选择租房还是买房？你想买一辆汽车，是花 20 万元现金一次性购买，还是用汽车按揭贷款更合算？工作多年手头有了一定储蓄，你想做一些投资，应该投资哪种金融工具？如何评估投资的收益和风险？为了孩子将来读大学，你决定每月存一笔钱，每月存多少钱才能保证将来孩子读大学之需？设想你快要退休了，要不要去保险公司购买一些养老保险？

以上列举了人们生活中经常会遇到的一些财务决策问题，解决这些问题最基本的工具就是货币时间价值理论。本模块从介绍货币时间价值理论入手，并将其运用于一些基本的理财决策，在此基础上还说明了投资收益率的计算和风险的度量，从而为完成各项理财规划奠定良好的基础。

任务一　货币时间价值及其运用

货币时间价值是理财中最重要和最基础的原理，它是评价理财收益的尺度，也是评价投资方案是否可行的基本标准。

一、货币时间价值基本原理

货币时间价值是指当前持有的一定量货币，比未来获得的等量货币具有更高的价值。由于不同时间的资金价值不同，所以在进行价值大小对比时，必须将不同时间的资金折算为同一时间后才能进行价值的比较。

理财讨论

今天的一元钱为什么比一年后的一元钱更值钱？

由于货币可以用来投资，例如用 1 万元进行投资，按照 6%的年投资收益率计算，一年后将会得到 1.06 万元，由此引申出与货币时间价值有关的几个概念。

一是终值（Future Value），记作 FV，即未来价值或期末价值，反映一定数量货币在将来某个时点的价值。

二是现值（Present Value），记作 PV，即现在价值或期初价值，反映将来一定数量货币折合到现在的价值。

三是利率，记作 i，表示一定期限内利息与本金的比率，通常用百分比表示。

四是期限，记作 n，表示投资的时间长度。

二、货币时间价值基本计算

（一）单利现值和终值的计算

单利是只就初始投入的本金计算利息的一种计息方式。

例 2-1：李先生年初存入银行一笔现金 1 000 元人民币，年利率为单利 3%，那么第二年年末的终值为多少？

解析：$FV=1\,000\times(1+2\times3\%)=1\,060$(元)

由此推导出，单利终值的计算公式为：

$$FV=PV(1+ni)$$

例 2-2：银行存款利率为单利 3%，要想在两年后获得 1 060 元现金，李先生现在应存入多少钱？

解析：$PV=\dfrac{1\,060}{1+2\times3\%}=1\,000$(元)

由此推导出，单利现值的计算公式为：

$$PV=\frac{FV}{1+ni}$$

（二）复利现值和终值的计算

复利是上一期的本金和利息都要作为下一期的本金计算利息的一种计息方式，俗称“利滚利”。

例 2-3：假设某理财产品以复利计息，年息为 3%，李女士购买 10 000 元人民币该理财产品，3 年后李女士能够获得多少钱？

解析：$FV=10\,000\times(1+3\%)^3=10\,927$(元)

由此推导出，复利终值的计算公式为：

$$FV=PV(1+i)^n$$

其中，$(1+i)^n$ 为 1 元复利的终值，记作（F/P，i，n），表示 1 元钱在特定利率期限条件下到期的本利和，为了便于计算，可根据利率与期限，查询“复利终值系数表”来确定 1 元复利终值。

复利终值、复利现值系数表

例 2-4：假设钱女士 5 年后为了儿子出国留学需要 20 万元人民币资金，某理财产品以复利计息，年利率为 3%，现在需要多少人民币现金购买该理财产品？

解析：$PV=\frac{200\,000}{(1+3\%)^5}=172\,522$(元)

由此推导出，复利现值的计算公式为：

$$PV=\frac{FV}{(1+i)^n}$$

其中，$\frac{1}{(1+i)^n}$为 1 元复利的现值，记作（P/F，i，n），表示在特定利率期限条件下到期获得 1 元钱现在应当投入的本金，为了便于计算，可根据利率与期限，查询“复利现值系数表”来确定 1 元复利现值。

需要注意的是，计算复利终值和现值也可以采用专业的金融计算器或者财务计算器。在货币时间价值的四个基本变量（PV、FV、i、n）中，只要输入其中三个变量，就可以求出第四个变量，非常简便。金融计算器在以下年金现值和终值的计算中也同样适用，此处不再赘述。

已知终值求现值的过程叫贴现或折现。在计算股票、债券等金融工具的内在价值时，都是采用贴现方法来计算金融工具的现值。

复利最能够体现货币所具有的时间价值，长期投资的复利效应将实现资产的翻倍增值。一个不大的基数，以一个即使很微小的量增长，假以时日，都将膨胀为一个庞大的天文数字。

货币时间价值相关案例分析

（三）年金现值与终值的计算

年金（Annuity）是指一定时期内系列、等额收付的款项，通常记作

A。年金的特征是收付时间间隔相同、每次收付金额相同、现金流动方向相同，如每月定期定额偿还的房屋贷款的月供、退休后每月从社保部门领取的养老金等。

理财讨论

根据年金的定义和特征，生活中还有哪些款项收付属于年金？

年金按其每次收付发生的时点不同，可分为普通年金、预付年金、递延年金和永续年金。

1. 普通年金现值和终值的计算

普通年金又称后付年金，是指于各期期末收付的年金（如图 2-1 所示）。

图 2-1　普通年金示意图

例 2-5：王先生每年年末在银行存入 5 000 元人民币，银行存款利率为 4%，到第三年年末王先生能筹集到的资金总额是多少元人民币？

解析：$FV=5\,000\times[(1+4\%)^2+(1+4\%)+1]$

$$=5\,000\times\frac{(1+4\%)^3-1}{4\%}=15\,608(\text{元})$$

可以推导，如果利率为 i，期限为 n，则普通年金 A 的终值的计算公式为：

$$FV=A\times\frac{(1+i)^n-1}{i}$$

年金终值、年金现值系数表

其中，$\frac{(1+i)^n-1}{i}$为 1 元普通年金的终值，记作（F/A，i，n），表示在特定利率期限条件下每期期末投入 1 元到期的本利和，为了便于计算，可根据利率与期限，查询“年金终值系数表”来确定 1 元年金终值。

理财实训

魏先生打算在 5 年后还清 10 000 元人民币债务，为此设置偿债基金，从现在起每年年末等额存入一笔款项，假设银行存款利率为 4%，则魏先生每年年末需要存入多少元人民币才能在 5 年后还清这笔债务？

例 2-6：如果为了今后 3 年每年年末获得 100 元，年利率为 10%，现在需要投入多少资金？

解析：$PV=\frac{100}{(1+10\%)}+\frac{100}{(1+10\%)^2}+\frac{100}{(1+10\%)^3}$

$$=100\times\frac{1-(1+10\%)^{-3}}{10\%}=248.69(\text{元})$$

可以推导，如果利率为 i，期限为 n，则普通年金 A 的现值的计算公式为：

$$PV=A\times\frac{1-(1+i)^{-n}}{i}$$

其中，$\frac{1-(1+i)^{-n}}{i}$为1元普通年金的现值，记作（P/A，i，n），表示在特定利率期限条件下每期期末收入1元现在应当投入的本金，为了便于计算，可根据利率与期限，查询“年金现值系数表”来确定1元年金现值。

理财实训

C公司现借入2 000万元，约定在8年内按年利率12%均匀偿还，则每年应还本付息的金额为多少？

2. 预付年金现值和终值的计算

预付年金又称先付年金，是指于各期期初收付的年金（如图2-2所示）。

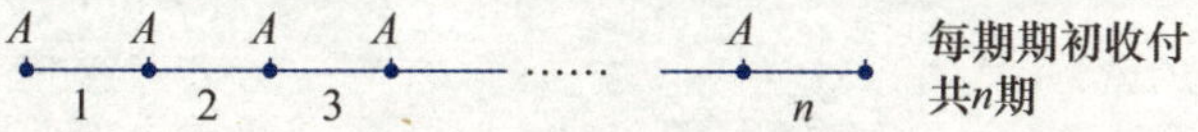

图2-2　预付年金示意图

例2-7：周先生每年年初存入银行10 000元，银行存款利率为4%，问第5年年末的本利和是多少？

解析：$FV=10\,000\times[(1+4\%)^5+\cdots+(1+4\%)]$

$$=10\,000\times(1+4\%)\times\frac{(1+4\%)^5-1}{4\%}=56\,330(\text{元})$$

可以推导，如果利率为i，期限为n，则预付年金A的终值的计算公式为：

$$FV=A\times(1+i)\times(F/A,i,n)$$

另外，也可以用（$n+1$）期普通年金的终值减去A来计算预付年金终值，即

$$FV=A\times(F/A,i,n+1)-A$$

例2-8：孙女士分期付款购买住宅，每年年初支付6 000元，还款期为20年，银行贷款利率为5%，该项分期付款如果现在一次性支付，需支付现金多少？

解析：$PV=6\,000+\frac{6\,000}{(1+5\%)}+\cdots+\frac{6\,000}{(1+5\%)^{19}}$

$$=6\,000\times(1+5\%)\frac{1-(1+5\%)^{-20}}{5\%}=78\,511.8(\text{元})$$

可以推导，如果利率为i，期限为n，则预付年金A的现值的计算公式为：

$$PV=A\times(1+i)\times(P/A,i,n)$$

另外，也可以用（$n-1$）期普通年金的现值加上A来计算预付年金现值，即

$$PV=A\times(P/A,i,n-1)+A$$

理财实训

你欠朋友 3 笔借款，今天到期 1 000 元，1 年后到期 500 元，两年后到期 250 元，年利率为 8%，你想把这 3 笔借款分 3 年均匀还清，如果年初还每年还多少？如果年末还每年还多少？

3. 递延年金现值和终值的计算

递延年金是指开始的若干期没有款项收付，之后有连续若干期等额收付款项的年金（如图 2-3 所示，其中，m 为递延期数，n 为付款期数）。

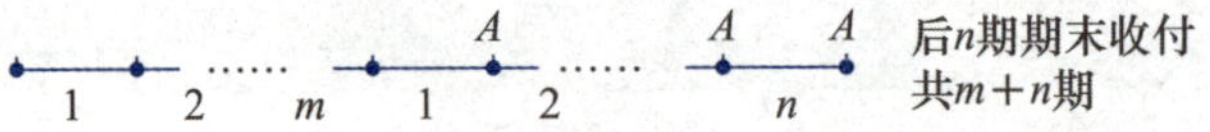

图 2-3　递延年金示意图

递延年金终值的计算与 m 无关，与普通年金终值的计算方法相同。

$$FV=A\times(F/A,i,n)$$

例 2-9：有一项年金，前两年无现金流入，后 5 年每年年末流入现金 1 000 元，假设年利率为 10%，则该年金在第 7 年年末的终值是多少？

解析：$FV=1\,000\times(\mathrm{F/A},10\%,5)=1\,000\times6.105\,1=6\,105.1$(元)

递延年金现值的计算方法有两种：

方法一，先将后 n 期的年金折现到第 m 期末，再将该现值按照复利折现的方法折现到期初。

$$PV=A\times(P/A,i,n)\times(P/F,i,m)$$

方法二，按照（$m+n$）期普通年金的现值，减去 m 期普通年金的现值。

$$PV=A\times(P/A,i,m+n)-A\times(P/A,i,m)$$

例 2-10：假设小王购置一套住房，前 3 年不用付款，从第 4 年年末起分 4 年等额还本付息 10 万元，银行的年利率为 10%，该房屋的现值为多少？

解析：$PV=100\,000\times[(P/A,10\%,7)-(P/A,10\%,3)]=23.82$(万元)

4. 永续年金现值和终值的计算

永续年金是指无限等额支付的普通年金，其期数趋于无穷（如图 2-4 所示）。

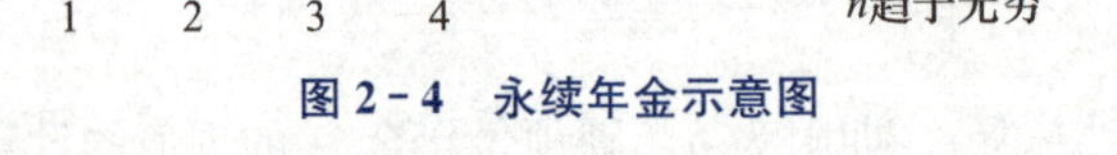

图 2-4　永续年金示意图

根据普通年金终值的计算方法计算永续年金终值，其中 n 趋于无穷：

$$FV=\lim_{n\to\infty}A\times\frac{(1+i)^n-1}{i}=\infty$$

因而，永续年金没有终值。

同样根据普通年金现值的计算方法计算永续年金现值，其中 n 趋于无穷：

$$PV=\lim_{n\to\infty}A\times\frac{1-(1+i)^{-n}}{i}=\frac{A}{i}$$

例 2-11：小王欲购买某公司优先股，该优先股面值为 1 000 元，票面利率为 6%，如果小王要求的必要报酬率为 8%，则该优先股的价值是多少？

解析：$PV=A/i=1\,000\times6\%/8\%=750$(元)

理财讨论

根据永续年金的计算方法，假设在利率为 10%的前提下，只需要现在投入 1 000 元，就可以在以后每年都得到 100 元，而且无限期，你觉得这种情况能够实现吗？

表 2-1 对货币时间价值相关计算公式进行了一定的归纳。

表 2-1 货币时间价值计算公式归纳

项目		计算公式	公式表示方法
单利	终值	$FV=PV\ (1+ni)$	
	现值	$PV=\frac{FV}{1+ni}$	
复利	终值	$FV=PV(1+i)^n$	$FV=PV(F/P,\ i,\ n)$
	现值	$PV=\frac{FV}{(1+i)^n}$	$PV=FV(P/F,\ i,\ n)$
普通年金	终值	$FV=A\times\frac{(1+i)^n-1}{i}$	$FV=A\times(F/A,\ i,\ n)$
	现值	$PV=A\times\frac{1-\ (1+i)^{-n}}{i}$	$PV=A\times(P/A,\ i,\ n)$
预付年金	终值	$FV=A\times(1+i)\ \frac{(1+i)^n-1}{i}$	$FV=A\times(F/A,\ i,\ n+1)-A$
	现值	$PV=A\times(1+i)\ \frac{1-(1+i)^{-n}}{i}$	$PV=A\times(P/A,\ i,\ n-1)+A$
递延年金	终值	$FV=A\times\frac{(1+i)^n-1}{i}$	$FV=A\times(F/A,\ i,\ n)$
	现值	$PV=A\times\frac{1-\ (1+i)^{-n}}{i\ (1+i)^m}$	$PV=A\times(P/A,\ i,\ n)\times(P/F,\ i,\ m)$ $PV=A\times(P/A,\ i,\ m+n)-A\times(P/A,\ i,\ m)$
永续年金	终值	无	
	现值	$PV=\frac{A}{i}$	

(四) 计息次数与有效年利率的计算

存款和贷款的利息通常以年度百分率（Annual Percentage Rate，APR）（如每年 6%）和一定的计息次数（如按月计息）表示。因为计息次数之间存在差异，所以必须找到一种方式，使利率可以直接进行比较，这种情况下就需要计算有效年利率（Effective Annual Rate，EAR）。

例 2-12：假如一笔存款按 6%的年度百分率（APR）每月计复利，则有效年利率为多少？

解析：因为按月计息，月利率为 6%÷12=0.5%，1 元存款一年后的本利和为：

$$1\times(1+0.5\%)^{12}=1.0616778(\text{元})$$

$$\text{则有效年利率(EAR)}=1.0616778-1=6.16778\%$$

可以推导，有效年利率（EAR）的计算公式为：

$$\text{EAR}=\left(1+\frac{\text{APR}}{m}\right)^m-1$$

其中，m 为计息次数。

容易验证，当 m 为 1 时，APR=EAR。

理财锦囊

投资翻倍的 72 定律

理财实务中一个很有趣的问题是：在投资收益率给定的情况下，一笔投资需要多长时间才能翻倍？假设期初投资额为 1，利率为 i，经过 n 年后，投资本金累积为 2，则有：

$$1\times(1+i)^n=2$$

经过一些数学运算，会得到一个投资翻倍的结论：$ni\approx0.72$，该公式被称为“72 定律”，也称“翻番法则”，它在一个很大的利率范围内会产生一个比较准确的结果（如表 2-2 所示）。

表 2-2 使投资本金翻倍的时间长度

利率 i	根据“72 定律”计算的翻倍时间 n	翻倍时间的准确值
4%	18	17.67
5%	14.4	14.21
6%	12	11.19
7%	10.29	10.24
8%	9	9.01
10%	7.2	7.27
12%	6	6.12

根据以上结果可知，投资 20 万元在年平均收益率为 12%的理财产品上，大约 6 年后可实现资产翻倍。同样，如果一个购房者要向银行贷款买房，那么在年利率为 5%的条件下，只要贷款期限超过 15 年，银行最终收回的贷款的累计值将是原贷款总额的两倍以上。

三、货币时间价值基本运用

货币时间价值理论为理财决策和项目评估提供了基本的标准和依据。货币时间价值中所包含的几个基本要素（现值、终值、期限、利率、年金）均可以作为比较的对象，用来对理财方案进行评估。下面将通过一些实例来介绍货币时间价值在理财决策中的基本运用。

（一）货币时间价值与投资决策

例 2－13： 现在你有机会花 10 万元购买一块土地，而且你确信 5 年后这块土地会值 20 万元，假如你将购买土地的钱存入银行，每年能获得 8%的利息，这块土地是否值得投资呢？

解析：如表 2－3 所示，比较复利计算中的四个要素（PV、FV、i、n）。

表 2－3 货币时间价值在投资决策中的运用

评估依据	解析与计算	结论
比较终值	将 10 万元存入银行 5 年后可获得 $100\,000\times(1+8\%)^5=146\,930$（元）	值得投资
比较现值	如果存入银行 5 年后获得 20 万元，现在需要存入 $\frac{200\,000}{(1+8\%)^5}=136\,120$（元）	
比较利率	投资土地的收益率为 $100\,000\times(1+i)^5=200\,000$（元） $i\approx14.4\%$	
比较期限	存银行投资翻倍的期限为 $100\,000\times(1+8\%)^n=200\,000$（元） $n\approx9$	

理财实训

假设你正考虑将 10 000 美元投资于年利率为 10%的美元债券，或者是年利率为 3%的日元债券，那么下一年哪种投资更好？为什么？

你需要思考在进行这样的投资决策时还要考虑哪些因素，采取小组讨论的形式，分别就不同的情况展开分析，并计算得出结论。

（二）货币时间价值与融资决策

例 2－14： 假如你买房装修需要 50 000 元，去银行贷款，银行会给你提供一笔年利率为 12%的贷款，找朋友借，4 年后需要还 80 000 元，你应当如何选择？

解析：如表 2－4 所示，比较复利计算中的四个要素（PV、FV、i、n）。

表 2－4 货币时间价值在融资决策中的运用

评估依据	解析与计算	结论
比较终值	银行贷款 4 年后需要还 $50\,000\times(1+12\%)^4=78\,700$（元）	应去银行贷款
比较现值	如果 4 年后还银行 8 万元，现在可以借到 $\frac{80\,000}{(1+12\%)^4}=50\,800$（元）	
比较利率	朋友借款的利率为 $50\,000\times(1+i)^4=80\,000$（元） $i=12.47\%$	
比较期限	银行贷款还 8 万元的期限 $50\,000\times(1+12\%)^n=80\,000$（元） $n=4.15$	

理财实训

你想买一辆汽车，还缺 8 万元，有两种融资方式（均为按月等额偿付，分 3 年偿还）可供选择，A 方式年利率为 4.8%；B 方式年利率为 6%，但可享受现金折扣 8 000 元，你应当选择哪种方案？

请说出你的决策思路，并列式和计算得出正确的结论。

（三）货币时间价值与保险决策

例 2－15： 张先生今年 60 岁，他打听到某保险公司正在出售一种针对老年人的养老保险，该保险只要现在支付 10 万元，就可以在余生中每年得到 1 万元的保险金；银行存款利率为 8%。假设张先生可以活到 75 岁，其购买养老保险的决策是否科学？保险公司支付给他的实际利率是多少？要让该养老保险物有所值，张先生必须活到多大岁数？

解析：如表 2－5 所示，比较年金计算中的四个要素（*PV*、*A*、*i*、*n*）。

表 2－5　货币时间价值在保险决策中的运用

评估依据	解析与计算	结论
比较现值	如果存银行，同样分 15 年每年收到 10 000 元，则现在需要投入 $10\,000\times(P/A,\ 8\%,\ 15)=85\,590$（元）	(1) 购买养老保险的决策不科学；(2) 保险公司支付的实际利率为 5.56%；(3) 张先生活到 80 岁该养老保险才物有所值
比较年金	如果存银行，现在投入 10 万元，未来 15 年每年可得到 $A\times(P/A,\ 8\%,\ 15)=100\,000$（元）　$A=11\,684$（元）	
比较利率	保险公司的实际利率 $10\,000\times(P/A,\ i,\ 15)=100\,000$（元）$i=5.56\%$	
比较期限	保险金支付时间越长，则实际收益率越高，养老保险实际收益率为 8%时对应的期限为 $10\,000\times(P/A,\ 8\%,\ n)=100\,000$（元）　$n=21$	

（四）通货膨胀与长期决策

假定你 20 岁时省下 100 元钱，将之储蓄，利率为 8%，65 岁时，按照复利终值计算法，可得到 3 192 元，但是如果发生通货膨胀，比如每年商品价格都增加 8%，则你 65 岁时的3 192 元购买力和 20 岁时的 100 元购买力一样，你根本没挣到任何利息。所以，要进行真正有意义的长期决策，必须要考虑通货膨胀。

当考虑通货膨胀时，首先应区分名义利率与实际利率。名义利率是对借出的每单位货币按承诺可收回的货币，实际利率则是对名义利率按货币购买力的变动修正后的利率。已知名义利率和通货膨胀率，实际利率的计算公式为：

$$\text{实际利率}=\frac{\text{名义利率}-\text{通货膨胀率}}{1+\text{通货膨胀率}}$$

如果简化计算，也可以用名义利率减去通货膨胀率来计算实际利率。

1. 通货膨胀与终值计算

例 2－16： 假定你 20 岁时省下 100 元，将之储蓄，利率为 8%，每年通货膨胀率为 5%，65 岁时你的储蓄账户的实际购买力（实际终值）是多少？

解析：通货膨胀情况下计算终值可以采用两种方法：一是利用实际利率计算实际终

值；二是利用名义利率计算名义终值，再扣除通货膨胀因素得到实际终值。

采用方法一：实际利率$=\dfrac{8\%-5\%}{1+5\%}=2.857\%$

实际终值$=FV=100\times(1+2.857\%)^{45}=355$（元）

采用方法二：名义终值$FV=100\times(1+8\%)^{45}=3\,192$（元）

除以未来的物价水平，实际终值$FV=\dfrac{3\,192}{(1+5\%)^{45}}=355$（元）

2. 通货膨胀与现值计算

例 2-17：你打算 4 年后购买一辆汽车，从现在开始储蓄，假设你计划购买的那种类型的汽车现在值 100 000 元，年利率为 8%，通货膨胀率为 5%，你现在需储蓄多少钱？

解析：如果忽略通货膨胀就不能储蓄到相应的资金来购买汽车。通货膨胀情况下计算现值也可以采用两种方法：一是用实际贴现率计算实际终值的现值；二是用名义贴现率计算名义终值的现值。

采用方法一：实际利率$=\dfrac{8\%-5\%}{1+5\%}=2.857\%$

现值$PV=\dfrac{100\,000}{(1+2.857\%)^4}=89\,365$（元）

采用方法二：名义终值$FV=100\,000\times(1+5\%)^4=121\,550$（元）

现值$PV=\dfrac{121\,550}{(1+8\%)^4}=89\,365$（元）

理财实训

假设你的女儿今年 10 岁，你计划开立一个年金储蓄账户为女儿上大学做准备。目前大学学费为 15 000 元，如果你的存款利率比通货膨胀率始终高 3 个百分点，而且大学学费的上涨速度和通货膨胀率保持一致，那么你每年实际应该存入多少资金才能支付 8 年后女儿的学费？

请思考并讨论这种情况下是否需要确切地知道通货膨胀率为多少，说明你的理由，并列式计算得出正确的结论。

任务二　生命周期理财计划

理财是伴随人的一生的一项系统工程。在人生的每个阶段，其财务状况、获取收入的能力、财务需求与生活重心等各不相同，因此，必须把握好个人和家庭不同时期的特点，合理地分配家庭收入，以实现消费的稳定性。

一、生命周期储蓄模型

人在一生中的不同阶段，收入水平是不一样的，通常是步入社会参加工作不久的青年人收入较低；进入中年以后，随着年龄、经验、资历的增加以及职务的提升，收入也逐渐提高；待步入老年退休以后，收入又会减少。为了应对退休后收入的减少，人们需要在工作期间储蓄。兹维·博迪（Zvi Bodie）与罗伯特·C. 莫顿（Robert C. Merton）在《金融学》一书中构造了著名的生命周期储蓄模型，为分析这一问题提供了基本的依据。

（一）生命周期的收入、消费与储蓄

例 2-18： 某公司员工今年 35 岁，预计 30 年后即 65 岁时退休，退休后继续生活 15 年，预期 80 岁去世。该员工现在的年收入为 30 000 元，且尚未积累任何资产。该员工应把收入的多少用于现在的消费，把多少用于储蓄以备退休之用呢？（假定税收忽略不计，不考虑通货膨胀，年利率为 3%）

解析：65 岁为重要的时间节点，之前 30 年为工作时间，有收入同时需进行一定储蓄以备退休之用，之后 15 年为退休时间，没有收入，需依靠前期的储蓄以维持整个生命周期不变的消费水平，由此可知，工作期间的储蓄是为了退休之后的消费，设不变的消费水平为 C，可建立等式：

$$(30\ 000-C)\times(F/A，3\%，30)=C\times(P/A，3\%，15)$$

$$C=23\ 982(\text{元})$$

$$30\ 000-C=6\ 018(\text{元})$$

可知该员工每年收入中应将 6 018 元用于储蓄，23 982 元用于消费，这样可使退休前后消费水平维持不变。

如果换一种分析思路，可以看到，该员工一生的消费水平取决于其一生的收入水平，具体而言，该员工未来 30 年劳动收入的现值与未来 45 年消费的现值相等，可建立等式：

$$30\ 000\times(P/A，3\%，30)=C\times(P/A，3\%，45)$$

$$C=23\ 982(\text{元})$$

$$30\ 000-C=6\ 018(\text{元})$$

人力资本理论与持久收入理论

经济学家把一个人未来劳动收入的现值称为人力资本，把与人力资本有相同现值的不变消费水平称为持久收入。

表 2-6 列出了该员工一生的收入、消费、储蓄等各项数据的变化情况，图 2-5 则显示了人力资本、退休基金以及总资产的时间序列图。

表 2-6 一生的收入、消费和储蓄

单位：元

年龄	收入	消费	储蓄	人力资本（现值）	退休基金积累（终值）
35	30 000	23 982	6 018	588 013	6 018
45	30 000	23 982	6 018	446 324	77 078
55	30 000	23 982	6 018	255 906	172 575
64	30 000	23 982	6018	29 126	286 308
65	0	23 982	−23 982	0	270 915
70	0	23 982	−23 982	0	186 741
79	0	23 982	−23 982	0	0
80	0	0	0	0	0

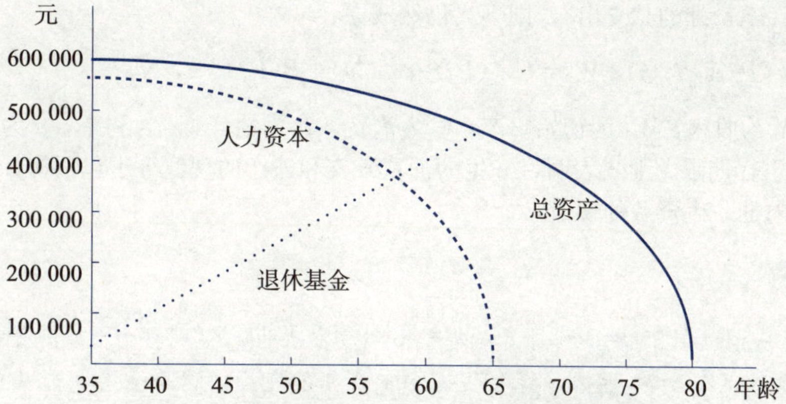

图 2-5　生命周期的人力资本、退休基金和总资产

从表 2-6 可以看出，该员工不变的消费水平（即持久收入）为 23 982 元。他的人力资本水平在 35 岁时最高，之后随着年龄的不断增加，剩余劳动收入不断下降，其人力资本稳步下降，直到 65 岁时降为 0。与之相对应，由于工作期间每年 6 018 元的储蓄，该员工积累的退休基金在退休时达到最大，之后逐步消耗，最终降为 0。

（二）利率对人力资本和持久收入的影响

例 2-18 中，在利率为 3%的前提下通过计算得出了该员工的人力资本、持久收入和储蓄等各项数值。根据同样的计算方法可以计算不同利率情况下的人力资本、持久收入和储蓄等数值（如表 2-7 所示）。

表 2-7　利率对人力资本和持久收入的影响　　单位：元

利率	人力资本	持久收入	储蓄
0	900 000	20 000	10 000
1%	774 231	21 450	8 550
2%	671 894	22 784	7 216
3%	588 013	23 982	6 018
4%	518 761	25 037	4 936
5%	461 174	25 946	4 054
6%	412 945	26 718	3 282
10%	282 807	28 674	1 326

可见，利率越高，人力资本价值越低，但持久收入水平越高，相应的储蓄越低。这种情况下，即使人力资本价值较低，该员工也可以在较高利率水平下生活得很好。

（三）考虑初始财产和遗产的生命周期储蓄模型

现实情况远比以上所分析的情况更复杂。例如，有的人在进行生命周期储蓄时可能已经积累了一笔财富，有的人则希望去世时能够为子女留一笔可观的遗产，而不是全部消费掉。可想而知，如果期初有一笔初始财产，一生不变的消费水平（持久收入）将会上升，如果期末留一笔遗产，则该消费水平将会下降。如果将初始财产看作一笔额外的“收入”，将遗产看作一笔额外的“支出”，则下式仍然成立：

$$Y\times(P/A, i, n)+W_0=C\times(P/A, i, N)+B(P/F, i, N)$$

其中，Y 为收入，W_0 为初始财产，C 为消费，B 为遗产，i 为利率，n 为距离退休的期限，N 为生存期限。上式表明，一生的消费开支和遗产的现值等于包括初始财产和未来劳动收入在内的一生资源的现值。

理财实训

假定张先生现在35岁，预计65岁退休，80岁去世，年利率为3%，张先生年收入为30 000元，但在65岁退休时将会获得100万元的遗产，这将会对张先生的持久收入产生什么样的影响？

（四）生命周期理论的主要观点

生命周期理论由1985年诺贝尔经济学奖获得者美国经济学家莫迪利亚尼（Modigliani）提出。该理论认为：个人是在相当长的时间内计划他的消费和储蓄行为的，在整个生命周期内实现消费的最佳配置。人们通常是在工作期间储蓄，然后将这些储蓄用于他们退休期间的支出。

一个人将综合考虑其即期收入、未来收入，以及预期开支、工作时间、退休时间等因素来决定目前的消费和储蓄，以使其消费水平在一生内保持相对稳定的水平，而不至于出现消费水平的大幅波动。

二、生命周期理财策略

家庭是社会生活的基本单位，具有相当的稳定性、持久性和连续性。如同春、夏、秋、冬的自然更迭，家庭生命周期也遵循着自然更迭的规律，存在一个从建立、发展到解体和消亡的过程。具体而言，从一对夫妻结婚建立家庭生养子女（家庭形成期）、子女长大就学（家庭成长期）、子女独立和事业发展到巅峰（家庭成熟期）、夫妻退休到夫妻终老而使家庭消灭（家庭衰老期），构成一个家庭完整的生命周期。

（一）家庭生命周期不同阶段特征和财务状况

家庭处在生命周期的不同阶段具有不同的特征（表2-8），例如，在家庭形成期，结婚购房使得家庭经济负担较重，而家庭成员收入整体处于较低的状态；在家庭成长期，子女的出生使得子女顺利完成学业成为家庭的首要目标，子女教育费用和生活费用迅猛增长；家庭进入成熟期以后，工作、生活、财富积累等各方面达到高峰状态，支出逐渐呈降低趋势，家庭负担开始慢慢变轻；在家庭衰老期，大部分家庭的支出会大于收入，同时随着年龄的增长，健康问题频出。

表2-8 家庭生命周期各阶段财务状况

	家庭形成期	家庭成长期	家庭成熟期	家庭衰老期
定义	从结婚到子女出生，家庭成员随子女出生而增加	从子女出生到完成学业为止，家庭成员数量固定	从子女完成学业到夫妻均退休为止，家庭成员数量随子女独立而减少	从夫妻均退休到夫妻一方过世为止，家庭成员只有夫妻两人

续表

	家庭形成期	家庭成长期	家庭成熟期	家庭衰老期
收支	收入以薪酬为主，支出随家庭成员增加而上升，往往有较大的家庭建设支出，如购房购车	收入以薪酬为主，支出随家庭成员固定而趋于稳定，子女上大学费用负担较为沉重	收入以薪酬为主，事业发展和收入达到巅峰，支出随家庭成员减少而降低	以理财收入及转移性收入为主，或变现资产维持生计，支出结构中医疗费用占比提升
储蓄	随家庭成员增加而下降，家庭支出负担大	收入增加而支出稳定，在子女上大学前储蓄稳步增加	收入达到巅峰，支出稳中有降，是募集退休金黄金时期	支出大于收入，为耗用退休准备金阶段
居住	自购、租住或和父母同住	自购、租住或和父母同住	与老年父母同住或夫妻两人居住	夫妻居住或和子女同住
资产	资产有限，年轻可承受较高投资风险	可积累的资产逐年增加，要适当控制投资风险	资产达到巅峰，要逐步降低投资风险，保障退休金的安全	逐年变现资产来应付退休后生活开支，投资应以固定收益工具为主
负债	信用卡透支或消费贷款	若已购房，需逐年偿还房贷本息，降低负债余额	在退休前把所有的负债还清	无新增负债

（二）家庭生命周期不同阶段理财重点

在理财规划过程中，可根据家庭生命周期不同阶段对客户的信贷、保险、证券等进行合理配置（表2-9）。通常情况下，家庭形成期的理财重点是安排好家庭各项支出，并且配备必要的保险来规避不确定的风险给家庭带来的影响，投资方面可以偏向积极的风格，但需兼顾到安全稳健的原则；家庭成长期的理财重点是如何合理调配和安排家庭支出，要用已积累的财富继续投资，创造更多财富，同时，风险防范意识和适当的重大疾病保险必不可少；家庭成熟期的理财重点是巩固家庭资产，扩大投资，为退休生活做好充分准备，可选择风险较小的理财产品等；家庭衰老期的理财重点是如何利用好财富安享晚年，保障财产的安全性和遗产传承，投资应倾向于低风险保守型的理财产品。

表2-9　家庭生命周期各阶段的理财策略

	家庭形成期	家庭成长期	家庭成熟期	家庭衰老期
保险安排	寿险、意外险	子女教育年金、重疾险	养老保险	长期看护险
信贷运用	信用卡、小额信贷	房贷、车贷	还清贷款	无贷款或反按揭
资产配置	股票70%、债券10%、货币20%	股票60%、债券30%、货币10%	股票50%、债券40%、货币10%	股票20%、债券60%、货币20%
	收益高、风险适度的理财产品	收益较高、风险适度的理财产品	收益稳定、风险较低的理财产品	收益稳定、风险低的理财产品
投资原则	进取	积累	稳健	保本

注：1. 资产配置比例应结合客户风险偏好和风险承受能力；2. 核心资产配置中的理财产品选项可以用作对其他核心资产配置的替代工具；3. 以上资产配置建议仅供参考。

三、生命周期中的重要理财决策

（一）即期付税还是延期付税

在许多国家，政府通过税法条款鼓励人们为退休后的生活自愿储蓄。例如，在美国，人们可以建立享有税收优惠的账户，即个人退休账户（Individual Retirement Account，IRA）。这一账户的存款可以免税，存款利息在取出前也不交税，但是从该账户中任何数量的提款在提取时都要交税。

延期付税有相当大的好处。假设税率为 10%，年利率为 6%，你将于 30 年后退休，并按计划储蓄 10 000 元用于退休，表 2 - 10 列出了参加退休计划和普通储蓄计划两种情况下在退休时的税后累计总额。

表 2 - 10 延期付税的好处

	退休时税后累计总额的计算	特点
参加退休计划	$10\,000\times(1+6\%)^{30}\times(1-10\%)=51\,691.4$（元）	后付税
普通储蓄计划	$10\,000\times(1-10\%)\times[1+6\%\times(1-10\%)]^{30}=43\,597.4$（元）	先付税

可见，在税率不变的情况下，延期付税的好处可用一句话概括：延期付税为你在税后赢得了税前回报率。

（二）是否应当为教育而投资

税延型养老保险，中国版的 IRA 计划

教育的目的有很多，其中之一无疑是增加人们的获利能力，即增加人力资本。人们经常纠结是否应当为教育而投资，因为教育需要付出巨大的成本。

教育决策需要考虑教育的成本和收益。教育的成本包括显性成本（如学杂费）和隐性成本（在学校学习期间所放弃的收入，也叫机会成本），教育的收益包括接受教育后增加的收入。如同其他任何投资决策，如果预期增加收益的现值超过预期增加成本的现值，则投资是值得的。

例 2 - 19：小李即将大专毕业，正在考虑是否要专升本。小李经计算得出：如果立即就业，在他余下的工作年间每年可获得 30 000 元的收入；如果继续两年的专升本学习，他可以使每年的收入增加到 40 000 元，每年的实际学费为 8 000 元，年利率为 3%，这项投资值得吗？（假定小李现在 20 岁，预计 65 岁退休。）

解析：成本的现值：$PV=(30\,000+8\,000)\times(P/A,3\%,2)=72\,694$（元）

收益的现值：$PV=(40\,000-30\,000)\times(P/A,3\%,43)\times(P/F,3\%,2)$

$=226\,053$（元）

收益现值大于成本现值，小李应当为教育而投资。

（三）买房还是租房

例 2 - 20：你现在每年租房花费 20 000 元，欲用 500 000 元将房买下，但如果买房的话还需要每年支付一笔房屋维修费 2 000 元。假设实际利率为 3%，你应当买房还是租房？（不考虑房屋的税费）

解析：买房和租房都意味着资金的流出（成本），此时应当选择较低的成本现值。同时需要注意，因为没有指定日期，所以假定买或租都是无限期的。

买房成本的现值 PV=500 000+2 000/3%=566 666.7(元)

租房成本的现值 PV=20 000/3%=666 666.7(元)

显然买房更有利。因为相对于租房的现值，你现在投资 50 万元，实际上节省了 10 万元。

当然，买房与租房的决策需要考虑的因素还有很多，决策方法也不止一种，本书将在模块五中对此进行深入分析。

理财讨论

房屋租金高低直接关系到买房与租房的决策结果，在什么样的租金水平下，买房与租房会没有区别?

任务三 收益率的计算和风险的度量

货币时间价值的实现需要依靠投资来完成。投资的最大特征是用确定的现值牺牲换取可能的不确定的未来收益，因此，正确计算投资收益和科学度量投资风险可以说是做好理财规划的第一步。

一、收益率的计算

(一) 收益和收益率

投资收益是指初始投资的价值增量，例如用 10 000 元进行投资，期末共获得 11 000 元，则增加的 1 000 元便是投资的收益。对于一些证券投资工具，如股票，其收益通常包括两部分：一部分为股利收入；另一部分为市场价格相对于初始购买价格的升值，即资本利得。

例 2-21： 投资者持有一种普通股股票，一年前的买入价是 20 000 元，一年中所得到的税后股息为 500 元，一年后出售该股票得到的税后净收入为 25 000 元，试计算该投资者一年内的投资收益。

解析：500+25 000−20 000=5 500(元)

收益能直观反映投资者获得的货币报酬，但是对于投入资金不同的两项投资比较就显得无能为力。例如，A 投资需要投入 10 000 元，每年能获得收益 2 000 元，B 投资需要投入 30 000 元，每年获得收益 3 000 元。单从收益来说，B 投资收益高于 A 投资，但 B 投资为获得这些收益所付出的资金也更多，因此无法单纯用收益来衡量哪项投资更优，需要引入相对的收益率的概念。

收益率=收益/投入本金

收益率一般用 R 来表示。

理财实训

郭先生将 1 000 元钱存入银行，第一年年末他的银行存折上的余额为 1 050 元，第二年年末他的银行存折上的余额为 1 100 元，问郭先生第一年、第二年的投资收益率分别为多少？

（二）预期收益率

在金融产品的宣传页上经常能够看到的一个词就是“预期收益率”，预期收益率是综合考虑未来可能发生的各种情况，并根据每种情况可能产生的结果及发生的概率来计算的收益率。但投资者一定要注意，预期收益率并不是一个确定的收益率，因此预期收益率高并不意味着必然获得高收益。预期收益率一般记作 $\bar{R}$ 或 $E(R)$，其计算公式如下：

$$\bar{R}=\sum_{i=1}^{n}P_iR_i$$

其中，n 表示未来共有 n 种可能收益率，R_i 是未来第 i 种可能的收益率，P_i 是第 i 种收益率发生的概率。

例 2-22：王先生知道，自己的一项投资在经济状况良好时可以达到 20%的收益率，经济状况一般时也能达到 10%，经济状况较差时则为−10%，而统计结果显示经济状况良好、一般、较差的概率分别为 30%、40%、30%，试计算王先生该项投资的预期收益率。

解析：$E(R)=0.3\times0.2+0.4\times0.1+0.3\times(-0.1)=7\%$

投资一个很重要的原则是组合投资（分散投资），因而理财投资中通常会建议客户配置一个投资组合，使该投资组合能达到某个收益率。投资组合收益率一般记作 R_P，其计算公式如下：

$$R_p=\sum_{i=1}^{n}W_iR_i$$

其中，n 表示组合中共 n 种资产，W_i 指第 i 种资产所占的比重，R_i 指第 i 种资产的预期收益率。

例 2-23：某投资组合有两项资产 A 和 B，A 的期望收益率为 18%，B 的期望收益率为 12%，投资者将其储蓄 10 万元中的 5 万元投资于 A，5 万元投资于 B，计算该投资组合的收益率。

解析：$R_p=50\%\times18\%+50\%\times12\%=15\%$

（三）净现值

净现值（Net Present Value，NPV）等于所有的现金流入现值和现金流出现值的差额或者每一期净现金流量的现值，其计算公式为：

$$NPV=CF_0+\frac{CF_1}{1+R}+\cdots+\frac{CF_n}{(1+R)^n}$$

其中，n 为期限，R 表示投资收益率，CF_n 为第 n 期的现金流。

NPV 历来被视作投资项目评估的标准，其评估准则为：如果 $NPV>0$，说明收入现金流的现值大于支出现金流的现值，项目有正的收益，因此应该接受该项目，而且 NPV 越大，投资收益就越高；反之，如果 $NPV<0$，就应该拒绝该项目。

例 2-24：某投资项目 X 的初始投资为 1 100 元，投资收益率为 10%，每年的收入和支出如表 2-11 所示，该项目是否值得投资？

表 2-11　净现值的计算与运用　　单位：元

年度	收入	支出
1	1 000	500
2	2 000	1 300
3	2 200	2 700
4	2 600	1 400

解析：$NPV=-1\,100+\dfrac{500}{1+10\%}+\dfrac{700}{(1+10\%)^2}+\dfrac{(-500)}{(1+10\%)^3}+\dfrac{1200}{(1+10\%)^4}$

$=377.02$(元)

$NPV>0$，因而该项目值得投资。

(四) 内部收益率

内部收益率（Internal Rate of Return，IRR)，是使 NPV 为 0 的折现率，或者是使投资现金流入现值等于现金流出现值时的收益率，其计算公式为：

$$CF_0+\frac{CF_1}{1+IRR}+\cdots+\frac{CF_n}{(1+IRR)^n}=0$$

其中，CF_0、CF_1、…、CF_n 分别表示各期的现金流，n 为投资期限。

采用内部收益率对一项投资进行评估，采用的评估准则是：当投资要求的收益率小于 IRR 时，说明 NPV 大于 0，项目可接受；当投资要求的收益率大于 IRR 时，说明 NPV 小于 0，项目可拒绝。因此，投资项目的 IRR 越大越好。

例 2-25：某项投资总金额为 200 万元，预计今后 5 年内的收益分别是 20 万元、35 万元、60 万元、90 万元和 115 万元。如果投资者对该项目要求的收益率为 10%，问该项目是否值得投资？

解析：计算该项目的内部收益率

$$-2\,000\,000+\frac{200\,000}{1+IRR}+\frac{350\,000}{(1+IRR)^2}+\frac{600\,000}{(1+IRR)^3}+\frac{900\,000}{(1+IRR)^4}+\frac{1\,150\,000}{(1+IRR)^5}=0$$

利用金融计算器解得 $IRR=13.68\%$，大于 10%，因而值得投资。

(五) 必要收益率

必要收益率也叫要求收益率，是投资者所要求获得的最低的回报率。必要收益率由三部分组成，如表 2-12 所示。

表 2-12　必要收益率的组成

必要收益率	释义
真实收益率（投资的纯时间价值）	用来对投资者推迟消费进行补偿
预期的通货膨胀率	用来对通货膨胀进行补偿
风险溢价	用来对投资面临的不确定性进行补偿

例 2-26： 假如王先生现在愿意投资 500 元，以换取将来超过 500 元的消费，他预期的未来收入是 515 元，同时王先生预期投资期内通货膨胀率为 5%，且由于该投资存在一定风险，王先生要求增加 2%的风险补偿，则王先生对该项投资要求的收益率为多少？

解析：(515－500)/500＋5%＋2%＝10%

（六）持有期收益率

持有期收益率（Holding Period Yield，HPY）是以现在价格买进某金融工具，持有一段时间，然后以某个价格卖出，在整个持有期该金融工具所提供的平均回报率。也可以认为它是使投资者在持有金融工具期间获得的各个现金流的净现值等于 0 的贴现率。其计算公式为：

$$CF_0+\frac{CF_1}{1+HPY}+\cdots+\frac{CF_T}{(1+HPY)^T}=0$$

其中，CF_0、CF_1、…、CF_T 分别表示持有期内各期的现金流，T 表示持有期限。

持有期收益率有一种特例，当所有的现金流发生在期初和期末，同时，持有的时间正好为 1 年时，持有期收益率的计算可以简化成如下公式：

$$HPY=\frac{(P_t-P_{t-1})+D_t}{P_{t-1}}$$

其中，P_t 表示第 t 期证券价格，P_{t-1} 表示第 $t-1$ 期证券价格，D_t 表示 t 期发放的现金收入。

例 2-27： 李先生于 2023 年 1 月 1 日以 120 元的价格购买了面值为 100 元，利率为 10%，每年 6 月 1 日支付利息的 2019 年发行的 10 年期国库券，持有至 2024 年 1 月 1 日以 140 元价格将其卖出，求李先生投资该证券的持有期收益率。

解析：$HPY=\frac{140-120+100\times10\%}{120}=25\%$

（七）到期收益率

到期收益率（Yield to Maturity，YTM）是衡量债券投资收益最常用的指标，它是投资者购买债券并持有到期的平均回报率。具体而言，它是使未来各期利息收入、到期本金收入现值之和等于债券购买价格的贴现率，或者说是使债券各期现金流的净现值等于 0 的贴现率。其计算公式为：

$$P=\frac{C}{1+YTM}+\frac{C}{(1+YTM)^2}+\cdots+\frac{C+F}{(1+YTM)^n}$$

其中，P 表示债券购买价格，C 表示债券每期支付的利息，F 为债券面值，n 为债券的到期期限。

当期收益率和贴现收益率

例 2-28： 某债券面值为 100 元，票面利率为 8%，当前实际购买价格为 90 元，离到期还有 3 年，每年付息一次，求该债券的到期收益率。

解析：$90=\frac{100\times8\%}{1+YTM}+\frac{100\times8\%}{(1+YTM)^2}+\frac{100\times8\%+100}{(1+YTM)^3}$

$YTM=12.18\%$

理财讨论

为什么说到期收益率是衡量债券投资收益最常用的指标？用该指标能否衡量股票投资收益？

理财实训

你的公司正在评估两个投资项目，它们的预期税后净现金流如表 2-13 所示：

表 2-13　投资项目评估示例

单位：万元

期限（年）	项目 A	项目 B
1	100	500
2	200	400
3	300	300
4	400	200
5	500	100

假如这两个项目的初始投资额都是 1 000 万元，利率为 10%，那么你会推荐哪个项目？原因是什么？

二、风险的度量

(一) 风险的定义和分类

投资所获取的收益具有一定的不确定性，即投资有风险。当前人们对风险的定义主要有以下三种：其一，风险是未来结果的不确定性；其二，风险是损失的可能性；其三，风险是未来结果对期望的偏离，即波动性。

理财讨论

有两种投资方案，其未来各种结果及可能性如表 2-14 所示，你认为哪一种投资的风险更大一些？

表 2-14　风险定义示例

单位：元

投资 A		投资 B	
结果	可能性	结果	可能性
−1	50%	−100	50%
+1	50%	+100	50%

注：投资 A 结果为−1 意味着赔 1 元，+1 意味着赚 1 元；投资 B 同理。

风险按其性质划分，可以分为系统风险和非系统风险（如图 2-6 所示）。系统风险是由于某种全局性的因素的变化对证券市场整体发生的影响，由于不可以通过构建投资组合分散风险，因而又称为不可规避风险。非系统风险是由于某种因素对个别证券造成损失的可能性，可以通过构建投资组合来分散风险。通常用标准差与变异系数衡量总体风险，用贝塔系数衡量系统风险。

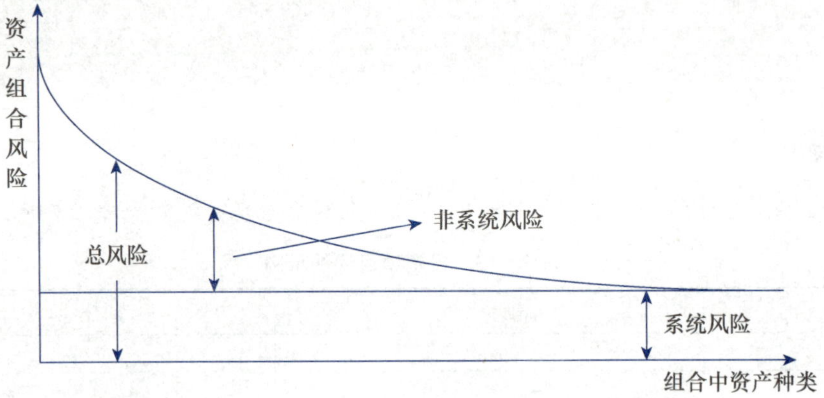

图 2-6 系统风险和非系统风险

与金融理财领域客观存在的金融风险不同，金融诈骗是指以非法占有为目的，采用虚构事实或者隐瞒事实真相的方法，骗取公私财物或者金融机构信用，破坏金融管理秩序的行为。金融诈骗除了扰乱正常金融秩序以外，还会使受害人面临财富的损失和心灵的伤害。

理财锦囊

防范金融诈骗“六个一律”和“十个凡是”

“六个一律”：接到陌生人电话，只要谈到银行卡的，一律挂掉；只要谈到“中奖了”的，一律挂掉；只要谈到“电话转接某某公安局、检察院、法院”的，一律挂掉；只要谈到“安全账户”的，一律挂掉；所有短信，凡是让点击链接的、索要银行卡信息及验证码的，一律删掉；微信陌生人发来的链接，一律不点，如果是熟人、朋友发来的，必须先电话核实。

“十个凡是”：凡是自称公检法要求汇款的，都是诈骗；凡是叫你汇款到“安全账户”的，都是诈骗；凡是通知中奖、领取补贴要你先交钱的，都是诈骗；凡是通知“家属”出事先要汇款的，都是诈骗；凡是在电话中索要个人和银行卡信息的，都是诈骗；凡是叫你开通网银接受检查的，都是诈骗；凡是叫你登录网站查看通缉令的，都是诈骗；凡是自称老板（领导）要求汇款的，都是诈骗；凡是陌生网站（链接）要登记银行卡信息的，都是诈骗；凡是陌生号码发来链接要你点击的，都是诈骗。

（二）风险的度量指标

1. 标准差

由于风险是未来结果对期望的偏离，该偏离程度或波动性通常用标准差来表示。标准差越大，则投资风险越大；标准差越小，则投资风险越小。标准差长期以来一直被视作风险的代名词。标准差一般记作 σ，其计算公式为：

$$\sigma=\sqrt{\sum_{i=1}^{n}(R_i-\bar{R})^2\times P_i}$$

其中，n 表示未来共有 n 种可能收益率，R_i 是未来第 i 种可能的收益率，P_i 是第 i 种收益率发生的概率，$\bar{R}$ 为预期收益率。

利用标准差衡量投资方案的准则是：期望收益率相等的情况下，选择标准差更小的投资方案。

2. 变异系数

如果有两种投资方案 A 和 B，A 方案的期望收益率为 10%，标准差为 2%，B 方案的期望收益率为 11%，标准差为 3%，投资者该选择哪一项方案呢？很显然，A 方案为低风险低收益，B 方案为高风险高收益，这种情况下衡量投资方案所采用的指标是变异系数。变异系数描述的是获得单位期望收益所需承担的风险，变异系数记作 CV，其计算公式为：

$$CV=\frac{\sigma}{\bar{R}}$$

其中，$\bar{R}$ 为预期收益率，σ 为标准差。

利用变异系数衡量投资方案时，变异系数越小，投资方案越优。

理财实训

有 A、B、C 三种金融产品，每种产品的可能收益率及其概率如表 2-15 所示，作为一个理性投资者，你应当选择哪一种产品？

表 2-15　投资方案选择示例

A产品		B产品		C产品	
R	P	R	P	R	P
0.20	25%	1	5%	0.40	10%
0.14	25%	0.6	20%	0.20	30%
0.10	25%	0.1	70%	0.05	40%
0.04	25%	−1.00	5%	0.00	20%

3. 贝塔系数

标准差衡量的是金融产品的整体风险大小，但并不能区分不同风险因素对于总体风险的贡献程度。例如，一只股票的价格变化幅度较大，计算得到的标准差就会很大，我们可以说该股票风险较大，但是我们不能说明到底是由于大盘的波动引起该股票价格的波动，还是由于公司本身的原因（比如管理层的变动、收购兼并活动等）引起股票价格的波动，也无法说明哪一个方面起的作用更大一些。如果要衡量一只股票的风险中受大盘影响的因素大小，即股票的系统风险，应该用贝塔系数来衡量。贝塔系数记作 β，其计算公式为：

$$\beta_i=\frac{COV(i,M)}{\sigma_M^2}$$

其中，COV（i，M）表示股票 i 与市场投资组合 M 的协方差，σ_M^2 表示市场投资组合 M 的方差。贝塔系数的含义如表 2－16 所示。

表 2－16　贝塔系数含义

	资产类型	特征	投资策略
$\beta=1$	平均型	与市场平均风险相同	
$\beta>1$	激进型	趋向于放大整体市场投资组合的收益率	牛市时选择
$\beta<1$	防卫型	趋向于缩小整体市场投资组合的收益率	熊市时选择

（三）客户的风险属性

客户的风险属性包括客户的风险偏好和风险承受能力两个方面，前者指客户对待风险的态度；后者指客户面对风险时在财力和精神上的忍耐程度。

1. 风险偏好

不同投资者对于风险的反应大相径庭，这就是所谓的风险偏好（也叫风险态度），它包含风险厌恶、风险中性、风险爱好三种类型，进一步细分，可分为积极进取型、温和进取型、中庸稳健型、温和保守型、极端保守型五种类型。不同类型投资者具有不同的行为特征（如表 2－17 所示）。

表 2－17　不同风险偏好投资者的行为特征

	风险态度	投资偏好	对应人群
积极进取型	愿意接受高风险以追求高利润，追求更高的收益和资产的快速增值，对损失有很强的承受能力	股票、期货、期权、外汇、股权、艺术品等，操作手法比较大胆	相对比较年轻、有专业知识和技能、敢于冒险、社会负担较轻的客户
温和进取型	愿意承担一定的风险，追求较高的投资收益	开放式股票基金、大型蓝筹股	拥有一定的资产基础、一定的知识水平和较高的风险承受能力的客户
中庸稳健型	既不厌恶风险，也不追求风险，往往追求社会平均水平的收益，同时承受社会平均风险	房地产、黄金、基金	拥有一定的资产基础和风险承受能力，比较理性的中年客户
温和保守型	对风险的关注更甚于对收益的关心	结构性理财产品、企业债券	临近退休的中老年人群
极端保守型	几乎不愿意承担任何风险	存放银行或购买国债、货币基金	步入退休阶段的老年人群、低收入家庭、成员较多社会负担较重的家庭以及性格内敛保守的客户

如何判断投资者风险偏好？假定有两种资产 A 和 B，$R_A=20\%$，$R_B=10\%$，$\sigma_A=20\%$，$\sigma_B=10\%$，两种资产变异系数完全相同，A 的收益之所以高于 B，完全是因为 A 的风险高于 B，多出来的这部分收益可以看作对风险的补偿，这一补偿够不够用，因人而

异，从对于这一补偿的态度可以界定投资者的风险偏好：

甲认为，增加的收益率恰好可以补偿风险，A 与 B 无差异，则甲为风险中性者；

乙认为，增加的收益率不足以补偿风险，B 更令他满意，则乙为风险厌恶者；

丙认为，增加的收益率补偿风险绰绰有余，A 更令他满意，则丙为风险爱好者。

如何用一张彩票来判断投资者风险偏好

现实生活中绝大多数人都属于风险厌恶者。人们之所以厌恶风险最重要的原因是人们对于安全感的追求，无数次调查都显示，安全是人类的一项基本需求。

理财讨论

你是否愿意为获得高收益而冒险，请从一个 10 分的评价体系中做出自己的选择，其中 1 分代表“不愿意”，10 分代表“非常愿意”。

2. 风险承受能力

不同的客户具有不同的风险承受能力，客户风险承受能力评估通常是理财过程中的一个必备环节。表 2-18 列出了一些影响客户风险承受能力的因素。

表 2-18　客户风险承受能力的影响因素

序号	影响因素	结论
1	收入与财富	通常与风险承受能力正相关
2	年龄	通常与风险承受能力负相关
3	受教育程度	通常与风险承受能力正相关
4	性别	年长的男性比女性风险承受能力更强，但年轻的男性和女性无差异
5	婚姻状况	需要考虑已婚者双方的就业状况以及经济上的依赖程度
6	职业	从事不同职业其风险承受能力有所不同
7	出生顺序	长子（女）通常比其弟妹更加不愿意承担风险
8	目标弹性	通常与风险承受能力正相关
9	风险偏好	通常与风险承受能力正相关
10	其他因素	例如家庭结构越复杂，风险承受能力越低

快速、准确测定客户风险承受能力，是一项理财方案得到客户认可的关键。通常客户购买金融产品时，都需要做风险承受能力测试，以判断是否具备购买这种产品的风险承受能力，合理的评估可以避免盲目投资，有利于理财目标的实现。表 2-19 列出了客户风险承受能力评估常用的方法。

快速自测你的风险承受能力

表 2-19 客户风险承受能力评估常用的方法

序号	评估方法	评估内容
1	了解客户投资目标	询问客户对本金安全性、资金增值幅度、资金流动性、通货膨胀的容忍度、避税等方面因素的相对重要程度
2	了解客户对投资产品的偏好	询问客户希望如何将资金分配到不同的投资产品中，这些投资产品往往按照风险程度高低进行排序
3	观察客户实际生活中的风险选择	观察客户的资产配置情况、负债情况、购买保险的金额、工作任期和变动频率、收入变化情况等
4	风险态度的自我评估	例如，询问客户对特定风险所做出的反应，如做出风险投资决策后是否难以入睡、是否非常担心失去已有的财富、是否愿意借款进行金融投资或项目投资等
5	概率和收益的权衡	例如，让客户在确定的收益和不确定的收益之间进行选择；或者在一个较低的无风险收益和一个一定概率下的较高的有风险收益之间进行选择等

理财文化

"义"和"利"的辩证关系

义利之辩是古人喜欢探讨的话题之一，义利本身无褒贬，但在义与利发生矛盾时的倚重取舍，却能反映出个人品德、觉悟境界和人生态度。义重于利、义在利前，是古人一向推崇的君子品格，也是中华民族传统文化的内在精神体现。孔子认为"不义而富且贵，于我如浮云"、荀子强调"义胜利者为治世，利克义者为乱世"，这在当今个人品德和民族性格的养成上仍然有着厚重而深远的影响。在义与利的矛盾面前能否心端行正，则是衡量一个人正直与否、高尚与否、担当与否的尺度之一。

义利相兼，以义为先。义利之间并不是完全二元对立的，人皆有利心，这不可避免，孔子曾在《论语》中指出"富与贵，是人之所欲也"，"贫与贱，是人之所恶也"。苏洵曾说"义利利义相为用"。这些论述说明孔子、苏洵等古代思想家并不反对人们求富逐利，相反，积累财富、成就功名，是古往今来最为常见的价值追求之一。但是，追求富贵必须以符合"义"为前提，逐利不能放弃道义与良知。"逐利有道，义然后取"，这一点曾被古人数次强调，孔子说"不以其道得之，不处也"，"不以其道得之，不去也"。荀子说"先义而后利者荣，先利而后义者辱"。那么什么是"义"呢？《礼记·中庸》中的解释是："义者，宜也。"这就是说义是一种合宜，是行为的正当性和合理性。义而后取，就是以正当的手段去谋求富贵。不论是在为人处世还是在国家交往当中，都要做到见利而思义，不义则不为。

模块小结

任务一　货币时间价值及其运用				
基本原理	货币时间价值是指当前持有的一定量货币，比未来获得的等量货币具有更高的价值			
基本计算	单利	单利现值计算		单利终值计算
	复利	复利现值计算		复利终值计算
	年金	普通年金	普通年金现值计算	普通年金终值计算
		预付年金	预付年金现值计算	预付年金终值计算
		递延年金	递延年金现值计算	递延年金终值计算
		永续年金	永续年金现值计算	
基本运用	投资决策	比较现值、终值、期限、利率四个要素		
	融资决策			
	保险决策	比较现值/终值、年金、期限、利率四个要素		
	长期决策	考虑通货膨胀，区分名义利率与实际利率		
任务二　生命周期理财计划				
生命周期储蓄模型	个人是在相当长的时间内计划他的消费和储蓄行为的，在整个生命周期内实现消费的最佳配置			
生命周期理财策略	家庭形成期、成长期、成熟期、衰老期不同阶段特征不同，财务状况不同，理财重点不同			
生命周期中的重要理财决策	即期付税还是延期付税：延期付税能够在税后赢得税前回报率			
	是否应当为教育而投资：衡量教育能够带来的收益现值和成本现值			
	买房还是租房：衡量买房和租房成本的现值			
任务三　收益率的计算和风险的度量				
收益率的计算	预期收益率、净现值、内部收益率、必要收益率、持有期收益率、到期收益率			
风险的度量	风险的定义和种类	系统风险和非系统风险		
	风险的度量指标	标准差、变异系数和贝塔系数		
	客户的风险属性	风险偏好和风险承受能力		

模块测评

1. 张先生申请了一笔期限为 10 年的 10 万元住房抵押贷款，月利率为 0.5%，按月征收复利，采用等额本息还款法（即每个月偿还相等数额），问张先生每个月的还款额是多少？

2. 将 50 元进行投资，年利率为 12%，每半年计息一次，3 年后的终值为多少？该投资的有效年利率是多少？

3. 假如你现在获得对一个项目进行投资的机会，1 年后它将支付你 1 000 元，2 年后再付 2 000 元，该项目要求你现在投资 2 500 元，且绝对不存在风险，如果将这笔钱存入银行将获得年利率为 10%的利息，该项目是否值得投资?

4. 李先生向银行贷款 40 万元，贷款期限为 10 年，按月等额本息还款，贷款年利率为 6%，还款 20 期后，李先生还欠银行多少钱? 李先生还了多少本金? 还了多少利息?

5. 你想获得一辆价格为 30 万元的新车，正在考虑租车 3 年还是现在买车 3 年后卖掉。如果租车年租金 4 万元（年末付），现在买车 3 年后售价为 20 万元，年利率为 3%，你将如何选择?

6. 某投资者在年初买了一股 100 元的股票，在第一年年末又用 120 元买了一股，在第二年年末，他以每股 130 元全部卖出。在持有期的每一年年末，每股支付 2 元红利。求该投资的内部收益率。

模块三 个人财务状况分析

学习目标

- **知识目标**

1. 了解个人财务管理与企业财务管理的区别和联系；
2. 熟悉家庭资产负债表和收支表的编制方法；
3. 掌握家庭财务状况分析的主要指标。

- **能力目标**

1. 会编制家庭资产负债表和收支表；
2. 能够利用相关财务指标对家庭财务状况进行分析。

- **素养目标**

1. 通过分析资产负债表，引导学生在修身、促学、健体上下功夫，做到“理性消费不乱贷，美好青春不负债”；
2. 通过分析收支表，引导学生树立开源节流、量入为出、勤俭节约的消费观。

模块导入

冬去春来，新的一年又要开始了，辞旧迎新，你开始制定新年的目标和计划，并将以满腔的热情投入新年的工作和生活中。然而，对于自己或者家庭过去一年的财务情况，你有没有同样进行一个总结和复盘呢？众所周知，所谓理财就是打理财富，为此首先我们要梳理清楚，自己到底有多少财富？经过一年的辛苦工作，财富发生了怎样的变化？财务状况又是否健康？如果发现财务状况不容乐观，又该如何改善和进行下一步的规划？

如果你对以上问题还没有明确的答案，本模块的学习将帮助你梳理自己或者家庭的财务情况，从而使你成为一个合格的家庭财务主管。本模块将从家庭资产负债表和收支表两张财务报表的编制入手，通过分析家庭财务状况为你的个人理财之旅奠定良好的基础。

任务一　资产负债表的编制和分析

家庭财务管理中的家庭一般是指任何共同享有财富、收入和支出的团体（也包括一个人的情况）。共同享有意味着他们共同提供资金，并对资金的使用和管理进行共同决策。家庭财务管理需要借鉴和利用企业财务管理领域发展日臻完善的方法和技术，但是二者之间又存在明显的区别，如表 3-1 所示。

表 3-1　企业财务管理和家庭财务管理的区别和联系

		企业财务管理	家庭财务管理
区别	财务管理目的不同	帮助各方了解企业财务状况和经营成果，具有公开性，上市公司更需强制性信息披露	梳理家庭财务状况，为各项理财规划奠定基础，通常具有隐私性，仅少数情况需要公开
	报表编制依据不同	受严格的会计准则或国家会计、财务制度的约束	可以根据自己的需要来编制各种报表，具有一定灵活性
	记账方式不同	对固定资产需严格计提折旧，对资产项目需计提减值准备	视家庭需要和编制财务报表时的经济环境而定
	投资性支出的处理方式不同	一般对该项支出资本化，并递延到未来分期摊销	如教育支出仅视作一项消费支出，更注重现金的管理
	财务报表的对应关系不同	损益表中的每一项都要与资产负债表严格对应	财务报表之间不存在严格的对应关系
	会计核算基础不同	一般采用权责发生制，以导致收入实现和费用发生的“行为”的发生时间为准来确认收入与费用	一般采用收付实现制，以收入带来的现金“收到”时间和费用导致的现金“付出”时间为准来确认收入与支出
联系	都存在借方与贷方，遵循“有借必有贷，借贷必相等”的基本准则		
	都存在流量与存量，二者的关系为：期初存量＋本期流入－本期流出＝期末存量		

总体而言，家庭财务管理的原理与方法与企业财务管理类似，但也具有自身的一些独特性，如需要从实际应用出发，管理原则和方法适当简化。

一、资产负债表的编制

资产负债表是家庭在某一时点上财务状况的反映，它的主要科目是家庭资产和家庭负债，其余额为家庭的净资产。

（一）家庭资产和家庭负债的内容

家庭资产指家庭所拥有的能够以货币计量的财产、债权和其他权利。在对家庭资产进行盘点时，通常寻找有价值的资产（见表 3-2）。家庭资产通常可以分为三类：

第一类是金融资产，也叫生息资产或财务资产，指的是能够带来收益的资产，如股票、基金等。金融资产是理财中最重要的资产，因为它们是实现家庭财务目标的来源。

第二类是使用资产，也叫自用资产，指的是每天生活中要使用的资产，如自用住宅、汽

表 3-2　家庭资产清单

金融资产	使用资产	奢侈资产
现金 银行存款 退休储蓄计划 预期的税务返还 保单的现金价值 各种理财产品 股票、债券、基金 期权、期货 贵金属、外汇 不动产投资 直接商业投资	自用住宅 汽车 家具 家电 衣物 家居用品 厨房用具、餐具 家庭维护设备、五金 运动器材	珠宝 度假的房产或别墅 有价值的收藏品

车、家具、家电等。个人理财目标之一就是为家庭进行适度的使用资产的积累，它们不会产生收入，而且使用过程中需要不断投入资金维护、修理或更新，但它们可以提供消费。

第三类是奢侈资产，奢侈资产一定程度上也属于个人使用资产，但不是家庭必需的，如度假别墅、珠宝等。一般奢侈资产变卖时价值比较高。

理财讨论

结合表 3-2 所示的家庭资产清单，通常情况下是否需要将住宅和汽车以外的其他使用资产记入资产负债表?

家庭负债包括全部家庭成员欠非家庭成员的所有债务，根据到期时间的长短可分为短期负债（流动负债）和长期负债（见表 3-3），前者通常指一个月以内到期的负债，后者通常指一个月以后到期或很多年内每月要偿还的负债。

表 3-3　家庭负债清单

流动负债	长期负债
信用卡 应付电话费、电费、税费、燃气费等 应付房屋租金 应付保险金 到期税款 到期债务	住房贷款 消费贷款（汽车贷款、装修贷款等） 投资贷款 助学贷款

家庭借款一般用于投资、置产或者消费，因此也可以按照用途将家庭负债分为投资负债、个人使用资产负债和消费负债。借钱投资可以发挥财务杠杆的作用，使家庭资产加速成长，但前提一是要确保投资收益率高于借款利率；二是注意防范投资风险。借钱购买使用资产，需注意使购买资产的经济周期与债务期限匹配。具有较长生命周期的资产运用长期债务，如住房；汽车理想的贷款期限应是 5～8 年，这是汽车的平均经济生命周期，生命近乎零的百货和易耗品，尽量支付现金。借钱消费最好先做现金流量预估，如下月的预估收入高过预估支出，有余额可以偿还本月的消费借贷时，才使用信用卡等短期透支工具。

（二）家庭资产与负债价值评估

评估家庭资产和负债价值可以有以下三种计价方式：市场价值、历史价值和重置价值。市场价值是在公平、宽松、从容的交易中别人愿意为这项资产支付的价格；历史价值是最初购买的价格，一般需计提折旧；重置价值是在新的条件下重新购买这一资产的价格。对于有成熟市场的资产，如金融资产、住房、汽车，重置价值与市场价值相同或接近；个人使用资产如衣物，相对于其重置价值几乎没有市场价值。家庭资产负债表中金融资产和汽车、房产等重要使用资产通常都是按市场价值计价，负债则是按照所欠金额的当前价值计价。

（三）资产负债表的编制

在编制家庭资产负债表时，需要注意：第一，储蓄存款通常只计报表编制时点的本金或余额，存款产生的利息作为一项理财收入将会在收支表中列示。第二，关于保单现金价值，若投保定期寿险、意外险、财产险、伤残险及医疗费用险等费用性质的险种保单，保单无现金价值不必列入资产；但若是投保终身寿险、养老金、子女教育基金、退休年金、短期储蓄险或其他带有储蓄性质的保险，保单现金价值相对较高，绝对不可以漏列。第三，关于房贷、车贷等负债余额，一般这些贷款的平均摊还额中既包括本金又包括利息，负债项目中只列本金，利息作为一项理财支出在收支表中列示。

例 3-1：张先生今年 45 岁，为某企业高管，月薪 2 万元，年终奖金 10 万元；妻子李某今年 42 岁，为某银行部门经理，月薪 8 000 元。该家庭 2023 年 1 月 1 日对家庭资产负债状况进行清理的结果为：家庭现有价值 120 万元的住房一套和 150 万元的度假别墅一幢，一辆轿车。家庭房产均为 5 年前购买，买价分别为 100 万元和 130 万元，两房产均首付二成，其余进行 10 年期按揭（等额本金还款），每月还款 16 000 元；轿车为 3 年前购买，使用年限为 10 年，买价为 35 万元，每年花费 6 000 元购买汽车保险，当前该车型市场价格降为 30 万元。家庭现有银行定期存款 60 万元，活期 5 万元，现金 3 万元。该家庭 3 年前投入 10 万元资金进行股票投资，目前股票账户中的总市值为 18 万元；3 年前购入 10 万元的记账式国债，目前价值 12 万元。夫妻两人从 2013 年开始每年购买中国人寿保险公司的意外伤害保险，每年交保费共 300 元，李某的钻石、首饰、裘皮等奢侈品的市价达到 10 万元。

请根据以上数据，为张先生家庭编制 2023 年 1 月 1 日时点的资产负债表。

解析：张先生家庭资产负债表如表 3-4 所示。

表 3-4　张先生家庭资产负债表（2023 年 1 月 1 日）　　单位：万元

资产			负债		
金融资产	现金	3	长期负债	住房贷款	40
	活期存款	5		别墅贷款	52
	定期存款	60		长期负债合计	92
	股票	18			
	国债	12			
	金融资产合计	98			

续表

资产			负债		
使用资产	住房	120			
	汽车	21			
	使用资产合计	141			
奢侈资产	别墅	150			
	奢侈品	10			
	奢侈资产合计	160			
资产合计		399	负债合计		92
净资产：307					

注：在明确告知使用年限的情况下按照平均年限法对汽车计提了折旧；住房贷款价值的计算为100×(1−20%)×5/10=40 万元，别墅贷款价值遵循同样计算方法。

二、资产负债表的分析

分析家庭资产负债表，不仅可以了解家庭的资产负债信息，而且能够通过计算其净资产来判断家庭拥有的实际财富数量。此外，还可以通过将家庭目前的资产负债状况和往年情况相比较，制定出改善家庭财务状况的方案。

(一) 净资产

净资产=总资产−总负债

净资产是总资产减去总负债后的净值，它衡量的是个人在某一时点上偿还所有债务后能够真正支配的财富价值，相当于企业财务中的所有者权益，净资产越多，说明个人拥有的财富越多。如果净资产价值为负数并在短期内没有改善的可能，则个人理论上被认为已经破产。因而，一般来说，个人应保证其净资产为正数，并且不低于一定的数额。

理财讨论

张先生用银行存款偿还了一笔债务或者用现金购买了一些资产，以上两种情况会不会增加张先生的净资产？哪些情况下个人的净资产会增加？

由于每个人情况不同，个人持有的净资产理想数值到底应该是多少不能一概而论，可以结合年收入根据表 3-5 进行分析。

表 3-5 个人净资产分析

个人净资产状况	财务分析结果
净资产<0	目前的财务状况不容乐观，有必要将近期的债务尽快偿还，同时尽快增加收入
净资产/年收入<1/2	有必要控制开支，需要更多地进行储蓄或投资，同时努力工作使收入增加
1/2<净资产/年收入<3	如果个人尚年轻，则其财务状况良好；但如果临近退休，则仍有必要采取措施增加其净资产
净资产/年收入>3	客户目前财务状况良好

（二）负债比率

负债比率＝总负债/总资产

负债比率越高，财务负担越大，收入不稳定时无法还本付息的风险也越大。个人一般应将该数值控制在 0.5 以下；如果达到 0.7，就要密切关注；如果大于 1，则意味着财务状况不容乐观，理论上已经破产了。个人应尽量避免消耗性质的消费负债，借钱投资应按期结算损益后还清，使用资产负债则应考虑还款能力。负债比率的构成要素如表 3－6 所示。

表 3－6　负债比率的构成要素分析

指标名称	计算方法	指标分析
使用资产贷款比率	使用资产贷款/使用资产市值	通常表现为房贷成数，该指标会随着个人使用资产贷款余额、资产市值的变化而变化，指标的降低说明个人在使用资产上债务负担逐步减轻
融资比率	投资负债/金融资产市值	投资负债通常表现为证券质押贷款、股票融资融券等，个人可利用其财务杠杆效应来加速资产增长
消费负债占资产比率	消费负债/总资产	尽量避免消费负债，消费负债的合理额度不宜超过总资产的一半

（三）清偿比率

清偿比率＝净资产/总资产

由定义可知负债比率与清偿比率为互补关系，其和为 1。清偿比率反映客户综合偿债能力的高低。一般来说，个人的清偿比率应该高于 0.5，保持在 0.6～0.7 较为适宜。如果清偿比率太低，说明对外债务是其拥有资产的主体，一旦债务到期或收入水平下降，就很容易面临损失资产甚至资不抵债的困境；清偿比率也不宜过高，过高的清偿比率意味着个人负债很少或几乎没有，这说明个人没有合理利用应债能力提高资产规模，其财务结构需要进一步优化。

（四）家庭资产结构分析

家庭资产主要包括使用资产和金融资产，表 3－7 列出了家庭资产结构分析的两个指标。

表 3－7　家庭资产结构分析

指标名称	计算方法	指标分析
使用资产权数	使用资产/总资产	使用资产以提供使用价值为主要目的，一般人未购房前该指标不会太高。在购房后贷款未还清前，多数家庭均将积蓄用来还款，以致无法积累金融资产，这一阶段该比重一般在七八成
金融资产权数	金融资产/总资产	金融资产是资产中最具生命力的部分，该比重越大，表示资产成长的机会越大。为家庭积累足够的金融资产，应当是个人理财的一个主要目标

理财锦囊

不同的财务报表

富人的财务报表一般都属于这种类型：他们将收入尽可能用来购买金融资产，金融资产越多，产生的收入就越多，收入越多，购买的金融资产也就越多，在收入不断上升的同时，他们尽可能减少购买使用资产和奢侈资产，减少消费支出的负债，因此，他们在财务上越来越富有。

穷人或刚离开家的年轻人都属于这种类型：他们将挣到的收入都用来购买各种使用资产，或者用来支付各种消费项目。他们没有金融资产，收入通过各种途径被转化为支出，收入上升永远不能赶上支出上升，因此他们必须不停工作以维持目前的支出，一旦发生意外，他们将没有应急的方法。

（五）运用资产负债表进行理财诊断

资产与负债是理财天平的两端。不同家庭理财规划的重点也不尽相同。

在一些西方国家，个人当积累的净资产达到一定数额，其死亡，继承人继承财产时要缴纳遗产税。因此，如果个人的资产远高于负债，净资产超过遗产税免税额，理财重点在于节税而非创造更高的净资产。

资产略高于负债的客户不用特意考虑节税规划，理财重点是衡量未来生命周期资产负债的可能变化而做好应对的准备，避免晚年负债高于资产，成为子女负担。因此，退休之前努力积累晚年生活所需的净资产，是一般客户理财规划的最终目标。

资产负债天平也可用来衡量保险的需求。一般当客户资产减损而负债依旧时，为了避免天平倒向负债一端，需要通过购买保险以理赔金的筹码加在资产上，使天平回复均衡状态。

理财讨论

分析哪些情况会使理财天平快速倒向负债端，需要有相应的保障以防万一。

任务二 收支表的编制和分析

资产负债表可以显示家庭目前的财务状况，收支表则可以显示家庭是怎样从过去的财务状况变成现在的财务状况的。如果把资产负债表比作财务状况的一张快照，它能显示在特定时点上财富积累的数量，那么收支表更像是有关财务的一部纪实电影，它能逐步展现一段时期内个人的收入是多少、支出是多少、钱从哪里来的、又花到哪里去了。

由于企业是为了营利，需要编制损益表或利润表，而家庭不以营利为目的，因而家庭只需编制相应的收支表即可，但也需借鉴企业损益表的一些编制原则和方法。

一、收支表的编制

收支表是家庭在某一时期财务状况的反映，它的主要科目是家庭收入和家庭支出，其余额为家庭的结余。

（一）家庭收入与家庭支出的内容

家庭收入可定义为家庭财富的增加，家庭收入通常是剔除了社会保险税和个人所得税的税后可支配收入，家庭支出则定义为家庭财富的减少。家庭收入和支出主要类别分别如表3-8和表3-9所示。

表3-8　家庭收入主要类别

收入类别	示例
工作收入	包括最常见的工资、奖金、津贴、补助、福利、佣金等
经营收入	主要指个人从事个体工商业生产经营所得、对企事业单位的承包承租经营所得等
投资收入（理财收入）	包括利息、股息、红利、租金、各种资本利得、其他投资收益等
其他收入	多数为转移性收入，如劳务报酬、稿酬、特许权使用费所得、中奖等偶然所得、保险赔款、子女给付的赡养费、救济、赠予、遗产等

表3-9　家庭支出主要类别

支出类别	支出细目	示例
消费支出	衣	衣饰、洗衣、理发、美容、化妆品等
	食	日常饮食、饮料与烟酒、在外用餐等
	住	房租、物业费、水电暖气费、电话费、日用品、卫生费等
	行	各种交通费、加油费、停车费、汽车保养费、维修费等
	教育	学杂费、补习费、考试费、教材费等
	医疗	门诊费、住院费、体检费、药品费、医疗器材费等
	娱乐	旅游费、书报杂志费、视听娱乐费、运动健身费等
	交际	各种礼金、招待费、一些转移性支出等
理财支出	利息支出	房贷每月摊还利息、车贷每月摊还利息、信用卡利息、消费信贷利息、投资贷款利息、各种投资损失等
	保费支出	住房险、家财险、机动车辆险、责任险、定期寿险、医疗费用险、疾病险、残疾收入补偿险等保费支出
其他支出	如税收、捐赠支出、其他偶然性的临时支出	

为了更好地控制支出，通常把支出划分为不能自行决定的开支和可自行决定的开支，前者主要包含在理财支出中，如利息支出、保险支出；后者是家庭有选择权的开支，通常是主要资产的购置或较大金额的消费，如家具、珠宝玉石、娱乐、度假等。一个家庭最容易改变的消费习惯就在这一类中，因为这些开支数额相对较大而且不是必需的。当然，一项开支的必需程度也要考虑家庭的消费习惯，对于一个酷爱旅游的家庭而言，旅游度假支出就变成了一项必需的开支，此时需要通过预算来更好地控制该项

支出。

每个家庭必须决定自己的支出具体分类，每个人的支出重点不同，对于一些大类必须要单列。例如，一个家庭的所有成员都热衷于体育竞技项目，可能需要将运动器材、运动服装和费用的开支单列；对于一个爱吃零食的女孩，则需要将零食费单列。

有两项特殊开支——住房和汽车，虽然产生了现金流出，但是资产负债表上资产会相应增加，家庭总财富并没有变化，因而收支表上并不作为一项支出来记录，而只在资产负债表上做相应的调整。与此类似的是购买股票、基金等投资性支出，按照同样方法处理。

（二）记账

编制收支表的前提是准确地收集一段时期内个人收入和支出的相关信息，多数人对收入比较敏感，而对于细目繁多的支出则不敏感。通过比较一段时期内银行账户余额的变化可以大致了解该段时期的支出，但只能够得出支出总量，支出的具体去向仍然不清楚。要想了解支出的内容，唯一的办法是记账。系统地记录收支可以了解资金的具体去向、有效平衡收支和增加结余、合理安排支出计划，个人资产增加时也有助于方便管理。

要记账，必须有一个账本，或者用一个空白笔记本，按照一定格式记录现金日记账。其中，摘要栏记录每一笔开支做了什么用途；类别栏记录收入开支的具体明细。每一行的余额＝上一行的余额＋本行发生的收入－本行发生的支出。下面通过一个例子来介绍现金日记账的记录方法。

例 3－2：小王 2023 年 4 月共发生六笔收支，分别为：4 月 1 日，父母为其银行卡转账 1 500 元作为其生活费；4 月 2 日，小王在饭卡中存了 600 元作为本月生活费；4 月 8 日，小王去商场购买了一双鞋花费 200 元；4 月 10 日招待来访的高中同学花费 180 元；4 月 15 日小王报名英语四级考试花费 30 元；4 月 26 日小王购买“五一”出游火车票花费 160 元。小王 2023 年 4 月现金日记账记录如表 3－10 所示。

表 3－10　小王的现金日记账记录（2023 年 4 月） 单位：元

日期	摘要	类别	收入	开支	余额
月初余额	100				
4 月 1 日	父母给生活费	其他收入	1 500		1 600
4 月 2 日	存入饭卡	消费支出——食		600	1 000
4 月 8 日	买鞋	消费支出——衣		200	800
4 月 10 日	招待高中同学	消费支出——交际		180	620
4 月 15 日	英语四级报名	消费支出——教育		30	590
4 月 26 日	购买火车票	消费支出——行		160	430
月末余额	430				

如果感觉记录现金日记账烦琐，可以采用单据凭证记账的方法，养成消费时索要发票或收据的习惯，并保留所有的收支单据及凭证，每月月底记一次账，基本上还是可以掌握当月财务收支状况的。

当下，信用卡的广泛应用，支付宝、微信等互联网支付平台的普及，为个人记账提供了更加方便快捷的手段，财务处理统计功能也更加强大（见图 3－1、图 3－2）。

图 3－1 微信记账本

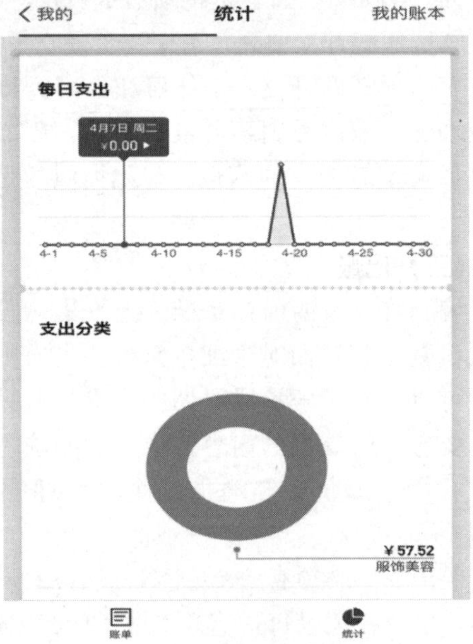

图 3－2 支付宝财务统计

（三）收支表的编制

在编制家庭收支表时，需要注意：第一，每月房贷的缴款额应区分本金和利息，房贷本金是负债科目，确切地说是负债的减少，房贷利息是支出科目。第二，财产保险费用多无储蓄性质，属支出科目；寿险中的定期寿险、残疾收入补偿险、意外伤害险、医疗费用险等以保障为主的费用，列为支出科目；而终身寿险、养老年金、教育年金及退休年金，因可累计保单现值，有储蓄性质，应列为资产科目。第三，已实现的资本利得或损失记入收支科目，未实现的资本利得或损失仅在资产负债表中调整，不记入收支表。

例 3－3：李先生于 2023 年 2 月 1 日对家庭财务状况进行了统计。李先生是一个作家，今年 40 岁，每月薪金收入 6 000 元，稿酬收入 1 000 元，上月获劳务收入 500 元。其妻张女士今年 38 岁，某高校教师，每月薪金收入 5 000 元，各项补助 1 800 元，上月劳务收入 200 元。李先生现住房 80 平方米，是首付 20 万元、按揭贷款 24 万元（等额还本，贷款 10 年）购买的，目前每月大约需要偿还 2 300 元按揭贷款额。另有一处 34 平方米小套房用于出租，是首付 10 万元、按揭贷款 12 万元（等额还本，贷款 10 年）购买的，目前每月大约需要偿还 1 200 元按揭贷款，每月租金收入 800 元。李先生家庭现有定期存款 20 万元，活期储蓄 5 万元，现金 2 万元，每月利息收入 400 元左右。李先生家庭每月衣食开支 2 000 元，养车费用 1 500 元，通信费 300 元，购买图书和上网费用 400 元。1 月张女士购买了 5 年期单利计息、到期一次性还本付息国债 1 万元，年利率 4.5%。同时，李先生为夫妻两人投保意外伤害保险，每月保费 240 元。

请根据以上数据，为李先生的家庭编制 2023 年 1 月的收支表。

解析：李先生的家庭 2023 年 1 月的收支表如表 3－11 所示。

表 3-11 李先生家庭收支表（2023 年 1 月） 单位：元

收入			支出		
工作收入	薪金收入	11 000	消费支出	衣食支出	2 000
	补助	1 800		交通通信	1 800
	工作收入合计	12 800		娱乐支出	400
投资收益	利息收入	400		消费支出合计	4 200
	租金收入	800	理财支出	房贷利息	500
	投资收益合计	1 200		保费	240
其他收入	稿酬收入	1 000		理财支出合计	740
	劳务报酬	700			
	其他收入合计	1 700			
收入合计		15 700	支出合计		4 940
结余：10 760					

注：李先生住房贷款每月需偿还本金 240 000÷10÷12=2 000 元，故每月需偿还利息 2 300－2 000=300 元；小套房每月偿还利息的计算方法相同。

二、收支表的分析

收支表一方面能将个人某一时期的收入和支出进行归纳汇总，从而反映个人收支情况与财务目标的差距；另一方面，可将收入与支出进行比较，判断支出是否合理并提出改善的措施。

从某种程度上说，收支表的重要性高于资产负债表，因为对于个人而言，如果净资产出现负数，个人的日常生活也能维持正常的水平，而一旦收支表出现赤字，哪怕资产负债表上净资产数值很高，也意味着个人现金收入无法满足日常支出需要，因而无法继续维持目前的生活（必须变现资产或借款）。因而个人应努力使其收支表上的结余是盈余而不是赤字，盈余表明个人在管理其财务资源方面是比较成功的，并且不需要动用原资产或借入资金来维持生活。一般而言，个人可使用其盈余部分进行还债、储蓄或投资以实现净资产的增加。

（一）结余比率

结余比率＝结余/总收入

月结余比率＝月结余/月收入

结余比率主要反映个人提高其净资产水平的能力，该比率越高财务状况越健康。如个人年度总收入 50 万元，年终结余 20 万元，则其结余比率为 0.4，这意味着个人在支出之余保留了 40%的收入，这一部分被用于还债、储蓄或是投资，均可增加个人的净资产规模。由于不同家庭财务状况不同，结余比率在不同城市、家庭分化比较明显，但一般认为保持在 0.3 较为适宜。

理财讨论

月光族指每月赚的钱还没到下个月月初就被全部用光、花光的一群人。你赞成这种消费理念吗？你对“月光族”有哪些理财建议？

（二）支出比率

支出比率＝总支出/总收入

由于：总支出＝消费支出＋理财支出

定义：消费率＝消费支出/总收入

财务负担率＝理财支出/总收入

则：支出比率＝消费率＋财务负担率

消费支出为总收入的函数，赚得多自然花得多，但是严格意义上二者之间并非等比例关系。经济学上的消费函数是：$C=A+BY$，其中，A 是基本消费额，即使所得为零，仍需基本的生活支出；B 是边际消费率，指每增加 1 元收入而增加的消费，通常边际消费率在 30%～60%，边际消费率随收入增长呈现递减趋势。也就是说收入越高，边际消费率越低；收入越低，边际消费率越高。

财务负担率通常以利息支出占总收入的 20%、保障型保费支出占总收入的 10%为合理上限，二者合计不超过总收入的 30%。

由定义可知支出比率与结余比率为互补关系，其和为 1。支出比率越低财务状况越健康，由结余比率的参考值可知支出比率的参考值为 0.7。

（三）自由储蓄额

所谓自由储蓄额，就是可以自由决定如何运用的储蓄。

自由储蓄额＝总储蓄额－已经安排的本金还款或投资（包括房贷应定期摊还的本金、应缴的储蓄型保费、应缴的定期定额投资额等）

定义：自由储蓄率＝自由储蓄额/总收入

储蓄率＝总储蓄额/总收入

还本投资率＝已经安排的本金还款或投资/总收入

则：自由储蓄率＝储蓄率－还本投资率

自由储蓄额的计算中由于减去了还本投资的金额，与收入中的“可支配收入”相似，属于真正意义上的“储蓄”。自由储蓄额可以用来满足短期的理财目标，比如用来规划国内外旅游、添购家具电器、节日消费准备金等，当然也可以用来提前还清贷款。通常收入较多的月份，如发放年终奖金时，会有比较高的自由储蓄额。

例 3-4：张先生夫妻双方月薪合计 12 000 元，其中，经常性消费支出 5 000 元，房贷利息支出 1 000 元，保障型保费支出 1 000 元，另外每月需偿还 2 000 元房贷本金，1 000 元以定期定额投资基金方式积累退休金，张先生公司每年 12 月底发放 15 000 元的年终奖。分别计算张先生的家庭 12 月份和其他月份的自由储蓄额。

解析：其他月份的自由储蓄额＝12 000－5 000－1 000－1 000－2 000－1 000

＝2 000（元）

12月份的自由储蓄额=2 000+15 000=17 000(元)

(四) 运用收支表进行理财诊断

收入与支出构成理财天平的另外两端，只有收入大于支出，当期产生结余，个人净资产才会增加。运用收支表进行理财诊断，需要从个人生命周期角度进行分析。

从收入来看，刚踏入社会的年轻人往往只有工作收入，没有理财收入，而在退休后只有理财收入，没有工作收入，因此在工作期间要逐步以理财收入取代工作收入。而从支出来看，工作期间往往同时有消费支出和理财支出，但应确保退休后只有消费支出，没有理财支出，因此，贷款买房及缴纳保费期限最迟应控制在退休时。

生活储蓄定义为工作收入减去消费支出，则生活储蓄在工作期间应为正数，若为负数则表示入不敷出，这种状况若没有随时可实现的流动性资产或借入款支撑，无法长期维持；但再高的正数，一旦退休没有工作收入，都会变成负数。

理财储蓄定义为理财收入减去理财支出，则理财储蓄在购车、买房及缴纳保险的阶段，常呈现负数；但在退休后只有理财收入没有理财支出，应为正数且可应对生活负储蓄，如此才能实现财务独立。

理财锦囊

增收与减支

增收与减支历来是家庭财富增长的不二选择，考虑到税收的影响，减支的效果要优于增收，表3-12列出了实务中常见的增收与减支常用的方式。

表3-12　增收与减支

	增加工作收入	增加理财收入
增收	1. 在原有工作上力求表现以获得晋升加薪 2. 论时或论件计酬时，加班或增加工作量来增加收入 3. 兼第二份工作、写书或演讲来增加收入 4. 寻找待遇更好的工作机会，伺机跳槽 5. 行销能力强者，可寻找以业绩佣金为主的工作提高收入 6. 辞去工作自行创业，不让收入的成长受限 7. 原为单薪家庭者可转成双薪家庭，多一份工作收入	1. 逐步积累金融资产 2. 借钱投资，获取财务杠杆的好处
	降低消费支出	降低理财支出
减支	1. 生活俭朴，不买短期内用不着的东西 2. 善用折扣，同样东西以较低价格取得 3. 多用大众运输工具，如公交车、火车，节省交通费 4. 使用公共资源，以逛公园、上图书馆等方式节省休闲支出 5. 有计划地理智消费，如货比三家、选对时机、反季购物 6. 制定支出预算，大额消费或旅游应事前计划，按预算执行 7. 防止激情购物，克制过度的购物欲望 8. 防止举债度日	1. 寻找适合自己状况的政策性低利率贷款 2. 保单调整，将储蓄险调整为保障型寿险，降低保费支出

以上方法在具体使用时还需辩证分析，例如通过加班或增加工作量来增加收入可能会透支身体健康，借钱投资的前提是确保投资收益率高于借款利率，同时还要注意控制投资风险。

理财文化

《礼记·大学》记载的收支观

“生财有大道：生之者众，食之者寡，为之者疾，用之者舒，则财恒足矣。仁者以财发身，不仁者以身发财。”《礼记·大学》中的这句话深刻揭示了中国传统文化中关于财富管理的基本原则：生产要多，消费要少；生产速度要快，消费速度要缓——只有这样，财富才能永远充足丰富、用之不竭。这样一段富有经济学色彩的论述，浅显易懂而准确恰当，由此派生出中国传统文化思想中勤俭节约、量入为出的观念。

模块小结

任务一　资产负债表的编制与分析				
性质	科目	编制	分析指标	理财诊断
反映某一时点家庭财务状况	资产 负债 净资产	需对家庭资产和负债进行盘点，并正确评估其价值	净资产、负债比率、清偿比率、资产结构	资产和负债作为理财天平两端，不同家庭理财规划重点不同
任务二　收支表的编制和分析				
性质	科目	编制	分析指标	理财诊断
反映某一时期家庭财务状况	收入 支出 结余	需养成记账的习惯，以了解收入和支出的数量和内容	结余比率、支出比率、自由储蓄额	收入与支出构成理财天平的另外两端，需结合家庭生命周期进行理财诊断
二者联系		期初净资产＋期间结余＝期末净资产		

模块测评

1. 张先生、李先生和王先生某一时点的资产负债表如表 3－13 所示，分别计算以下财务指标：净资产、负债比率、使用资产贷款比率、融资比率、消费负债占资产比率、清偿比率、金融资产权数、使用资产权数，并结合这些财务指标对三人的财务状况进行简单分析。

表 3－13　资产负债表分析　　单位：万元

资产与负债	张先生	李先生	王先生
金融资产	1	0.5	30
使用资产	50	0	0
总资产	51	0.5	30
投资贷款额	0	0	20

续表

资产与负债	张先生	李先生	王先生
使用资产贷款额	35	0	0
消费负债额	0	3	0
总负债	35	3	20

2. 张先生、李先生、王先生的年收支表如表 3-14 所示，分别计算以下财务指标：储蓄额、自由储蓄额、储蓄率、还本投资率、自由储蓄率、支出比率、消费率和财务负担率，并结合这些财务指标对三人的财务状况进行简单分析。

表 3-14　收支表分析　　单位：万元

收入与支出	张先生	李先生	王先生
工作收入	10	5	10
理财收入	0	0	3
总收入	10	5	13
消费支出	6	6	6
利息支出	1.4	0.5	1.2
保障型保费支出	0.3	0.1	0.5
总支出	7.7	6.6	7.7
本金定期还款	0.4	0	1.2
储蓄型保费支出	0.8	0	0
定期定额投资支出	0.6	0	2.4

3. 郭先生于 2023 年 1 月 1 日对家庭财务状况进行统计，得出以下数据：郭先生家庭有现金 1 万元，活期存款 2 万元，银行定期存款 10 万元，银行存款利息每年 5 000 元。郭先生两年前花 10 万元购买股票，由于行情不好现在已贬值到 8 万元，每年能获得分红5 000 元；同样于两年前花 10 万元购买的基金，由于基金净值增长三个月前已卖出，当时收到 12 万元。郭先生夫妻双方均投保意外伤害保险，每月缴纳保费 250 元。郭先生 10 年前为自己投保终身寿险，年交保费 3 000 元，保单价值 4 万元。郭先生的房产于 3 年前购买，面积 100 平方米，买价 50 万元（首付四成 20 万元，其余 30 万元贷款 10 年，现在每个月还款 3 000 元左右，按照等额本金方式平均摊还），房子现在市场价值为 80 万元，每年水电暖煤气物业费大约 5 000 元；郭先生另有一套福利分房，无产权用于出租，每月能够获得租金 1 000 元。郭先生的汽车 3 年前购买，当时买价 35 万元（使用年限 10 年），现价值降到 30 万元，汽车保险每年须缴纳 5 000 元，每年加油费、停车费、保养费共 1 万元。郭先生夫妻双方信用卡目前共欠款 2 万元，郭先生夫妻双方工资奖金收入合计年收入 10 万元，每年夫妻双方提供劳务报酬收入 2 万元，每年衣食支出大约 3 万元，每年的礼金和招待费用大约 1 万元，孩子幼儿园管理费、餐费合计 1 万元，2022 年全家旅游共花费 2 万元。

（1）请根据以上数据为郭先生编制 2023 年 1 月 1 日时点的资产负债表和 2022 年的收支表；（2）根据两张财务报表计算以下财务指标：净资产、负债比率、清偿比率、使用资产权数、金融资产权数、支出比率、消费率、财务负担率、自由储蓄额、自由储蓄率；（3）结合以上财务指标对郭先生家庭财务状况进行简单分析，并提出改进建议。

实务篇

模块四 现金规划

学习目标

- 知识目标

  1. 了解现金规划的主要含义；
  2. 熟悉现金规划工具；
  3. 掌握现金规划的流程。

- 能力目标

  1. 能够估算客户现金需求；
  2. 会为客户配置相应的现金规划工具。

- 素养目标

  1. 引导学生科学合理使用信用卡，不恶意透支，利用信用卡为自己建立良好的信用；
  2. 引导学生理性使用互联网信贷产品，树立负责任的借贷意识，不过度依赖借贷消费。

模块导入

小鹏前两天走进银行，咨询信用卡取现的事情，想要取现金 30 000 元汇给他大姐。银行工作人员一开始还以为他遇到电信诈骗，细问之下才知道，他大姐的婆婆突发重病急需钱治病，小鹏工作两年，月工资 8 000 元左右，上个月刚刚把自己积蓄的 5 万元做了银行一年期的理财，现在手头只有 1 000 元生活费，还有信用卡的负债。为了应急，他打算从信用卡里取现，分期还款，但是后面几个月的生活费就会没有着落。小鹏想：自己挣工资，一个月还有结余，为什么会搞得这么窘迫？问题出在哪里呢？本模块从现金规划的角度对人们日常生活中面临的诸如此类的问题进行分析，寻找问题的症结，进行科学的规划。

任务一 现金规划基本认知

现金规划是为满足个人（家庭）短期需求而进行的对日常现金及现金等价物和短期融资活动进行管理和安排的过程。

现金规划通常是个人理财规划的起点，也是其他理财规划的基础，能否做好现金规划将对其他理财规划产生重大的影响。现金规划的目标就是使个人（家庭）既能拥有充足的日常开支及应急资金，又能够使家庭资产有较好的积累，其实就是在现金及现金等价物的流动性和持有成本之间进行有效的权衡。

一、现金的含义（现金及现金等价物）

这里的现金是广义的现金，指流通中的现钞、银行存款和其他货币资金。

其他货币资金主要指个人（家庭）支票账户、储蓄账户、货币市场账户中的资金及其他短期投资工具资金。这类资金具有期限短、流动性强、易于转换、价值变动风险较小的特点，被称为现金等价物。

在家庭中，现金是一种资产，它具有流动性强、收益性差的特点。

现金及现金等价物概念界定

二、现金持有成本

个人（家庭）持有现金的成本主要指机会成本。经济学中的“机会成本”是指一笔投资在专注于某一方面后所失去的另外其他方面的投资获利机会。对于金融资产而言流动性和收益性一般呈反比，现金及现金等价物有较强的流动性，持有现金及现金等价物就意味着丧失了投资于其他较高收益金融工具的机会，这就是持有现金的机会成本。现金持有量越大，机会成本越大，损失的收益越大。

三、现金持有动机

（一）交易动机

为维持日常生活需要而持有现金。由于个人（家庭）的收入和支出不可能完全同步，取得的收入一部分会用来支付日常生活的开支。这种交易现金需求量取决于客户的收入及消费水平。

（二）预防动机

为应付紧急情况而持有现金。个人（家庭）除日常交易支付外，还有可能应付失业、事故、疾病等意外情况支付现金。这种应急现金需求量取决于客户的收入、客户对待风险的态度以及对未来现金流量的预测。

（三）投机动机

为把握投资机会获得较大收益而持有现金。手头持有现金可以更好地把握投资机会，这种现金的需求量取决于利率水平、客户的投资偏好及投资计划。

理财讨论

对于个人（家庭）而言，现金规划有什么作用？

任务二 现金规划实务

一、现金规划的流程

现金规划的流程如图 4－1 所示，其中：

第一步：明确现金规划内容。应当首先明确什么是现金规划、现金规划的需求因素及现金规划的内容。

第二步：收集现金规划相关信息。在此基础上，应当收集与个人现金规划有关的信息，如职业、家庭情况、收入状况和支出状况等相关信息。

第三步：编制客户财务报表。根据收集到的信息，编制客户的收入支出表，用表格形式反映客户收入支出状况。

第四步：确定客户现金需求量。根据客户的收支情况，确定客户现金需求量。建议保持流动性比率为 3～6 的现金类资产，同时结合影响因素，具体确定。

第五步：配置现金规划工具。包括一般现金需求的规划工具配置和超额现金需求的规划工具配置。

第六步：形成现金规划报告。

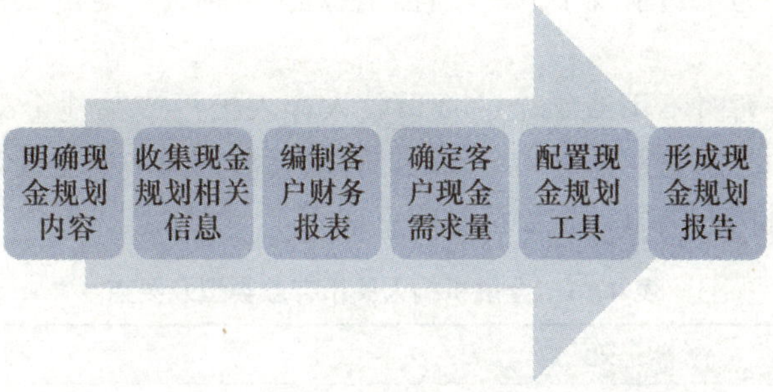

图 4－1 现金规划的流程

二、客户现金需求量分析

（一）客户现金需求量影响因素

客户现金需求量的影响因素包括：风险偏好程度、现金持有的机会成本、现金收入的来源和稳定性、现金支出的渠道和稳定性、非现金资产的流动性。

（二）客户现金需求量额度确认

在进行客户现金需求量预测时，通常采用流动性比率指标进行衡量。

流动性比率＝流动性资产/每月支出

该指标反映客户支出能力的强弱，通常情况下，流动性比率应保持在 3～6。在实务中，根据客户具体情况，兼顾考虑资产流动性与收益性两个方面。对于工作稳定、收入有保障的客户来说，资产的流动性并非其首要考虑的因素，建议保持较低的流动性比率，进而将更多的流动性资产用于较高收益的投资，一般保持在 3 左右；而对于工作缺乏稳定性、收入无保障的客户，则应保持较高的流动性比率，建议保持在 6 左右。

理财实训

某客户家庭收入稳定，现有现金 5 000 元，活期存款 2 万元，定期存款 5 万元，货币市场基金 5 000 元，其他基金 3 万元。每月平均支出 5 000 元，则该客户家庭目前流动性资产结构是否合理？

三、现金规划工具选择

在个人（家庭）理财规划中，现金规划既要使所拥有的资产保持一定的流动性，满足个人或家庭日常支出的需要，又要使流动性较强的资产保持一定的收益性。因此，在考虑现金规划工具时，应主要考虑流动性，在此基础上兼顾一定的收益性。实务中，可以针对客户的日常现金需求和突发现金需求，选择合适的现金规划工具。

（一）现金规划一般工具

1. 现金

现金即指流通中的现钞，是现金规划的重要工具。在所有的现金规划工具中，现金流动性最强，但是在通货膨胀条件下，现金不仅没有收益，反而会贬值。人们之所以要持有一定数量的现金，是为了追求现金的流动性，客观上会损失一定的收益。

2. 储蓄

储蓄是指居民将暂时不用或结余的货币收入存入银行或其他金融机构的一种存款活动。在我国，任何种类的储蓄都有利息收入，存取灵活，保本安全性高，是我国居民传统的理财工具。金融机构人民币存款类型及要点如表 4－1 所示。

表 4－1　金融机构人民币存款类型及要点

存款类型	定义		要点
活期存款	无固定存期，可随时存取，存取金额不限		1 元起存，按季结息
定期存款	整存整取	整笔存入，到期一次整笔支取本金和利息	50 元起存，存期分 3 个月、半年、1 年、2 年、3 年、5 年
	零存整取	分期存入，到期一次提取本金和利息	5 元起存，存期分 1 年、3 年、5 年，每月存入一次
	整存零取	一次存入本金，分期平均支取本金，到期支取利息	1 000 元起存，存期分 1 年、3 年和 5 年，支取期为 1 个月 1 次、3 个月 1 次、半年 1 次
	存本取息	一次存入本金，到期一次支取本金，分期支取利息	5 000 元起存，存期分 1 年、3 年和 5 年，利息支取期限为每月、每季或每半年
	定活两便	存款时不确定存期，一次存入本金随时可以支取	50 元起存，计息方式按整存整取利率打相应折扣

续表

存款类型	定义	要点
协定存款	对公客户与银行签订协定存款合同，个人不适用	起存金额高，利率高
通知存款	不约定存期，但约定支取存款的通知期限，支取时按约定期限提前通知银行	5 万元起存，分 1 天通知和 7 天通知两个品种

理财讨论

根据以上金融机构人民币存款类型及要点，分析零存整取、整存零取、存本取息、定活两便四种类型定期存款分别适用于哪些客户。

储蓄作为个人和家庭最基本的理财工具，是所有理财的基础。储蓄来源于计划和节俭，是一个人自立能力、理财能力的最初体现。个人储蓄时，首先，要把储蓄作为投资的"蓄水池"。应将家庭除去日常开支外的现金，尽可能及时存入银行，当"蓄水池"中的金钱积累到一定程度时，再将它们转到收益更高的投资工具中。在其他投资收益兑现后，又可以转回来等待下一个机会。其次，规划好储蓄的时间。通常定期存款的期限宜短不宜长，同时尽量避免提前支取。如果确实需要提前支取，可以办理部分提前支取，余额不动，也可以考虑办理存单抵押贷款。再次，采用合理的储蓄组合。储蓄组合的原则是兼顾收益和日常开支的需要，一般来说以定期为主，通知存款为辅，少量使用活期存款或定活两便。如果有大笔长期闲置的资金可以考虑大额定期存单。最后，充分利用优惠政策。如果家庭有小孩上学可以考虑教育储蓄，这种储蓄有许多好处，如免除利息税、享受整存整取的利率，同时还具有申请助学贷款的优先权。

理财锦囊

储蓄的技巧

1. 阶梯存储法。假如你持有 3 万元，可分别用 1 万元开设一至三年期的定期存单各一份。一年后用到期的 1 万元再开设一个三年期存单，依此类推以后的存单都是三年期，且到期年限不同，依次相差一年。这种方式可使年度储蓄到期额保持等量平衡，既能应对储蓄利率的调整，又可获取三年期存款的较高利息。

2. 滚动储蓄法。每月将结余的钱存为一年期的整存整取定期储蓄，存满一年为一周期。一年后第一张存单到期，便可取出储蓄本息，再凑整进行下一轮周期储蓄，依次循环往复，手头始终是 12 张存单，每月都可以有一定数额的资金收益，储蓄数额滚动增加。

3. 四分存储法。假如你持有 1 万元，可分存成 4 张定期存单，每张存单存款额注意成梯形状，以适应急需时不同的数额。例如可将 1 万元分别存成 1 000 元、2 000 元、3 000元、4 000 元 4 张一年期定期存单，这样可避免需要小数额却不得不动用大存单的弊端，减少不必要的利息损失。

4. 组合存储法。例如可将存本取息与零存整取两种存款方式相组合，先将固定的资金以存本取息形式定存，然后将每月的利息以零存整取的方式储蓄起来。这样不仅可以得到存本取息的储蓄利息，而且其利息在存入零存整取储蓄后又获得了利息。对于“月光族”而言，采用零存整取处理每月结余，还可以养成节流的好习惯，控制消费支出，实现理性消费。

3. 货币市场基金

自从出现余额宝，人们开始对货币市场基金有了更多的认识。货币市场基金，又称货币基金，是指仅投资货币市场上短期（一年以内，平均期限 120 天）有价证券的一种投资基金。货币市场基金可投资的金融工具包括：现金；期限在 1 年以内（含 1 年）的银行存款、债券回购、中央银行票据、同业存单；剩余期限在 397 天以内（含 397 天）的债券、非金融企业债务融资工具、资产支持证券；中国证监会、中国人民银行认可的其他具有良好流动性的货币市场工具。投资对象的特点决定了货币市场基金是一种具有高于银行存款收益的低风险活期储蓄替代工具。

货币市场基金可以从以下渠道申购：可投资货币基金的支付平台（如支付宝的余额宝、微信的理财通）、银行柜台、相关网银平台（如银行理财产品里的货币类理财产品）、有代销资格的证券公司和基金公司的营业网点或交易平台、第三方基金交易平台（如天天基金等各大基金交易平台）。

反映货币市场基金收益率高低一般有两个指标：“日万份收益”和“7 日年化收益率”。由于货币市场基金的单位净值是固定不变的，始终保持 1 元，投资净额 10 000 元即 1 万份基金单位。

每日收益＝投入资金÷10 000×万份收益

例 4－1：某货币市场基金当日的万份收益是 0.717 6 元，小李持有该基金 10 000 份，当日可获得收益 0.717 6 元。

又因为货币市场基金的收益率并不是固定的，为了提供一个参考收益率，于是就产生了“7 日年化收益率”，即货币基金最近 7 日内的平均收益水平。

7 日年化收益率≈近期收益水平。

每日收益＝投入资金×7 日年化收益率÷365

例 4－2：某货币市场基金 7 日年化收益率是 3.734%，小李持有该基金 10 000 份，当日的收益＝3.734%×10 000÷365＝1.02 元。

需要注意的是，年化收益率是一种理论收益率，是把日收益率、周收益率、月收益率等短周期收益率换算成年收益率，并不代表实际取得的收益率，一般出现在浮动收益产品中。

货币市场基金作为现金规划的一般工具，应在保持流动性的基础上，追求收益的相对最大化。投资者在选择货币市场基金时，要充分考虑影响货币市场基金的各项因素，如利率、规模、资金运作费用等，综合加以分析，做出对自己有利的选择。

（二）现金规划融资工具

现金规划的一般工具，仅就客户手头持有的现金可以进行有效的流动性和收益性的管理，客户持有这类现金的动机主要以日常交易为主。当客户面临超出日常交易的未预料到的现金需求，临时变现其他流动性不强的资产可能会造成资产损失。这时，利用一些短期的融资工具融得一些资金可以解决临时的现金需求。目前，银行、保险等金融机构的个人融资业务发展，为客户提供了一些适宜于现金规划的融资工具，主要有以下几种：

1. 信用卡融资

信用卡是指商业银行或其他金融机构发行的具有消费支付、信用贷款、转账结算、存取现金等全部或部分功能的电子支付卡，包括贷记卡和准贷记卡。信用卡和借记卡在使用时存在很大的区别（见表 4-2）。

表 4-2　信用卡和借记卡的区别

信用卡（贷记卡）	借记卡
先消费后还款	先存款后消费
可透支	不可透支
有循环信用额度	无循环使用额度
在最后还款日前全额还款，享有免息还款期	没有免息期
存款不计息	存款按储蓄利率计息

随着各大金融机构信用卡业务的发展，人们改变了传统的“先存款、后消费”观念。在日常消费中，人们可以“先消费、后还款”，减少现金闲置，且在信用期限内享受免息优惠。持卡人刷卡消费、按时还款还能免息分期、积累信用、积累积分，遇到较大额资金需求时，可以临时提高信用额度、预借现金。在日常生活和投资理财中，信用卡不失为一种好的投融资工具。

理财锦囊

信用卡的免息透支

使用信用卡时，只有在信用额度内的透支消费，并且在到期还款日前全额还款才能享受免费使用银行贷款，在这些条件以外的使用都必须付出高昂的代价。

1. 准确计算免息还款期。一般来说免息还款期由三个因素决定：客户刷卡消费日期、账单日和最后还款日。例如，某银行信用卡账单日为每月 1 日，最后还款日为 25 日，如果客户在 4 月 30 日消费，则 5 月 1 日记账，5 月 25 日还款，免息还款期只有 25 天；但是如果 5 月 2 日消费，则 6 月 1 日记账，6 月 25 日还款，免息还款期有 54 天。因此，通常在账单日之后几天刷卡消费，信用卡免息期会比较长。超过免息期不归还透支款项，银行要按透支金额及透支全部天数计收利息（按日利率 5/10 000），还要计收滞纳金。

2. 全额还款才能享受免息待遇，部分偿还则不能享受免息待遇。如果到期偿还全部款项有困难，可以选择最低还款额还款，一般最低还款额是每月偿还透支金额的 10%，但此时银行通常会全额收取持卡人全部透支款的利息，这意味着只要持卡人有一分钱在还款期内没有还，就不能享受免息待遇。

3. 超额透支不能享受免息待遇。超额透支的情况下一般银行会按超过信用额度部分的 5%收取超限费和滞纳金。因此，持卡人持卡消费时，切记不要超过银行批准的信用额度，否则就要支付高额的超限费。

4. 信用卡提现不享受免息待遇。利用信用卡预借现金的利息和手续费非常高，且计息是从提现日开始计算，一般按日利率 5/10 000 计息，还要收取 1%的手续费（最低 10 元）。每卡每日取现的额度是 2 000 元。因此，尽量不要用信用卡提取现金，一旦提取现金，应尽快还款。

例 4-3： 张先生申请了某银行信用卡。按发卡行规定，每月 1 日为账单日，25 日为还款日，则该银行为客户提供了最长 55 天的免息优惠。如张先生在 2023 年 1 月 1 日消费 3 000 元，那么到 2 月 25 日才需要偿还这笔资金。在这 55 天里可以免费占用银行的资金，相当于从银行获得了一笔无息贷款，解决了张先生临时资金使用问题。若张先生在 2 月 25 日前全额还款或者在 2 月 25 日前只偿还最低还款额 300 元，则两种情况下 3 月 1 日的对账单中循环利息分别为多少元？

解析：若张先生在 2 月 25 日前全额还款，则 3 月 1 日的对账单中循环利息为 0；若在 2 月 25 日前只偿还最低还款额 300 元，则在 3 月 1 日的对账单中循环利息为 $3\,000\times0.05\%\times55+(3\,000-300)\times0.05\%\times5=89.25$ 元。

理财实训

方先生于 2023 年 2 月 13 日持工行信用卡刷卡消费 5 000 元，2 月 25 日透支取现 3 000 元（方先生账单日为每月 5 日，手续费率为 1%，日息为 0.05%），方先生 3 月份的账单金额为多少元？

理财锦囊

巧用信用卡理财

1. 充分利用信用卡透支消费的各种优惠。银行为鼓励客户刷卡消费，常推出多种购物消费优惠活动。有的信用卡除了具有普通信用卡的所有功能之外，还能享受合作机构提供的特殊优惠服务，如购物、购买航空机票、旅游等方面的服务。

2. 充分利用信用卡积分。养成信用卡消费的习惯就会有很多积分，可在信用卡商城用积分兑换产品，如家居用品、电子产品等。

3. 免息分期付款。持卡人在一次性大额消费的时候，对于该笔消费金额可以平均分解成若干期来进行偿还，而且不用支付额外的利息。手续同普通刷卡消费一样简便快捷。从信用卡分期付款的商品来看，种类越来越多，由最初的电器、电脑等大件商品，发展到手机等时尚的小件商品，越来越多的商品和服务都可以用信用卡分期付款的形式来购买。

4. 调高临时信用额度。当持卡人因出国旅游、装潢新居、结婚、子女留学等情况，需要超信用额度消费时，可以电话申请调高临时信用额度，临时信用额度一般 30 天内有效，到期后将自动恢复为原来的额度。

5. 建立信用。信用卡的“信用”二字是具有实质意义的。持卡人必须有良好的信用记录，银行才愿意核发信用卡，而持卡后使用信用卡消费的情况及还款记录，都将成为日后银行评估客户信用等级的重要参考。如果能够用信用卡建立良好的信用记录，未来再向银行办理其他种类的借贷时，将可能享受较大的优惠或简便的手续。

6. 支出记录与分析。银行每月提供的信用卡对账单会逐笔列出消费的日期、地点及金额，累计一段时间后，并对其加以整理分析，就可以对自身消费的基本情况有一个大概的认识。

2. 存单质押贷款

存单质押贷款指客户将在银行账户中的存款作为质押担保，取得相应资金的一种融资方式。存单质押贷款的贷款期限最长不超过存单的到期日；每笔贷款不超过存单质押价值的 90%；贷款利率按照中国人民银行规定的同期同档次贷款利率执行。

适用于两种情况：一是存单马上就要到期，如果提前支取，将会损失较多利息，如果使用存单质押方式，可以保全定期存款利率；二是持有外币存款。

3. 保单质押贷款

保单所有者以保单作为质押物，按照保单现金价值的一定比例获得短期资金。

保单质押贷款主要有两种模式：一种是投保人把保单直接抵押给保险公司，直接从保险公司取得贷款，如果借款人到期不能履行债务，当贷款本息达到退保金额时，保险公司终止其保险合同效力；另一种是投保人将保单抵押给银行，由银行支付贷款于借款人，当借款人不能到期履行债务时，银行可依据合同凭保单由保险公司偿还贷款本息。保单质押的期限较短，一般不超过 6 个月；贷款额度一般不超过保单现金价值的 70%～90%，可以用来质押的仅指具有现金价值的保险，如储蓄功能、投资分红型保险及年金保险等；医疗费用保险和意外伤害保险以及财产保险不能质押。

人身保险公司保单质押贷款管理办法

4. 典当融资

典当是指客户将其动产、不动产、财产权利作为当物抵押给典当行，交付一定比例费用，取得当金，并在约定期限内支付当金利息、偿还当金、赎回当物的行为。

典当融资具有很多优点，比如：当物起点低，只要典当行认可的有价值的动产或不动产都可以作为抵押物；时间快，手续少，相较于银行等金融机构贷款的层层审批，典当融资能够很快取得资金，且手续简单。自然，典当融资的利息费用、手续费用高，仅适用于临时、短期、小额资金的需求。

（三）互联网金融工具

随着移动网络技术的发展，通过互联网进行支付、交易、结算等实现资金融通，是为适应新需求而产生的互联网金融工具，它结合了传统金融行业与新兴电子技术，具有成本低、效率高、覆盖广、发展快、风险大、管理弱等相关特点，既丰富了金融领域的内涵，也对我们的信用体系提出了巨大的挑战。在家庭现金管理中，互联网也提供了一些有效的投融资工具。这些互联网金融工具都可以通过电脑、手机等客户端直接进行操作，方便快捷，既能够使个人（家庭）的现金得到充分运用，又能保持一定的流动性，但使用这些平台时，要注意平台的信誉和安全性，应选择成立时间较长、风控体系完善、有相应的监督管理机构、信用等级较高的平台进行投资或借贷。

理财锦囊

理性消费“不乱贷”，美好青春不负债

近年来，关于大学生过度消费的事例层出不穷。一些不良网贷乘虚而入，致使大学生个人资产和信誉受损，甚至因恶意催收导致严重后果。为此，大学生应做到以下三个方面：

一是理性消费不乱贷。要树立理性借贷消费观念，提高网贷风险防范意识，弘扬勤俭节约美德，科学安排生活支出，做到开源节流、量入为出，不给校园不良网络贷款留下可乘之机。对自身的经济承受能力要有正确评估，不要不计后果盲目借贷、过度借贷，否则会使学生个人甚至家庭陷入困境。

二是合理借贷要正规。合理发挥借贷产品作用，树立负责任的借贷意识，不要过度依赖借贷消费，更不要“以贷养贷”“多头借贷”。若确有借钱需求，要选择正规金融机构、正规渠道获取金融服务。可通过拨打金融机构官方客服电话或前往金融机构营业网点进行咨询办理。

三是寻求救济要理智。校园不良网络贷款就像潘多拉魔盒，不要为了自己的不合理欲望去触碰它。如果不幸遭遇了不良网络贷款，一定要保持理智，不要受不法分子胁迫或采取极端解决方式，而是要积极保留证据，保持与家长和学校的密切沟通，必要时选择报警处理，借助法律武器维护自身合法权益。

总而言之，青少年正处于人生最适宜播种理想的时候，应在修身、促学、健体上下功夫，千万不要沉醉于追求物质享受，折断自己理想的翅膀。

例 4-4：三口之家的现金规划方案

客户杨鑫，32 岁，广告公司策划经理；妻子林夕，29 岁，外企行政人员；两人有一个 3 岁的儿子杨子阳。经过沟通收集信息，整理该客户家庭资产及收支情况如表 4-3 和表 4-4 所示。

表 4-3 资产负债表

编制日期：2024 年 3 月 31 日　　　　单位：元

资产			金额	负债	金额
金融资产	现金与现金等价物	现金	20 000	信用卡透支	
		活期存款	100 000	住房贷款	278 990
		定期存款		消费贷款	
		货币市场基金		其他负债	
	其他金融资产	债券	103 500		
		股票	120 000		
		基金			
		期货			
		权证			
		金融理财产品			
实物资产	自住房		750 000		
	机动车		310 000		
	投资房				
	其他个人资产				
资产总计			1 403 500	负债总计	278 990
净资产	1 124 510				

表 4-4　收入支出表

编制周期：2023 年 3 月 1 日—2024 年 3 月 1 日　　　单位：元

项目		金额
收入	工资和薪金	307 560
	奖金和佣金	70 000
	养老金和年金	
总收入		377 560
支出	日常生活支出	50 400
	房屋支出	54 697
	汽车支出	3 000
	商业保险费用	5 400
	医疗费用	8 400
	其他支出	31 500
总支出		153 397
结余		224 163

解析：杨先生家庭收入稳定，日常支出较固定，近期也没有较大的投资项目，家庭财务风险较小，因此客户持有现金总量在 3～4 倍月支出即可，即 38 000～52 000 元。目前家庭流动性资产总额 120 000 元，流动性比率为 9.39，偏高。调整时可考虑将 50 000 元现金配置为 5 000 元活期储蓄，45 000 元配置为余额宝类货币市场基金，操作灵活还可以取得一些投资收益。剩余的 70 000 元资金可以配置到投资产品里。对于家庭意外现金需求，可以考虑使用信用卡，为了能够在紧急需要时提供灵活额度，建议杨先生平时尽量多使用信用卡，既能积累信用，也能有积分活动，杨先生的妻子职业稳定，也可以申请一张信用卡，这样在紧急需要使用现金时，两人信用卡额度 2 万元以上加上货币基金 45 000 元，短时期可以解决 7 万元以内的资金需求。

理财文化

传统文化中的诚信精神

我国自古以“礼仪之邦”著称于世，重义轻利一直是中华民族的传统美德。两千多年前，孔子就主张“言必信，行必果。”此外，我国的语言体系里还有大量诸如“一言九鼎”“一诺千金”这样称赞诚信精神的成语。在几千年的历史长河中，更是涌现出了许多广为传颂的诚信人物及故事：曾子杀猪、宋濂抄书、季札挂剑、晏殊换题、季布一诺、韩信报恩、商鞅立木为信……这些耳熟能详的故事点缀了五千年历史的星空，使文明古国的诚信记忆变得熠熠生辉。

时至今日，党的二十大报告中再次提到，弘扬诚信文化，健全诚信建设长效机制。这是提高全社会文明程度，实施公民道德建设工程的重要一环。人无信不立，国无信不兴。中国自古以来就强调“讲信修睦”，这不仅是中国由来已久的历史文化传统，更是中华民族世代相传的道德圭臬，是为人之本、处世之方、立国之基。

模块小结

任务一　现金规划基本认知		
现金的含义		现钞、银行存款、其他货币资金
现金持有成本		持有现金的机会成本
现金持有动机		交易动机、预防动机、投机动机
任务二　现金规划实务		
客户现金需求量指标	流动性比率＝流动性资产/每月支出　　建议值：3～6	
现金规划一般工具	现金	流动性强，收益性无，不抗通胀
	储蓄	流动性强，收益性低，保本安全性高
	货币市场基金	流动性强，收益性较高，较低风险
现金规划融资工具	信用卡	先消费、后还款，可以预借现金
	存单质押贷款	以存单作为质押物取得借款
	保单质押贷款	以具有现金价值的保单作为质押物取得借款
	典当融资	典当物需具有符合典当行认可的价值
互联网金融工具		

模块测评

林达，27 岁，某外企高管，单身。其家庭成员包括：父亲，林壁仁，50 岁，某建筑公司高级工程师；母亲，王霞，48 岁，某公立学校初中教师。林达家庭财务状况如下：林达在公司表现突出，税后年薪可达 150 000 元，年终奖50 000 元（税后）；林达的父亲每月工资 16 880 元（税后），年终奖 80 555 元（税后）；林达的母亲每月工资 9 255 元（税后），年终奖 27 105 元（税后）；林达家中现有现金8 000元，活期存款 100 000 元，快到期的 5 年期定期存款 300 000 元；家庭日常支出每月 12 000 元，每年的医疗费用 4 200 元，旅游休闲支出 20 000 元，购置服装支出每年 5 000 元；5 年前购买了一套价值 120 万元的婚房，贷款 7 成，贷款利率为 5.57%，还款期限为 20 年，等额本息，按月还贷，林达自己负担。林达需要进行现金规划吗？如若需要，该如何规划？

模块五 住房规划

学习目标

- 知识目标

1. 了解住房规划的流程；
2. 熟悉租房与购房决策的方法；
3. 掌握购房筹资的途径；
4. 掌握购房还款方式的选择与计算。

- 能力目标

1. 能够运用相关方法做出租房与购房的决策；
2. 会根据客户情况制定适合的筹资规划方案；
3. 能够针对不同的还款方式进行计算。

- 素养目标

1. 深入贯彻学习党中央“房子是用来住的，不是用来炒的”的基本定位，引导学生树立科学的、理性的住房消费观念；

2. 结合公积金贷款的条件，深入解析良好的信誉对申请银行贷款的重要性，引导学生珍惜信用，杜绝征信不良。

模块导入

党的二十大报告指出：要实现好、维护好、发展好最广大人民根本利益，紧紧抓住人民最关心最直接最现实的利益问题……着力解决好人民群众急难愁盼问题。住房是民生问题，是百姓安身立命之所，家庭最大宗消费、最重要的资产；也是发展问题，关系民生福祉、经济社会发展全局。从古至今住房都是普通百姓最纯朴的民生追求，直接影响人民群众的获得感、幸福感和安全感，自然也是人民群众急难愁盼的问题之一。

党的二十大报告在“增进民生福祉，提高人民生活品质”的大框架下阐述了房地产发展方向，具体提出：坚持房子是用来住的、不是用来炒的定位，加快建立多主体供给、多渠道保障、租购并举的住房制度。前者统揽住房工作全局，是全国上下开展行业和市场管理、创新管理模式和长效机制、推进新住房体系和制度建设的顶层指导；后者是我国进一步推进住房制度改革，探索房地产发展新模式，推进住房高质量发展的顶层设计。

2016 年年底，中央经济工作会议首次提出坚持“房子是用来住的、不是用来炒的”定位之后，“房住不炒”也在 2017 年 10 月被写进党的十九大报告中。经过多年发展，“房住不炒”理念已经深入人心，成为社会共识，购房者置业更加理性，住房的居住属性不断强化。党的二十大报告中再次强调“房子是用来住的、不是用来炒的”，彰显政策定力，同时也意味着“房住不炒”将成为我国长期坚持的房地产行业定位，接下来房地产发展的落脚点将更多聚焦在保民生、提品质上。

2015 年年底，中央首次明确租购并举为我国住房制度改革的主要方向，强调着力发展住房租赁市场。党的二十大再次强调租购并举，表明租购并举是我国推进住房制度改革、住房高质量发展的顶层设计。租购并举则意味着住房租赁将在解决住房问题中发挥更加重要的作用。长期以来，我国存在住房“售卖一条腿长，租赁一条腿短”的问题。当前，我国正在加快补齐住房租赁短板，各项规章制度不断出台。在市场租赁住房需求的驱动下，相关政策的引领下，住房租赁市场有望发展得更加成熟完善，更好满足群众特别是广大青年人的租赁住房需求。

任务一　认识住房规划

一、住房规划流程

（一）接触客户，建立信任关系

与客户充分交流，取得客户的信赖，了解客户的住房需求与购房意愿。

（二）收集、整理客户的家庭状况信息

根据住房规划的需求，收集客户的财务及非财务信息，包括家庭成员构成、家庭收入支出与资产负债状况，以及相关的财务安排（包括储蓄、投资、保险等）。

（三）分析客户的家庭财务信息

分析客户的家庭财务信息，列出家庭资产负债表和收入支出表。由于家庭结构不同，两个表格的结构可以根据具体情况制定。

（四）明确客户的住房目标

明确客户的住房目标，包括希望的居住面积、购房还是租房、购房或租房的时间以及届时的房价或租金，得到客户具体、精确的住房目标描述。

（五）制定住房规划方案

根据客户的家庭人口情况，一般包括单身客户、夫妇二人、三口之家和三代同堂四种，帮助客户选择适宜居住且经济上足以承担的购房或租房决策，进而帮助客户制定购房筹资与还款规划，包括估算客户负担得起的房屋总价，选择最适合的贷款额度、贷款方式、还款方式及还款期限等，并运用相关税收及法律知识，为客户提供必要的专业理财服务。

（六）住房规划方案的实施与调整

住房规划方案的实施与调整主要包括筹资与还款两方面。购房筹资的途径包括：住房公积金贷款、住房商业性贷款，也可以选择组合贷款。由于未来客户的财务状况具有不确定性，如收入可能增加、家庭可能出现大额的意外支出等，贷款利率也可能调整，因此在保障客户财务安全的基础上，相应地调整购房还款规划，主要包括提前还贷和延期还贷两种情况。

二、购房与租房的决策

（一）购房与租房的比较

住房规划的第一步是决定以购房或租房来满足居住需求。在我国住房作为一种特殊商品，大多数的家庭在购买住房时，会同时考虑其消费需求和投资需求。由于个人或家庭在生命周期不同阶段对居住会有不同需要，所以可以根据生命周期以及家庭财务状况做出适合家庭的住房规划。购房与租房的比较如表 5-1 所示。

表 5-1 购房与租房的比较

	购房	租房
优势	1. 拥有房屋产权，可以自由处置 2. 保证长期、稳定的居住环境 3. 心理上具有满足感和安全感 4. 孩子可以就近入学 5. 具有较好的保值增值的能力	1. 不用承担购房成本，短期经济压力小 2. 能较灵活地选择居住地点和住房面积 3. 拎包入住，无房产处置的麻烦 4. 不用承担房屋维修的费用 5. 不用担心房价下跌
劣势	1. 较高的购房成本，涉及税费、利息等 2. 居住环境改变的余地较小 3. 变现能力较差 4. 负担房屋维修及其他费用等 5. 面临房价下跌的风险	1. 只有使用权，不能随意装修或处置租赁的房屋 2. 没有长期、稳定的居住场所 3. 心理上没有足够的安全感 4. 孩子没法落户，入学困难 5. 面临租金上涨、非自愿搬离的风险
适宜人群	1. 工作多年、具有一定经济实力的首次购房人群 2. 具有置业升级需求的再次购房人群	1. 刚踏入社会的年轻人 2. 工作流动性较大、工作地点不固定者 3. 收入不稳定、经济基础较薄弱的人群

（二）购房与租房决策的基本方法

常用于购房与租房决策的基本方法包括两种：年成本法和净现值法。

1. 年成本法

年成本法是指通过计算年购房成本与年租房成本，从而选择年成本较小者的一种决策方法。年成本法的最大优点是直观、计算简单，不足之处在于把房价、租金等静态化，没有考虑资金的时间价值。

年购房成本主要包括购房首付款的机会成本、住房贷款的利息、因房屋产生的维修费及折旧费等。用公式表示如下：

年购房成本＝购房首付款×机会成本率＋贷款余额×贷款利率＋年维修费＋年折旧费

年租房成本主要包括年租金以及租房押金的机会成本。用公式表示如下：

年租房成本＝年租金＋租房押金×机会成本率

例 5-1：在外地工作的李先生最近打算回老家太原定居并发展自己的事业，他看上了一套面积为 90 平方米的二手房，该住房可租可售。如果租房，房租每月 3 000 元，押金为一个月的租金；如果购房，房屋总价是 100 万元，李先生需支付 30 万元首付款，另外 70 万元可向银行申请商业贷款，贷款利率为 5.8%，贷款年限为 20 年。另外，购买二手房需支付的维修费、折旧费等按年均摊，大约每年分别为 1 000 元和 10 000 元。如果李先生的年平均投资回报率是 4%，请问李先生应该租房还是买房？

解析：

租房和购房的年成本计算如下：

年租房成本＝3 000×12＋3 000×4%＝36 120(元)

年购房成本＝300 000×4%＋700 000×5.8%＋1 000＋10 000＝63 600(元)

年租房成本比年购房成本少 27 480 元，两者之间差距较大，且李先生初回太原，工作尚在起步阶段，若李先生对于房屋无强烈需求的情况下，建议李先生可以先租房暂住，等工作稳定以后再做进一步打算。

理财讨论

预计未来房租将向上调整，或者未来房价会上涨或下跌，或者未来利率会降低。

请以小组为单位，讨论这些因素变化会对刚才用年成本法做出的决策产生怎样的影响。

2. 净现值法

净现值法是指在一个既定的居住期间内，将购房与租房的现金流量还原成现值，比较两者的净现值，从而选择净现值较大者的一种决策方法。净现值法最大的优点在于考虑了资金时间价值，相对年成本法更为科学，但计算较复杂。计算公式如下：

$$NPV=\sum_{t=0}^{n}\frac{(CI-CO)_t}{(1+i)^t}$$

式中：NPV 为净现值；t 为计算期间年份数；i 为设定的折现率；CI 为现金流入；CO 为现金流出；$(CI-CO)_t$ 为各年的净现金量 CF_t。

例 5-2：在例 5-1 中，李先生通过调查发现该住房所在小区环境优美，配套设施完善，交通便利。他对该小区非常满意并进一步明确了自己的居住目标，打算在该处至少住 5 年。

假设月房租每年增加 300，在每年期初一次性支付本年租金，第 5 年年底将押金 3 000 元收回。购房房贷本息和假设每年年末等额偿还一次；自住房维护成本发生在每年期末，且在第一年基础上逐年翻倍，折现率为 4%。购房在第 5 年年底可售 110 万元。试利用净现值法分别计算李先生租房和购房的净现值。

解析：

1. 租房 NPV 的计算

(1) 计算 1～5 年年末净现金流量 CF_t。

CF_0＝－第 1 年租金－押金＝－3 000×12－3 000＝－39 000(元)

CF_1＝－第 2 年租金＝－(3 000＋300)×12＝－39 600(元)

CF_2＝－第 3 年租金＝－(3 300＋300)×12＝－43 200(元)

CF_3＝－第 4 年租金＝－(3 600＋300)×12＝－46 800(元)

CF_4＝－第 5 年租金＝－(3900＋300)×12＝－50 400(元)

CF_5＝返还押金＝3 000(元)

(2) 计算租房的净现值。

$$租房\ NPV=\frac{-39\,000}{(1+4\%)^0}+\frac{-39\,600}{(1+4\%)^1}+\frac{-43\,200}{(1+4\%)^2}+\frac{-46\,800}{(1+4\%)^3}+\frac{-50\,400}{(1+4\%)^4}+\frac{3\,000}{(1+4\%)^5}=-199\,239.13(元)$$

2. 购房 *NPV* 的计算

(1) 计算每年年末房屋按揭 *PMT*。

已知 PV=700 000，i=5.8%，n=20；用计算器或电脑求得 PMT=－60 042.06 (元)

(2) 计算 5 年后房贷余额。

已知 PMT=－60 042.06，i=5.8%，n=15；用计算器或电脑求得 5 年后房贷余额＝590 840.14 (元)

(3) 计算 1～5 年年末净现金流量 CF_t。

CF_0＝－首付款＝－300 000(元)

CF_1＝－第 1 年房贷本息和－第 1 年维护成本＝－60 042.06－1 000
＝－61 042.06(元)

CF_2＝－第 2 年房贷本息和－第 2 年维护成本＝－60 042.06－2 000
＝－62 042.06(元)

CF_3＝－第 3 年房贷本息和－第 3 年维护成本＝－60 042.06－4 000
＝－64 042.06(元)

CF_4＝－第 4 年房贷本息和－第 4 年维护成本＝－60 042.06－8 000
＝－68 042.06(元)

CF_5＝－第 5 年房贷本息和－第 5 年维护成本－第 5 年底房贷余额＋第 5 年年底房屋出售价格
＝－60 042.06－16 000－590 840.14＋1 100 000＝433 117.80(元)

(4) 计算购房的净现值。

$$购房\ NPV=\frac{-300\,000}{(1+4\%)^0}+\frac{-61\,042.06}{(1+4\%)^1}+\cdots+\frac{-68\,042.06}{(1+4\%)^4}+\frac{433\,117.80}{(1+4\%)^5}=-175\,160.17(元)$$

通过计算，租房 *NPV* 为－199 239.13 元，购房 *NPV* 为－175 160.17 元，购房净现值大于租房净现值。因此，根据净现值法的判断标准，结合李先生的住房目标，购房更划算。

理财讨论

对于同一套住房，在同样的租金与房价的情况下，为什么用年成本法与净现值法会得出不同的结论?

三、影响购房与租房决策的主要因素

影响购房与租房决策的主要因素包括：收入水平，收入水平越高，越倾向于购房；房租增长率，房租增长率越高，越倾向于购房；房价增长率，房价增长率越高，越倾向于购房；利率水平，利率水平越低，越倾向于购房；居住年限，居住年限越长，越倾向于购房。

理财前沿

房产税改革试点政策及未来走向

房产税是以房屋为征税对象，按房屋的计税余值或租金收入为计税依据，向产权所有人征收的一种财产税。早在1986年国务院就发布了《房产税暂行条例》，但在其中第五条第四款规定，个人所有非营业用的房产免征房产税。

2011年重庆、上海作为试点城市开始征收房产税。根据《重庆市个人住房房产税征收管理实施细则》，首批纳入征收对象的住房为：个人拥有的独栋商品住宅（税率为0.5%）；个人新购的高档住房，高档住房是指建筑面积交易单价达到上两年主城九区新建商品住房成交建筑面积均价2倍（含2倍）以上的住房［按照价格倍数税率分别为3倍以下的0.5%；3倍（含3倍）至4倍的1%；4倍（含4倍）以上的1.2%］；在重庆市同时无户籍、无企业、无工作的个人新购的第二套（含第二套）以上（后改为首套及以上）的普通住房（税率为0.5%）。《上海市开展对部分个人住房征收房产税试点的暂行办法》则规定，房产税征收对象则为本市居民家庭在本市新购且属于该居民家庭第二套及以上的住房和非本市居民家庭在本市新购的住房，适用税率0.6%，对住房每平方米市场交易价格低于当地上年度新建商品住房平均销售价格2倍（含2倍）的，税率暂减为0.4%。

房产税的征收有助于合理调节居民收入分配，正确引导住房消费，有效配置房地产资源，同时也直接关系到购房者、投资者的切身利益，因而成为近些年房地产市场的热点问题。2021年3月，国务院提出财税政策研究的三大重点，其中之一就是完善房地产市场调控；同年4月，财政部税政司表示，积极稳妥推进房地产税立法和改革。2021年10月23日，全国人大常委会会议授权国务院在部分地区开展房地产税改革试点工作，扩大房地产税收改革试点已经箭在弦上。然而由于各种复杂因素的存在，房地产税至今并未出台，其未来走向更值得每一位购房者拭目以待。

任务二　购房筹资规划

住房作为一种特殊商品，具有位置固定、价值高、流动性较差等特点，因此个人或家庭在购买住房时应客观理性地评价自身支付能力，做好筹资规划，以免陷入财务困境，造成不必要的经济损失。目前，我国住房贷款按照是否具有政策性可分为公积金住房贷款和商业性住房贷款，购房者也可采用公积金住房贷款和商业性住房贷款相结合的组合贷款方式。

一、评估个人购房支付能力

个人在购买住房之前应对自己的购房能力进行一次综合性评估，通常包括首付款支付能力和每月还款能力评估，并根据财务指标调整贷款及偿还金额。

（一）年收入评估法

年收入评估法是以储蓄及还贷能力来估算可负担的房屋总价的一种方法。具体评估步骤如下：

（1）可负担首付款＝目前资产净值在未来购房时的终值＋以目前到未来购房这段时间内的年收入在未来购房时的终值之和×年收入中可负担首付款的比例上限

（2）可负担房贷＝以未来购房时年收入为年金的年金现值×年收入中可负担贷款的比例上限

（3）可负担住房总价＝可负担首付款＋可负担房贷

（4）可负担住房单价＝可负担住房总价/需求面积

例 5-3： 李先生打算在太原定居，计划 5 年后购买一套价值 100 万元的住房，能贷款的最长期限为 20 年。李先生目前有金融资产 40 万元，其中 50%可用于购房。李先生每年可结余 10 万元，其中可用于购房的额度为 3 万元。假设目前商业银行房贷利率为 5.5%，李先生的投资年报酬率为 4%。请问李先生可购买总价为多少万元的住房？他的计划可行吗？

解析：

（1）可负担首付款＝金融资产 200 000 元在 5 年后的终值＋每年用于购房的 30 000 元结余在 5 年后的终值之和＝400 000×50%×（F/P，4%，5）＋30 000（F/A，4%，5）＝243 330.58＋162 489.68＝405 820.26（元）

（2）可负担房贷＝未来购房时 20 年每年用于购房的 30 000 元结余的现值＝30 000×（P/A，5.5%，20）＝358 511.47（元）

（3）可负担住房总价＝可负担首付款＋可负担房贷＝405 820.26＋358 511.47＝764 331.73（元）

通过计算可知，李先生可负担的住房总价为 76.43 万元，他打算购置 100 万元住房的计划不可行，需要重新拟定购房规划。

（二）总房价评估法

总房价评估法是以拟购住房的总价来计算每月需要负担费用的一种方法。具体评估步骤如下：

（1）拟购住房总价＝房屋单价×拟购面积

（2）需支付的首付款＝拟购住房总价×(1－按揭贷款比例)

（3）需支付的房贷＝拟购住房总价×按揭贷款比例

（4）每月还款额＝需支付房贷的每月年金值（等额本息还款法）

（三）购房规划的主要财务指标

1. 住房负担比

住房负担比是指住房月供款占借款人税后月总收入的比率，住房负担比＝房屋月供款/

税后月收入，参考值为25%～30%。

2. 财务负担比

财务负担比是指所有贷款年还款额（房贷、车贷等）与税后收入的比率，财务负担比＝年负债支出/年税后收入，一般控制在33%～38%。

例5-4： 李先生打算在太原定居，每月税后收入11 000元，打算购买总价为100万元的住房。李先生对购房首付及贷款等问题不是很了解，想请理财规划师给出建议。假设按照现行政策，首付款三成，能贷款的最长期限为20年，贷款利率为6%，采用等额本息还款。请问李先生购买住房后每月需负担的费用是多少元？他能否承担该还款金额？

解析：(1) 拟购住房总价＝1 000 000（元）

(2) 需支付的首付款＝1 000 000×30%＝300 000（元）

(3) 需支付的房贷＝1 000 000×(1－30%)＝700 000（元）

(4) 每月还款额＝700 000÷(P/A，0.5%，240)＝5 015.02（元）

(5) 住房负担比＝5 015.02/11 000＝45.59%

通过计算可知，李先生购买住房后每月需负担的费用是5 015.02元，他的住房负担比为45.59%，远远超过了住房负担比的参考值25%～30%，所以李先生的住房负担比较重，需要重新拟定购房规划。

二、个人住房公积金贷款

个人住房公积金贷款是政策性的住房公积金所发放的委托贷款，是指按时向住房公积金管理中心正常缴存住房公积金单位的在职职工，在购买、建造自住住房（包括二手住房）时，采用抵押、质押等担保形式向住房公积金管理中心申请的贷款。

（一）住房公积金制度

住房公积金，是指单位（包括国家机关、国有企业、城镇集体企业、外商投资企业、城镇私营企业及其他城镇企业、事业单位、民办非企业单位、社会团体）及其在职职工各自按照职工工资收入的规定比例缴存的长期住房储金。

住房公积金制度是我国一项重要的住房社会保障制度，它是我国城镇住房制度由住房实物分配向住房分配货币化改革的产物，有利于筹集、融通住房资金，提高职工的个人住房购买能力。1999年4月3日，中华人民共和国国务院令第262号发布《住房公积金管理条例》，并于2002年和2019年进行了两次修订，通过立法规范了住房公积金制度。

住房公积金制度具有以下特点：

一是政策性，单位不办理住房公积金缴存登记或者不为本单位职工办理住房公积金账户设立的，住房公积金的管理中心有权力责令限期办理，逾期不办理的，可以按《住房公积金管理条例》的有关条款进行处罚，并可申请人民法院强制执行。

二是普遍性，城镇在职职工，无论其工作单位性质如何、家庭收入高低、是否已有住房，都必须按照《住房公积金管理条例》的规定缴存住房公积金。

三是福利性，除职工缴存的住房公积金外，单位也要为职工交纳一定的金额，而且住房公积金贷款的利率低于商业性贷款。

四是返还性，职工离休、退休，或完全丧失劳动能力并与单位终止劳动关系，户口迁出或出境定居等，缴存的住房公积金将返还职工个人。

1. 住房公积金的缴存

(1) 职工住房公积金的月缴存额为职工本人上一年度月平均工资乘以职工住房公积金缴存比例。单位为职工缴存的住房公积金的月缴存额为职工本人上一年度月平均工资乘以单位住房公积金缴存比例。新参加工作的职工从参加工作的第二个月开始缴存住房公积金，月缴存额为职工本人当月工资乘以职工住房公积金缴存比例。单位新调入的职工从调入单位发放工资之日起缴存住房公积金，月缴存额为职工本人当月工资乘以职工住房公积金缴存比例。

(2) 职工和单位住房公积金的缴存比例均不得低于职工上一年度月平均工资的5%；有条件的城市，可以适当提高缴存比例。具体缴存比例由住房公积金管理委员会拟定，经本级人民政府审核后，报省、自治区、直辖市人民政府批准。

(3) 住房公积金自存入职工住房公积金账户之日起按照国家规定的利率计息。住房公积金管理中心应当为缴存职工发放缴存住房公积金的有效凭证。

2. 住房公积金的提取和使用

(1) 住房公积金提取是指缴存住房公积金的职工按照规定，将本人住房公积金账户内的存储余额取出来的行为。住房公积金提取分为部分提取和销户提取两种。

(2) 职工有下列情形之一的，可以提取职工住房公积金账户内的存储余额：1）购买、建造、翻建、大修自住住房的；2）租赁公共租赁住房的；3）租赁商品住房的；4）偿还购房贷款本息的；5）离休、退休的；6）到国外或者港、澳、台地区定居的；7）与单位解除劳动关系的；8）职工死亡或者被宣告死亡的。

其中：第1）项至第4）项属部分提取；第5）项至第6）项属销户提取。

(3) 职工死亡或者被宣告死亡的，职工的继承人、受遗赠人可以提取职工住房公积金账户内的存储余额；无继承人也无受遗赠人的，职工住房公积金账户内的存储余额纳入住房公积金的增值收益。

(4) 缴存住房公积金的职工，在购买、建造、翻建、大修自住住房时，可以向住房公积金管理中心申请住房公积金贷款。住房公积金管理中心应当自受理申请之日起15日内做出准予贷款或者不准贷款的决定，并通知申请人；准予贷款的，由受委托银行办理贷款手续。住房公积金贷款的风险，由住房公积金管理中心承担。申请人申请住房公积金贷款的，应当提供担保。

(二) 个人住房公积金贷款条件

申请住房公积金个人贷款需满足以下条件：第一，借款人属合法缴存住房公积金的缴存人，且在申请贷款之日前逐月足额缴存住房公积金达6个月以上（含6个月）。第二，借款人及其配偶均无住房公积金贷款债务。第三，具有中心认可的购买、建造、翻建、大修自住住房及偿还商业银行购房贷款等用于自住住房消费的证明。第四，借款人须有稳定的收入和按期偿还贷款本息的能力，月还款额不得超过其所提供家庭收入的60%，家庭收入可采用增加辅助还款人的方式补充。第五，能够提供中心认可的贷款担保。第六，借款人信誉相对良好。

(三) 个人住房公积金贷款范围及报备资料

借款人有下列住房消费行为，并按要求能报备相关资料（见表5-2），可申请住房公积金个人贷款。

表 5-2 个人住房公积金贷款范围及报备资料明细表

住房消费类型	报备资料
购买商品房	商品房销售许可证复印件、网签的《商品房买卖合同》原件、首付款收据原件
购买经济适用房包括：政府所建经济适用房、单位集资建房、集资合作建房、公有住房或公有住房补差	房屋所有权证或所建工程的基建计划复印件、国有土地使用证复印件、建设工程规划许可证复印件、建设工程施工许可证复印件、购房合同原件、首付款收据原件
购买拆迁安置房	拆迁许可证或房屋征收的决定复印件、拆迁安置协议原件或房屋征收补偿的协议书原件
购买二手房	存量房买卖合同原件、不动产权证书原件、房产交易申报单原件
偿还商业银行贷款	购房合同原件、商业贷款借款合同原件、最近三个月偿还商业贷款凭证原件、商业银行出具的贷款余额证明原件、与提供商业贷款的商业银行签署的商转公贷款还款协议原件
部分偿还商业银行贷款	购房合同原件、商业贷款借款合同原件、最近三个月偿还商业贷款凭证原件、商业银行出具的贷款余额证明原件、与提供商业贷款的商业银行签署的商转公贷款还款协议原件
组合贷款	商品房销售许可证复印件、网签的《商品房买卖合同》原件、首付款收据原件

（四）个人住房公积金贷款担保

借款人可选择以下任一担保方式保证贷款的正常偿还。

1. 房产抵押

借款人可用自有、共有或第三人所有的住房抵押进行贷款。

2. 售房单位（开发商）阶段性保证加房产抵押

借款人在所购新房未取得不动产权证书阶段，由售房单位（开发商）提供阶段性的保证，并缴纳贷款保证金；不动产权证书一经办妥，由售房单位（开发商）统一办理借款人的不动产抵押，解除售房单位（开发商）的保证，并退还保证金及相应利息，贷款保证金比例为贷款总额的5%。

3. 自然人阶段性保证加房产抵押

借款人在所购住房未办理不动产抵押登记手续前，可由两名或两名以上住房公积金缴存人提供阶段性保证；不动产抵押手续一经办妥后，解除保证人的阶段性保证。采用自然人阶段性保证加房产抵押，各保证人须签订《自然人阶段性保证加房产抵押保证书》。

保证人至少有一名须为行政事业单位或国有大中型企业在职职工，其他保证人为其他类型单位的，保证人及其单位必须在中心信息系统内连续足额缴存三年以上。保证人的住房公积金在中心信息系统内正常缴存；在保证期间各保证人自愿冻结其住房公积金账户；各保证人住房公积金缴存余额合计不得低于借款人借款总额的10%；各保证人预计剩余缴存年限不得少于5年。

4. 质押担保

借款人可用国债、商业银行存单和受委托银行认可的有价证券等作为质押物进行担保。

5. 自然人联保加住房公积金质押

保证人须为借款人提供全程连带责任保证；保证人为行政事业单位或国有大中型企业在职职工；保证人的住房公积金在中心信息系统内正常缴存。借款人（含配偶）和保证人的住房公积金账户自愿申请冻结并质押。采用自然人联保加住房公积金质押保证方式，保证人须签订《自然人联保加住房公积金质押保证书》。

保证人的数量不得超过 2 人，且至少 1 名保证人住房公积金预计缴存年限不短于借款人贷款年限的一半。

（五）个人住房公积金贷款筹划

1. 贷款额度

不同地区公积金管理部门通常会规定本地区公积金贷款的最高限额；同时最高贷款额度与借款人缴存年限挂钩，住房公积金贷款最高额度不超过借款人缴存年限×10 万元，缴存年限按照缴存月份/12 取整加 1 计算，根据缴存年限测算的最高贷款额度低于 30 万元的，按照 30 万元计算。

提取了本人及配偶住房公积金账户余额后再以购买同一套住房申请个人住房贷款的，应当在申请贷款额度中核减相应的提取金额。

（1）按贷款范围：购房类贷款，贷款额度不得超过购房合同总价的 80%。商转公类贷款，贷款额度不得超过原商业银行贷款的剩余本金金额及购房合同总价的 80%。拆迁房类贷款，若拆迁面积不小于新安置住房面积 20%时，贷款额度不得超过应缴房款；若拆迁面积小于新安置住房面积的 20%，贷款额度≤应缴房款−(新安置住房面积的 20%−拆迁面积)×平方米单价。其中，平方米单价＝应缴房款/新安置住房面积。

（2）按担保方式：以不动产权证书抵押为保证方式的贷款，贷款额度不得超过房屋价值的 70%。以质押担保为保证方式的贷款，贷款额度不得超过质押权利凭证票面价值的 90%。以自然人联保加住房公积金质押为保证方式的贷款，贷款额度不得超过所质押住房公积金的 2 倍。

2. 贷款年限

贷款年限最长不得超过 30 年，部分商转公贷款年限不得超过原商业贷款剩余年限。贷款年限至借款申请人 65 岁。

3. 贷款利率

住房公积金贷款利率按照中国人民银行规定的利率水平执行。贷款期限为 1 年的，按合同利率标准到期一次性还本付息；贷款期限在 1 年以上的，若遇住房公积金贷款利率调整，于次年 1 月 1 日起执行相应期限档次利率。

购买第二套住房申请住房公积金个人贷款的，按照同期首套住房公积金个人贷款利率的 1.1 倍计息。

4. 还款方式

目前住房公积金贷款普遍采用等额本金和等额本息两种还款方式，借款人可以在申请贷款时选择。

（六）个人住房公积金贷款流程

1. 咨询并准备申请资料

借款人就贷款条件、单款担保、贷款额度、贷款年限、贷款利率等事项向住房公积金中心及贷款银行进行咨询，并根据要求准备相关资料。

2. 提出贷款申请

借款申请人准备齐全申请资料后，可于工作日到公积金管理中心受理窗口提出贷款申请，经办部门业务受理人员对拟申请的贷款金额、期限进行初步核定后，会告知受理结论及下一步业务办理注意事项。

目前，大部分的城市住房公积金管理中心已开通个人住房公积金贷款网上办理业务，借款人申请人可登录个人网上业务平台，提交贷款申请。借款申请人提交贷款申请后，管理中心经办部门将通过电话、个人网上业务平台等渠道将业务办理情况及后续手续要求及时反馈借款申请人。

3. 借款合同签约

贷款申请审核通过后，贷款经办部门工作人员将拨打借款申请人提供的联系电话通知办理借款合同签约手续。借款申请人可在接到电话通知后，在工作日至贷款经办部门办理借款合同签约手续，在借款合同、抵押合同等资料上签字。

4. 发放贷款

借款申请人完成借款合同签约后，受委托银行按照管理中心规定办理贷款发放手续，将贷款划入售房人名下银行账户，并拨打借款申请人提供的联系电话通知领取借款合同等个人资料。

5. 偿还贷款

借款人领取个人资料后，须认真阅读借款合同条款内容，重点了解每月还款日、最低还款额，并按照借款合同约定的还款日按期足额还款。

6. 贷款结清

银行为借款人出具“贷款结清证明”，借款人取回抵押登记证明等文件，到原抵押登记部门办理抵押登记注销等手续。

三、个人住房商业贷款

个人住房商业贷款是中国公民因购买商品房而向银行申请的一种贷款，是银行用其信贷资金所发放的自营性贷款。具体指具有完全民事行为能力的自然人，购买本市城镇自住住房时，以其所购买的产权住房（或银行认可的其他担保方式）为抵押，作为偿还贷款的保证而向银行申请的住房商业性贷款。

（一）个人住房商业贷款申请条件

（1）具有合法有效的身份证明。包括：本市居民的身份证、户口簿；外省市居民除身份证、户口簿外，还需提供所在地户籍管理部门提供的户籍证明或暂住证；境外人士提供护照；未满 18 周岁需提供出生证。

（2）必须有稳定合法的经济收入，能够提供相应的收入和资产证明。收入证明由借款人所在的工作单位出具，并加盖公司人事章或公章，以及营业执照复印件；个体户，私营、民营借款人可提供近三个月税票和营业执照复印件；所开具的月收入超过 5 000 元人民币的，应提供税单或其他资产证明（银行存单、有价证券、投资证明、房产等）。

（3）具有完全民事行为能力的自然人，无不良信用记录。

（4）与卖方签订有效的购房合同或购房协议。

（5）支付了规定比例的首付款（一般是不低于所购房屋总价的30%）或在贷款银行存入了不低于首付款的存款。

（6）贷款人年龄在18～65周岁，不同年龄所贷款年限的限制有所不同。

（7）贷款银行规定的其他条件。

（二）个人住房商业贷款应提交的资料

（1）身份证件，包括贷款申请人、配偶、共同借款人、产权共有人的身份证（或暂住证、护照、未成年人出生证）、户口本原件及复印件。

（2）借款人偿还能力证明材料，如收入证明、工资流水等。

（3）合法有效的住房交易合同或协议原件。

（4）首付款证明材料，如首付款收据等。

（5）贷款担保材料，拟购住房的权属证明文件和贷款行认可的评估机构出具的拟购住房评估报告书等。

（6）房产共有人同意出售的书面声明。

（7）贷款行规定的其他文件和资料。

（三）个人住房商业贷款筹划

1. 贷款额度

首套房且为一手房的，贷款额度最高为所购（建造、大修）住房全部价款或评估价值的80%。二手房最高为所购住房评估价值或交易价格（以两者较低额为准）的70%。具体最高贷款比例，以各地监管规定为准。

2. 贷款年限

贷款年限最长为30年，借款人到贷款期限年龄男性不超过65周岁，女性不超过60周岁。二手房不超过所购住房的剩余使用年限。

3. 贷款利率

按照中国人民银行等有关规定执行。中国人民银行规定，从2019年10月8日起，新发放商业性个人住房贷款利率以最近一个月相应期限的贷款市场报价利率（LPR）为定价基准加点形成。这一变化主要针对新发放个人住房贷款利率，存量个人住房贷款利率仍按原合同执行。

4. 还款方式

个人住房商业贷款相对个人住房公积金贷款，还款方式更多，更加灵活，除了基本的等额本金和等额本息两种还款方式外，还有宽限期还款、等额递增（递减）还款等还款方式。

（1）宽限期还款。宽限期还款是银行为购买期房的借款人提供的一款特殊还款方式。它允许借款人在贷款发放后到入住前（一般最长不超过一年）的时间内，只归还银行贷款利息，暂不归还贷款本金；宽限期结束后，按照借款人与银行约定的还款方式正常还款。宽限期还款方式能有效减轻购房者乔迁新居前在购房、装修等方面集中性资金支出的压力。

（2）等额递增（递减）还款。等额递增（递减）还款方式是指借款人在办理个人住房商业贷款业务时，与银行商定还款递增（递减）的间隔期和额度；在初始时期，按固定额度还款；此后每月根据间隔期和相应递增（递减）额度进行还款的操作办法。其中，间隔期最少为 1 个月。以贷款 10 万元、期限 10 年为例，如果选择等额递增还款，假设间隔期为 2 年，把 10 年时间分成等分的 5 个阶段，那么第一个两年内可能每个月只还 700 多元，第二个两年每月还款额增加到 900 多元，第三个两年每月还款额增加到 1 100 多元，依此类推。等额递增还款方式能够一定程度上减轻借款人初期还款压力，适合未来收入呈递增趋势的借款人。等额递减还款方式则相反。

（3）双周供还款。传统的个人住房贷款通常是按月还款付息，也就是我们经常所说的月供。双周供还款，是指个人按揭贷款由传统的每月还款一次改为每两周还款一次，每次还款额为原来月供的一半。由于在贷款期限内，还款频率的提高，加速了未偿还贷款本金的减少，因此借款人在还款期内能省下部分的利息。

双周供还款方式适合还款能力较强，收入较为稳定和均衡的借款人。

（四）个人住房商业贷款流程

（1）贷款申请：借款申请人提出书面借款申请，并提交有关资料。

（2）贷款审批：银行收到借款人的申请材料后，会对其资料进行审核。

（3）签订合同：借款人的贷款审批通过后，银行会通知借款人签订贷款合同。在此之前，通常需要借款人在该银行开户，领取借记卡。

（4）贷款发放：贷款手续办理完毕后，银行会将贷款打入房产开发商的账户。

（5）借款偿还：借款人按约定按时还款。

（6）贷款结清：银行会为借款人出具“贷款结清证明”。

理财锦囊

个人住房商业贷款特色产品——合力贷

贷款期内个人还款能力不足的年轻人，或贷款期内具有足够还款能力但因年龄关系贷款年限又无法达到最长的人群，可以选择合力贷来解决其单人还款能力问题。

简单地说，合力贷就是通过采取增加共同借款人的方式，即以子女作为所购房屋的所有权人，父母双方或一方与该子女作为共同借款人；或父母作为所购房屋的所有权人，子女与父母作为共同借款人，贷款购买住房。

合力贷的优势在于将借款人在年龄和还款能力两方面的优势进行最大化发挥。允许年轻的借款人增加父母等作为共同借款人，弥补其还款能力不足的劣势；允许老年借款人增加儿女作为共同借款人，避开银行因其年龄偏大而对贷款额度、期限等方面的限制。

四、个人住房组合贷款

个人住房组合贷款是指对按时足额缴存住房公积金的自然人在购买、建造、大修各类型住房时，银行同时为其发放公积金个人住房贷款和自营性个人住房贷款而形成的特定贷款组合。

（一）个人住房组合贷款申请条件

申请银行个人住房组合贷款必须同时符合住房公积金管理部门有关公积金贷款的规定

和银行有关自营性个人住房贷款的规定。通常应具备的基本条件为：

(1) 有合法的身份，在中国境内城镇购买（建造、大修）各类型住房的具有完全民事行为能力的自然人。

(2) 按时足额缴存住房公积金的自然人。

(3) 有稳定的经济收入，信用良好，有偿还贷款本息的能力。

(4) 有合法有效的购买（建造、大修）住房的合同、协议以及贷款行要求提供的其他证明文件。

(5) 有所购住房全部价款30%以上的自筹资金（对购买自住住房且套型建筑面积90平方米以下的，自筹资金比例为20%），并保证用于支付所购住房的首付款。

(6) 有贷款行认可的资产进行抵押或质押，或（和）有足够代偿能力的法人、非法人组织或自然人作为保证人。

(7) 符合当地公积金管理部门规定的借款条件。

(8) 贷款行规定的其他条件。

贷款用途：用银行信贷资金与住房公积金进行配套，向在中国境内城镇购买（建造、大修）各类型住房的具有完全民事行为能力且按时足额缴存住房公积金的自然人发放的贷款。

（二）个人住房组合贷款申请应提交的材料

客户向公积金管理部门和银行提出借款申请时，需提交以下资料：身份证件（居民身份证、户口簿或其他有效身份证件）；公积金管理部门和贷款行认可的借款人偿还能力证明材料，例如，收入证明、近三年的个人所得税纳税证明或（和）资产证明等；合法的购买（建造、大修）住房的合同、协议及批准文件；借款人用于购买住房的自筹资金的有关证明；公积金管理部门和贷款行规定的其他文件和资料。

（三）个人住房组合贷款筹划

1. 贷款额度

公积金个人住房贷款和银行自营性个人住房贷款合计最高为所购住房销售价格或评估价值（以两者较低额为准）的80%，其中公积金个人住房贷款最高额度须按照当地公积金管理部门的有关规定执行。

2. 贷款年限

在中国人民银行规定的最长贷款期限内（目前为30年），由公积金管理部门和贷款行根据借款人的实际情况，分别确定贷款期限。

3. 贷款利率

所贷款项中的商业性个人住房贷款部分按照个人住房贷款利率执行。公积金贷款部分按照个人住房公积金贷款利率执行。

（四）个人住房组合贷款流程

1. 贷款咨询

通过银行网点、电话或网站了解组合贷款中自营性贷款的有关情况和要求；通过公积金管理中心网站、电话和银行网点等了解公积金贷款的有关情况和要求。

2. 贷款申请

向公积金管理中心和银行分别提出书面贷款申请，并提交有关资料。

3. 签订合同

获得公积金个人住房贷款额度之后，持公积金管理中心出具的《公积金个人住房贷款委托通知单》，向贷款行申请组合贷款（公积金个人住房贷款和自营性个人住房贷款）。申请人在接到银行同意贷款的通知后，需与贷款行就公积金个人住房贷款和自营性个人住房贷款分别签订借款合同和担保合同。

4. 贷款发放

公积金管理中心和银行分别在条件具备时按合同约定发放贷款。

5. 客户还款

客户按合同约定按时还款。

6. 贷款结清

银行会为借款人出具“贷款结清证明”。

任务三　购房还款规划

住房贷款偿还的方式很多，其中最基本最常用的两种还款方式是等额本金偿还和等额本息偿还，借款人在偿还期内应按照购房还款计划按时足额还款。此外，在保障客户财务安全的基础上，可以相应调整购房还款规划，比如提前还贷和延期还贷。

一、等额本金偿还方式

等额本金偿还，是指在规定的还款年限内，每月偿还等额的本金，每月利息按未偿还本金乘以月利率计算的还款方式。

（一）等额本金偿还的特点

等额本金偿还的特点是：每月偿还本金相同，利息随着未偿还本金的减少每月递减，因此本息和逐月递减。由于每月付款金额不同，不易做资金规划，且前期还款压力大，但后期还款会越来越轻松。

这种偿还方式适用于经济能力充裕，在前期还款能力强的借款人，或年龄较大收入逐渐减少的借款人。

（二）等额本金偿还的计算

等额本金偿还的计算公式如下：

每月偿还本金＝贷款本金/还款期数

每月偿还利息＝当月贷款余额×月利率＝(贷款本金－累计已还本金)×月利率

月供＝每月还款金额＝每月偿还本金＋每月偿还利息

式中：贷款期数＝贷款年限×12；月利率＝年利率/12。

例5-5： 李先生向公积金管理中心申请了年限为20年、金额为40万元的个人住房公积金贷款。假设贷款利率为4%，采用等额本金还款法，李先生第1月和第2月需要偿还的本金和利息分别是多少？月供是多少？李先生20年总共偿还的利息是多少？

解析：

根据公式可得：

(1) 每月偿还本金＝400 000/240＝1 666.67(元)

(2) 第1月偿还利息＝(400 000－0)×4%/12＝1 333.33(元)

(3) 第2月偿还利息＝(400 000－1 666.67)×4%/12＝1 327.78(元)

(4) 第1月月供＝1 666.67＋1 333.33＝3 000(元)

(5) 第2月月供＝1 666.67＋1 327.78＝2 994.45(元)

(6) 李先生20年共偿还利息合计160 666.67元，具体见表5-3。

表5-3　等额本金第一年与最后一年还款计划表　　单元：元

期数（月）	月初贷款余额	每月偿还本金	当月偿还利息	当月还款额
1	400 000.00	1 666.67	1 333.33	3 000.00
2	398 333.33	1 666.67	1 327.78	2 994.44
3	396 666.67	1 666.67	1 322.22	2 988.89
4	395 000.00	1 666.67	1 316.67	2 983.33
……	……	……	……	……
237	6 666.67	1 666.67	22.22	1 688.89
238	5 000.00	1 666.67	16.67	1 683.33
239	3 333.33	1 666.67	11.11	1 677.78
240	1 666.67	1 666.67	5.56	1 672.22
合计		400 000.00	160 666.67	560 666.67

注：表中第2月还款额2 994.44元为电脑自动计算，因此与分步骤计算2 994.45元有误差，属正常。

通过表5-3可以看出，等额本金偿还方式下，由于每月偿还本金相同，为1 666.67元，贷款余额每月减少相同金额1 666.67元，因此月支付利息每月减少相同金额5.56元(1 666.67×4%/12)，每月还款额也是减少相同金额5.56元。

理财讨论

请结合双周供还款方式测算若李先生采用双周供方式进行还款，在其他条件不变的基础上，李先生20年总共偿还的利息是多少？

二、等额本息偿还方式

等额本息偿还，是指在规定的还款年限内，每月偿还等额的本金和利息的还款方式。

(一) 等额本息偿还的特点

等额本息偿还的特点是：每月偿还本息和相同，其中每月偿还本金逐月递增，偿还利息逐月递减。由于每月付款金额相同，较容易做资金规划，整个还款期限内还款进程均衡，还款压力较小。这种偿还方式适用于前期收入较低的借款人，比如刚工作的年轻人或收入处于稳定状态的家庭。

(二) 等额本息偿还的计算

等额本息偿还的计算公式如下：

月供=每月还款金额=$P/(P/A,i,n)$

每月偿还利息=(贷款本金−累计已还本金)×月利率

每月偿还本金=月供−每月偿还利息

式中：P 为贷款本金，i 为贷款月利率，n 为贷款总月数。

等额本息偿还月供的计算可以参照模块二资金时间价值内容中关于普通年金的计算，也可以用计算器或电脑直接计算 PMT。

例 5-6： 李先生向公积金管理中心申请了年限为 20 年、金额为 40 万元的个人住房公积金贷款。假设贷款利率为 4%，采用等额本息还款法，请为李先生计算他的月供金额。其中第 1 月和第 2 月需要偿还的本金、利息分别是多少？李先生 20 年总共偿还利息是多少？

解析：

根据公式得：

(1) 月供=每月还款金额=400 000÷(P/A，4%/12，240)=2 423.92(元)

(2) 第 1 月偿还利息=(400 000−0)×4%/12=1 333.33(元)

(3) 第 1 月偿还本金=2 423.92−1 333.33=1 090.59(元)

(4) 第 2 月偿还利息=(400 000−1 090.59)×4%/12=1 329.70(元)

(5) 第 2 月偿还本金=2 423.92−1 329.70=1 094.22(元)

(6) 李先生 20 年共偿还利息合计 181 741.12 元，具体见表 5-4。

表 5-4 等额本息第一年与最后一年还款计划表 单元：元

期数（月）	月初贷款余额	每月偿还本金	当月偿还利息	当月还款额
1	400 000.00	1 090.59	1 333.33	2 423.92
2	398 909.41	1 094.22	1 329.70	2 423.92
3	397 815.19	1 097.87	1 326.05	2 423.92
4	396 717.32	1 101.53	1 322.39	2 423.92
……	……	……	……	……
237	9 615.42	2 391.87	32.05	2 423.92
238	7 223.55	2 399.84	24.08	2 423.92
239	4 823.71	2 407.84	16.08	2 423.92
240	2 415.87	2 415.87	8.05	2 423.92
合计		400 000.00	181 741.12	581 741.12

通过表 5-4 可以看出，等额本息偿还方式下，还款前期每月还款额 2 423.92 元大部分用于利息的支付，而偿还本金所占的比例很少，比如第 1 月支付利息 1 333.33 元，而偿还本金仅为 1 090.59 元。而到还款后期，每月还款额中大部分才用于本金的归还。

理财实训

小王和妻子今年 30 岁，租房居住，打算近期购买一套价值 50 万元的住房，改善家庭居住条件。他和妻子现有银行存款 15 万元，另投资 35 万元购买理财产品，该理财产品年化净收益率为 4.3%。小王和妻子住房公积金每月合计 2 000 元，每月可支配收入 12 000 元，每月支出 5 000 元。

小王打算用银行存款 15 万元支付部分房款，在如何支付剩余 35 万元房款时，小王和妻子有了分歧。妻子坚持赎回 35 万元理财产品，全额缴纳房款；小王则打算保留 35 万元理财产品，采用公积金贷款，但对于公积金贷款，小王不是很了解，不知道该贷多少年。假设公积金贷款利率五年以下（含五年）为 4%，五年以上为 4.5%。

要求：(1) 请根据所学知识，帮助小王和妻子做出是否贷款的决策；(2) 如果选择贷款，采用等额本金还款和等额本息还款哪种还款方式比较适合小王的家庭？

三、提前还贷

提前还贷是指借款人在未来具有一定偿还能力时，在贷款未到期之前，向贷款机构提出部分或全部偿还本金或缩短还款期限的一种还款方式。借款人在正常偿还贷款六个月或一年后，方可向公积金管理中心或银行提出提前还贷申请。借款人应仔细阅读借款合同中关于提前还贷的约定，若无约定提前还贷应视为借款人违约，银行可以收取违约金和手续费；此外，贷款机构为严肃贷款管理，对提前偿还部分贷款规定了最低限额，一般需 1 万元以上。目前，提前偿还住房公积金贷款，免收违约金和手续费，暂无额度限制。

理财锦囊

有钱了是否要提前还贷？

提前还贷是房贷规划中一个非常重要的财务决策，需要考虑的因素有很多。提前还贷能够节省很多利息，也能够缓解债务压力，但是也需要考虑提前还贷的机会成本、经济生活中存在的通货膨胀以及房贷利率尤其是公积金贷款利率较低的现实。

通常以下情况不建议提前还贷：一是借款人擅于投资理财；二是使用公积金贷款；三是等额本金还款期限已到 1/3，等额本息还款已到中期；四是短期有大额债务或大额消费；五是提前还款收取违约金。

以下情况则可以考虑提前还贷：一是借款人不擅于投资理财；二是借款人患有负债焦虑；三是等额本金和等额本息还款方式均处于还款初期；四是留下资金使用效率更低；五是预期房地产要崩盘需要赶快还贷卖房。

提前还贷的具体操作方式有以下五种：

第一种，全部提前还款，即客户将剩余的全部贷款一次性还清。

第二种，部分提前还款，剩余贷款保持每月还款额不变，将还款期限缩短。

第三种，部分提前还款，剩余贷款将每月还款额减少，保持还款期限不变。

第四种，部分提前还款，剩余贷款将每月还款额减少，同时将还款期限缩短。

第五种，部分提前还款，剩余贷款将每月还款额增加，同时将还款期限缩短。

理财锦囊

怎样提前还款最节省利息？

假设小张买房申请了 40 万元银行贷款（贷款期限为 20 年，贷款利率为 6%），选择等额本息方式还款，还款20个月后，小张公司发放了年终奖10万元，小张想用这10万元奖金提前归还一部分贷款，到银行后被告知剩余贷款有四种方式可选：一是月供不变，还款期限缩短（剩余本金可缩短至136个月偿还）；二是还款期限不变（仍然是220个月），月供减少；三是月供和还款期限都减少（假设月供减少至2 400元，则剩余还款期限缩短至177个月）；四是增加月供，还款期限缩短（假设月供增加至3 200元，则还款期限缩短至116个月）。以上哪种提前还款方式最节省利息呢？

通过计算可以得知：第四种方式最节省利息，其次是第一种、第三种和第二种。事实上可以假设如果剩余还款期限更短（甚至可以想象极端情况即全部提前偿还），则更加节省利息；反之，如果每个月月供急剧减少，还款期限无限增加，则利息更多。由此可以得出结论：剩余还款期限越短则利息越少，剩余还款期限越长则利息越多。这一结论再一次印证了货币具有时间价值。

四、延期还贷

延期还贷是指借款人在未来出现财务紧张或其他原因不能按时按额还贷时，应按约定向贷款机构提出延长贷款的申请。延期还贷实际上是延长借款期限，如果银行批准了，就可以签订个人住房借款延期还款协议并办理有关手续，同时担保人在延期还款协议上签字。借款人申请借款延期只限一次，原借款期限与延长期限之和最长不超过30年。

理财文化

理财贵在“规划”

《管子·霸言》中提道：“谋无主则困，事无备则废”，解释为：谋事时如果没有主见则陷入困境，做事时如果没有准备则一定会失败，意即做任何事都要做好充分的准备工作。在住房规划过程中也遵守同样的原则，只有事先做好准备，合理地对贷款方式、首付及贷款金额、贷款期限、还款方式等进行科学合理的规划，才能在购房的同时不影响家庭生活质量。

模块小结

任务一　认识住房规划	
住房规划流程	接触客户，建立信任关系；收集、整理客户的家庭状况信息；分析客户的家庭财务信息；明确客户的住房目标；制定住房规划方案；住房规划方案的实施与调整
购房与租房的决策	购房与租房的比较、购房与租房决策的基本方法
影响购房与租房决策的主要因素	收入水平、房租增长率、房价增长率等

任务二　购房筹资规划	
评估个人购房支付能力	年收入评估法；总房价评估法
个人住房公积金贷款	住房公积金制度；贷款条件；贷款范围及报备资料；贷款担保；贷款筹划；贷款流程
个人住房商业贷款	申请条件；应提交的资料；贷款筹划；贷款流程
个人住房组合贷款	申请条件；应提交的材料；贷款筹划；贷款流程
任务三　购房还款规划	
等额本金偿还方式	等额本金偿还的特点；等额本金偿还的计算
等额本息偿还方式	等额本息偿还的特点；等额本息偿还的计算
提前还贷	提前还贷的概念；提前还贷的具体操作方式
延期还贷	延期还贷的概念

模块测评

李先生在一家国企工作，目前月收入是 10 000 元，另有公积金 1 000 元/月，未来工资涨幅为每年 10%，他计划通过贷款购买一套价值 160 万元的住房，购房首付款为总价的 30%。假设公积金贷款利率五年以下（含五年）为 4%，五年以上为 4.5%；商业银行贷款利率五年以下（含五年）为 5%，五年以上为 5.6%。

（1）请根据李先生的具体情况，为李先生选取一种贷款方式。

（2）为李先生介绍该种贷款方式的申请流程以及需要准备的资料。

（3）请为李先生选择一种还款方式，并说明为什么这种还款方式适合他。

（4）李先生贷款多少年比较合理？请说明原因。

（5）根据选择的贷款及还款方式，计算李先生的月供额，编制还款计划表。

模块六 风险管理与保险规划

学习目标

- 知识目标

1. 认知风险并深刻理解风险的含义与特征；
2. 认知家庭面临风险的种类及家庭生命周期；
3. 熟悉风险管理的方法；
4. 熟悉保险原则及其运用。

- 能力目标

1. 掌握个人及家庭保险产品的选择技巧；
2. 掌握个人不同生命周期的保险规划；
3. 能根据客户的家庭情况量身定做保险规划。

- 素养目标

1. 树立风险忧患意识和保险意识；
2. 培养爱自己、爱他人、珍惜生命、热爱生活，以稳健、豁达、慈爱的心态面对“生、老、病、死、伤、残”这人生中的六件大事；
3. 用积极的心态面对生活中的挑战；
4. 结合案例深入解读保险最大诚信原则，恪守信用，互不隐瞒和欺骗，弘扬社会主义核心价值观。

模块导入

在发生不幸事故的家庭里，没有保险的家庭因不幸的发生，不但要遭遇失去亲人的痛苦，还会丧失经济来源；而有保险的家庭，尽管也遭遇失去亲人的痛苦，但却不会因此雪上加霜，因为有保险可以缓冲经济的压力……保险不是为死去的人准备的，而是为活着的人准备的，它是爱心、责任心的体现和延伸。

基于此——

风险无处不在，人的一生中，生、老、病、死、伤、残，除了养老的问题外其他的风险我们都不知道会发生在哪天。小到意外的磕伤、碰伤、扭伤、烧伤、烫伤……中到感冒发热门诊治疗、急性阑尾炎住院……大到花钱动辄 10 万元、20 万元甚至上百万元的重大疾病。所以，人人都需要保险。保险，在平时没有风险发生时当储蓄，一旦有风险发生时，高额的费用可由保险公司帮着负担。如果我们一生平安，什么意外也没有发生，那这笔储蓄的钱可以做自己的养老金，也可以留给家人。如此两全其美的事情，当然应该是我们必要的选择。学习完本模块，你可获得根据自身情况进行保险规划的能力。

任务一 风险认知及风险管理

俗话说“无风险，无保险”，风险与保险紧密相连。风险及风险管理是一个永久的话题，保险是管理风险的有力措施之一，必须认知风险并对风险进行有效管理。

一、认知风险

（一）风险的含义与衡量

1. 风险的含义

风险是指损失的不确定性。它有两层含义：一是可能存在损失；二是这种损失是不确定的。不确定性意味着预期结果与实际结果之间可能存在差异。风险具有客观性、普遍性、不确定性、可测性、可变性、损失性等特点。

2. 衡量风险大小的两个指标

（1）损失频率。

损失频率，也称损失机会，是在一定时间内一定数目的危险单位中可能受到损失的次数，通常以分数或百分率来表示。计算公式为：

损失频率＝损失次数/危险单位数

（2）损失程度。

损失程度是指一次风险事故发生所导致的标的的损毁程度。计算公式为：

损失程度＝损毁价值/风险标的总价值

损失频率与损失程度一般成反比关系：往往是损失频率很高，但损失程度不大；损失频率很低，但损失程度大。例如：地震、洪水等自然灾害，损失频率虽小，但是损失程度通常却很大。

（二）风险的构成要素

1. 风险因素

风险因素是指引起或增加风险事故发生的机会或扩大损失幅度的原因和条件。风险因素根据性质通常分为实质风险因素、道德风险因素和心理风险因素三种类型。

（1）实质风险因素是有形的并能直接影响事物物理功能的因素，又称物理风险因素，属于有形的因素。

（2）道德风险因素是与人的品德修养有关的无形的因素，即由于个人的不诚实、不正直或不轨企图促使风险事故发生，引起社会财富损毁或人身伤亡的原因或条件。

（3）心理风险因素是与人的心理状态有关的无形因素。它是由于人们主观上的疏忽或过失，以致增加风险事故发生的机会或扩大损失程度的因素。

上述三种风险因素中，道德风险因素和心理风险因素均为与人的行为有关的风险因素，故二者合并可称为无形风险因素或人为风险因素。

2. 风险事故

风险事故是造成生命财产损失的偶发事件。

3. 风险损失

风险损失是指非故意的、非预期的和非计划的经济价值的减少。

风险要素之间的关系：风险因素增加或产生风险事故，是风险事故发生的潜在原因；风险事故发生可能造成风险损失，是风险损失的直接的或外在的原因，是风险因素与风险损失的媒介。

理财讨论

试举例说明风险要素之间的关系。

（三）个人风险的分类

生活中存在各种各样的风险，有些风险呈现出一些共同的特征，依据不同的标准，风险可分为不同类型。

1. 按风险性质不同可分为纯粹风险和投机风险

纯粹风险（Pure Risk）是指只有造成损失而无获利可能性的风险。

投机风险（Speculative Risk）是既可能造成损失也可能产生收益的风险。其所致结果有三种可能：损失、无损失和获利。

2. 按标的不同可分为财产风险、人身风险、责任风险和信用风险

财产风险是可能导致财产发生毁损、灭失和贬值的风险。

人身风险是指人们因生、老、病、死、伤、残等原因而导致经济损失的风险。

责任风险是指因侵权或违约依法对他人遭受的人身伤亡或财产损失应负赔偿责任的风险。

信用风险是指在经济交往中，权利人与义务人之间，由于一方违约或犯罪而给对方造成经济损失的风险。

理财讨论

保险活动可承保什么风险？不能承保什么风险？为什么？

二、风险管理与保险概述

（一）风险管理

风险管理（Risk Management）是经济单位通过对风险的认识、衡量和分析，采用合理手段对风险实施有效的控制与处理，以最小成本取得最大安全保障的管理方法。

风险管理的对象——风险。

风险管理的主体——经济单位、个人、家庭、企业以及其他法人团体。

风险管理的途径——通过对风险的识别与衡量，选择有效的管理方法。

风险管理的目的——以最小的成本取得最大的安全保障。

（二）风险管理方法

风险管理方法分为控制法和财务法两大类，前者的目的是减少风险频率和降低损失程度，重点在于改变引起风险事故和扩大损失的各种条件；后者是事先做好吸纳风险成本的财务安排。

1. 控制法

控制法是指避免、消除风险或减少风险发生频率及控制风险损失扩大的一种风险管理方法。主要包括：

避免（Avoidance）。避免是放弃某项活动以达到回避因从事该项活动可能导致风险损失的目的。该种方式适用于那些损失频率高且损失程度大的风险。它的局限性在于有些风险无法回避，而有时回避了风险也同时失去了相应的收益，回避了某种风险又有可能面临另一种风险。

预防（Loss Prevention）。预防是指在风险发生前为了消除或减少可能引发损失的各种因素而采取的处理风险的具体措施。

抑制（Control）。抑制是指风险事故发生时或之后采取的各种防止损失扩大的措施，也被翻译成 Loss Reduction。

风险中和（Risk Neutralization）。风险中和是风险管理人采取措施将损失机会与获利机会进行平分。

集合或分散（Combination or Pooling）。集合或分散是集合性质相同的多数单位来直接分担所遭受的损失，以提高每一单位承受风险的能力。

理财讨论

预防和抑制有时也称为损失控制，它们之间有哪些区别？预防和避免又有哪些区别？

2. 财务法（风险融资型）

财务法是通过提留风险准备金事先做好吸纳风险成本的财务安排来降低风险成本的一种风险管理方法。即对无法控制的风险事前所做的财务安排，包括自留或承担风险和转移风险两种。

自留或承担风险。自留是经济单位或个人自己承担全部风险成本的一种风险管理方法，即对风险的自我承担。自留有主动自留和被动自留之分。

转移风险。转移风险是一些单位或个人为避免承担风险损失而有意识地将风险损失或与风险损失有关的财务后果转嫁给另一单位或个人承担的一种风险管理方式。转移风险分为直接转移和间接转移。直接转移是风险管理人将与风险有关的财产或业务直接转移给他人；间接转移是指风险管理人在不转移财产或业务本身的条件下将与财产或业务有关的风险转移给他人。

（三）风险管理与保险

1. 风险管理与保险的关系

风险管理与保险有着密切的关系，二者相互影响，共同成为人类处置风险的有力手段。

（1）风险是保险和风险管理的共同对象。风险的存在是保险得以产生、存在和发展的客观原因与条件，并成为保险经营的对象。但是，保险不是唯一的处置风险的办法，更不是所有的风险都可以保险。风险管理所管理的风险要比保险的范围广泛得多，其处理风险的手段也比保险多。

（2）保险是风险处理的有效措施之一。人们面临的各种风险损害，一部分可以通过控制的方法消除或减少，但风险不可能全部消除。转移就成为风险管理的重要手段，保险作为转移方法之一，长期以来被人们视为传统的处理风险手段。人们通过保险，把不能自行解决承担的集中风险转嫁给保险人，以小额的固定支出换取对巨额风险的经济保障，使保险成为处理风险的有效措施。

（3）保险与风险管理是相互制约的关系。一方面，保险人对风险管理有丰富的经验和知识，经济单位与保险人合作，会使经济单位更好地了解风险，并通过对风险的系统分析，提出哪些需要保险以及保什么险种等，从而促进了风险管理；另一方面，由于经济单位加强和完善了风险管理，就要求提供更好的保险服务，以满足自身的发展要求，这又促进了保险业不断创新的发展。

2. 可保风险的条件

可保风险是保险人可接受承保的风险，即符合保险人承保条件的风险，是风险的一种形式。可保风险必须具备下列条件：可保风险是纯粹风险；风险的发生必须具有偶然性；风险的发生是意外的；风险必须是大量标的均有遭受损失的可能性；风险的损失必须是可以用货币计量的。

理财锦囊

与“未雨绸缪”“亡羊补牢”两个成语相关的保险理念是，保险是一种风险管理工具，可以帮助人们在面对不可预测的风险和意外事件时提供经济保障。无论是通过提前购买适当的保险来“未雨绸缪”，还是在意外发生后购买保险来“亡羊补牢”，保险都可以在一定程度上减轻损失，维护个人和家庭的财务稳定。

三、认知保险

（一）保险的含义

《中华人民共和国保险法》（以下简称《保险法》）将保险的定义表述为：“保险，是指投保人根据合同约定，向保险人支付保险费，保险人对于合同约定的可能发生的事故因其发生所造成的财产损失承担赔偿保险金责任，或者当被保险人死亡、伤残、疾病或者达到合同约定的年龄、期限等条件时承担给付保险金责任的商业保险行为。”《保险法》对保险的定义是限于商业保险范围的，是狭义的保险，广义的保险还包括政策性保险。

保险是一种经济补偿制度，又是一种法律关系。从经济角度看，保险是为了确保经济生活的安定，对特定风险事故或特定风险事件发生所导致的损失，运用多数经济单位的集体力量，根据合理的计算，共同建立基金，进行补偿或给付的经济制度。从法律角度看，保险是根据法律规定或当事人双方约定，一方承担支付保险费的义务，换取另一方对其因意外事故或特定事件的出现所导致的损失，负责经济补偿或给付的权利的法律关系。

（二）保险的种类

1. 按照保险的性质不同，可以分为商业保险和社会保险

商业保险是指通过订立保险合同运营，以营利为目的的保险形式，由专门保险企业经

营。社会保险是指收取保险费，形成社会保险基金，用来对其中因年老、疾病、生育、工伤和失业而导致丧失劳动能力或失去工作机会的成员提供基本生活保障的一种社会保障制度，是不以营利为目的的保险。二者的主要区别如表 6-1 所示。

表 6-1 社会保险和商业保险的区别

	社会保险	商业保险
保险的目的和执行主体不同	不以营利为目的，执行主体是政府	以营利为目的，执行主体是商业保险公司
保险对象不同	社会劳动者	自愿按照合同缴纳保险费的人
实施方式不同	强制保险	自愿保险
保险金的构成不同	参保人按照统一规定缴纳保费，并按统一标准享受待遇	有钱投保，无钱不投，钱多可以多投，钱少可以少投
权利和义务对等关系不同	强调“社会公平”	强调“个人公平”
待遇水平不同	随着社会发展保障水平逐步提高	保障金额取决于投保人缴费多少
管理体制不同	行政领导体制	金融体制
立法范畴不同	劳动立法范畴	经济立法范畴

2. 按照保险标的的不同，可以分为财产保险、人身保险和责任保险

财产保险是以财产及其有关利益为保险标的，保险人对投保人所承保的财产及其有关利益因自然灾害或意外事故造成的损失承担赔偿责任的保险。常见的财产保险有房屋险、室内财产险、机动车辆保险、货物运输保险、工程保险、农业保险等。

人身保险是以人的身体和生命作为保险标的的一种保险，在被保险人的生命或身体发生保险事故或保险期满时，依照保险合同的规定，由保险人向被保险人或受益人给付保险金的保险形式。人身保险可以分为人寿保险、意外伤害保险和健康保险三类（见图 6-1）。

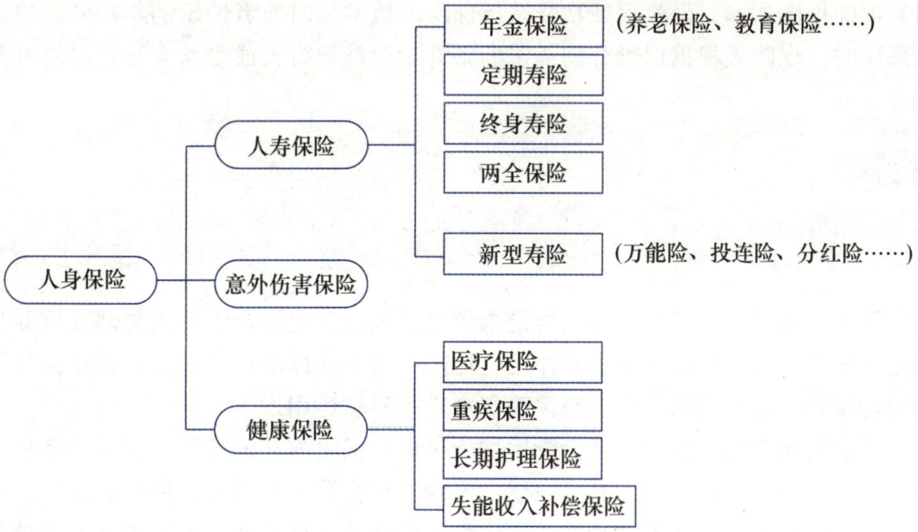

图 6-1 人身保险分类

责任保险是以被保险人依法应负的民事损害赔偿责任或经过特别约定的合同责任作为保险标的的一种保险。

理财前沿

让长护险更好守护失能老人

党的二十大报告指出“建立长期护理保险制度，积极发展商业医疗保险”。长期护理保险又称“长期照护保险”（以下简称“长护险”），是指以那些因年老、疾病或伤残而丧失日常生活自理能力，需要长期照护的参保人群为保障对象，重点保障重度失能人员基本生活照料及医疗护理等所需费用的制度，被视为继养老、医疗、工伤、失业、生育5项社会保险之外的“第六险”。

我国人口老龄化已经是一个不争的事实。根据《中国养老服务蓝皮书（2012—2021）》的数据，预计到2025年我国失能总人口将上升到7 279.22万人，2030年将达到1亿人。随着失能、失智人群规模持续增长，以及“老龄化、少子化”趋势影响，社会化护理需求正出现爆发式增长，失能人员长期护理保障不足成为亟待解决的社会性问题。越来越多的家庭正在面临“一人失能，全家失衡”的难题。可以说，正是社会的迫切需求，推动了长护险制度的建立。

如今，被誉为“裹着爱意而生”的长护险，为一个个失能老人家庭带来希望。“建立长期护理保险制度”被写进党的二十大报告，这既是积极应对人口老龄化的战略举措，也是补齐社会保障体系的重要制度安排。对于失能老人而言，长护险的来临意味着生命质量的提升；对于其亲属来说，也缓解了不少经济和事务性负担。每个人都会老去，让每位失能老人被温柔以待，关乎生命质量，亦关乎人性尊严。相信在不久的将来，不断完善的长护险制度，将用专业与温情，让更多失能老人迎来新生活。

（三）保险的功能

（1）保险保障功能。保险保障功能是指保险事故发生时或者约定的年龄到达或者约定的期限届满时，保险人根据保险合同约定的条件，对被保险人或受益人履行经济补偿或给付保险金。

理财讨论

为什么人身保险称为“给付”？财产保险称为“补偿”？

（2）资金融通功能。资金融通功能是指保险公司将保险资金中的闲置部分重新投入到社会再生产过程中所发挥的金融中介作用。保险人为了使保险经营稳定，必须保证保险资金的保值与增值，这也要求保险人对保险资金进行科学运用。

（3）社会管理功能。保险的社会管理功能是通过保险内在的特性，促进经济社会的协调以及社会各领域的正常运转和有序发展。保险的社会管理功能是在保险业逐步发展成熟并在社会发展中的地位不断提高和增强之后衍生出来的一项功能，不同于国家对社会的直接管理。保险的社会管理功能，主要体现在社会风险管理、社会关系管理、社会信用管理和社会保障管理。

理财讨论

如何理解保险是社会的稳定器、经济的助推器？试比较保险和类似经济行为的区别。

3. 保险在风险管理中的意义

保险是社会经济发展到一定阶段的产物。自然灾害和意外事故的客观存在是保险产生的自然基础，剩余产品的出现是保险产生的物质基础，商品经济是保险产生的经济基础。在现代社会处理风险的手段中，保险始终是风险管理中最普遍、最基础的方法。

保险在风险管理中的意义在于：其一，保险是风险转移中一种最重要、最有效的手段和方法。其二，保险可以使投保人以较小的经济成本达到最大的安全保障。其三，保险是由保险公司对风险进行集中处理。其四，保险运用概率论和大数法则对风险进行预测，有利于提高风险管理的自觉性、科学性和准确性。

任务二 保险基本原则的运用

随着保险实践的发展，人们为了更好地履行保险合同，维护保险双方主体的合法权益，以及充分发挥保险的职能与作用，逐渐规范并形成了保险活动中的一些基本原则，包括保险利益原则、最大诚信原则、损失补偿原则和近因原则。这些基本原则不仅是保险学理论的重要内容，而且也是保险活动运行中所必须遵守的原则。

一、保险利益原则

（一）保险利益

保险利益是指投保方（投保人或被保险人）对保险标的所具有的法律上承认的经济利益，又称为可保利益或可保权益。

投保人对保险标的所具有的经济利益，即保险人对保险标的具有的一种经济利害关系，投保人或被保险人因保险标的存在而受益，也会因保险标的的损害而受损。

理财讨论

一外地游客来上海旅游，在游览了东方明珠电视塔后，出于爱护国家财产的动机，自愿交付保险费为电视塔投保。问：保险公司是否予以承保？如果将东方明珠电视塔交给此游客经营保管，是否可以投保？游客与保险标的之间有无保险利益？

（二）保险利益原则的含义

保险利益原则是指投保人在投保时对保险标的必须具有保险利益，这是保险合同存在的条件。投保人对保险标的不具有保险利益的，保险合同无效。在财产保险合同订立后，如果发生保险事故，标的受损，被保险人对保险标的只有具有保险利益，才有权利索赔。

理财实训

有一租户向房东租借房屋，租期为10个月。租房合同中写明，租户在租借期内应对房屋损坏负责。租户为此对所租房屋投保火险一年。租期满后，租户按时退房。退房后半个月，房屋毁于火灾，于是租户以被保险人身份向保险公司索赔。问：保险公司是否承担赔偿责任？

如果租户在退房时，将保单转让给房东，房东是否能以被保险人身份向保险公司索赔？为什么？

（三）保险利益成立的条件

第一，保险利益应为合法的利益；

第二，保险利益应为经济上（有价）的利益；

第三，保险利益应为可确定的利益；

第四，人身保险的保险利益有特殊性。

我国是采取限制家庭成员关系范围并结合被保险人同意的方式来明确人身保险的保险利益。

财产保险是以人和物的关系为基础来确定保险利益；而人身保险是基于人和人的关系来确定保险利益。

（四）规定保险利益原则的目的

首先，与赌博从本质上划清界限，防止赌博行为的发生。要求投保人对保险标的具有保险利益，被保险人只有在经济利益受损的条件下才能得到保险赔偿。

其次，防止道德风险的发生。如果投保人或被保险人对保险标的没有利害关系，那么就有可能使怀有不良动机的投保人或被保险人为谋取保险赔款或保险金而故意制造保险事故或纵容保险事故发生，产生道德风险。在人身保险或财产保险中规定保险利益原则可以防止道德风险的发生。

最后，限制赔偿或给付的最高额度。即保险利益是投保人所获补偿的最高限度，保险人所主张的赔偿金额，不得超过保险利益的金额或价值。鼓励保险人在制定保费和理赔时采用公正和合理的方式。

（五）各类保险的保险利益

1. 财产保险的保险利益

财产保险的保险标的是财产及其相关利益，因此，投保人对其受到法律保护承认的，拥有所有权、占有权和债权等权利的财产及有关利益具有保险利益。

保险利益知多少

在财产保险中，不仅要求投保人或被保险人在投保时具有保险利益，而且要求保险利益在保险有效期内始终存在，特别是在发生保险事故时，投保人或被保险人必须对保险标的具有保险利益，保险公司才能赔偿。假设投保人或被保险人在保险事故发生时已对保险标的失去保险利益，则保险事故发生时他不会遭受任何经济损失，如果他从保险公司获得赔偿，无异于通过保险额外获利，与保险的宗旨相违背，并且这种现象极易诱发道德风险。

2. 人身保险的保险利益

人身保险的保险标的是人的生命或身体。因此，只有当投保人对被保险人的生命或身体具有某种利益关系时，投保人才能对被保险人具有保险利益，即人身保险的保险利益是投保人与被保险人之间的利害关系。

根据《保险法》第 31 条的规定，投保人对下列人员具有保险利益：一是本人；二是配偶、子女与父母；三是前项以外与投保人有抚养、赡养或者扶养关系的家庭其他成员、近亲属；四是与投保人有劳动关系的劳动者；五是被保险人同意投保人为其订立合同的，视为投保人对被保险人具有保险利益。

在人身保险合同中，当投保人和被保险人为同一人时，投保人自始至终具有保险利益，不发生保险利益的时效问题。当投保人和被保险人分离时，法律只要求投保人在投保时对被保险人具有保险利益，当保险事故发生时是否具有保险利益则不要求，即只要投保人在投保时具有保险利益，即使后来因与被保险人离异、雇佣合同解除或其他原因丧失保险利益，也不会影响保险合同的效力，保险人仍负有给付保险金责任。

3. 责任保险的保险利益

责任保险的保险利益是指因被保险人依法应承担的民事赔偿责任而产生的经济利益。民事赔偿责任产生的依据主要是合同行为或侵权行为。

4. 信用保证保险的保险利益

信用保险与保证保险，均以债务履行为保险标的，以义务人不履约为保险事故。当保险事故发生时会使权利人遭受经济损失，由此权利人对保险标的具有保险利益。

保险利益原则相关案例分析

凡保险人应权利人要求担保义务人信用的保险属于信用保险，凡义务人应权利人的要求向保险人投保自己信用的保险属于保证保险。

二、最大诚信原则

（一）最大诚信原则的含义

最大诚信原则是指保险合同当事人订立合同及在合同有效期内，应依法向对方提供足以影响对方做出订约与履约决定的全部实质性重要事实，同时信守合同订立的约定与承诺。否则，受到损害的一方，按民事立法规定可以此为由宣布合同无效，或解除合同，或不履行合同约定的义务或责任，甚至对因此而受到的损害还可要求对方予以赔偿。

由于保险双方保险信息不对称和保险合同的射幸性，因此，为保护保险合同当事人的合法利益，要求在保险活动中，保险双方在签订和履行保险合同时，必须保持最大限度的诚信，恪守信用，互不隐瞒和欺骗。

（二）最大诚信原则的内容

最大诚信原则的基本内容包括告知、保证、弃权与禁止反言。

1. 告知

（1）告知的含义。告知指合同订立之前、订立时及在合同订立之后的有效期内，双方当事人就重要事实向对方所作的口头或书面的陈述。

保险人必须告知的重要事实是指足以影响善意的投保人或被保险人是否投保以及投保条件的事实；投保人或被保险人必须告知的重要事实是指足以影响谨慎的保险人是否承保以及保险费率的事实。

重要事实的标准，是足以影响保险人做出是否接受承保或以什么条件承保决定的事实。比如，保险人在订立保险合同时应当主动向投保人说明合同条款的内容，特别是明确说明责任免除条款；而投保人则必须主动把有关保险标的的风险状况和其他重要事实告知保险人等。

理财讨论

2023 年李某因患高血压在家休养，同年 8 月 15 日李某投保保险金额为 20 万元、期限 20 年的定期寿险，投保时隐瞒了病情。按照我国现行《保险法》的规定，保险公司是否承担给付保险金责任？为什么？

（2）告知的形式。投保人的告知形式有无限告知和询问回答告知两种形式。其中，无限告知是指法律或保险人对告知的内容没有明确规定，投保人或被保险人应将所有保险标的的风险状况及相关重要事实如实全部告知保险人；询问回答告知是指投保人根据保险人的书面询问做出回答，对询问以外的问题没有告知义务。英国、美国采用无限告知，其他大部分国家采用询问回答告知。

保险人的告知也称说明义务，说明形式有明确列明和明确说明两种形式。其中，明确列明是指只要将保险的主要内容列明在保险合同中，就视为告诉投保人；明确说明是指除了明确列明外，保险人还须对投保人进行明确的提示及加以正确的解释。国外大部分是明确列明，我国则采用明确说明。

2. 保证

（1）保证的含义。保证是指保险双方在合同中约定，投保人或被保险人担保在保险期限内对某一事项的作为或不作为，或者担保某一事项的真实性。

（2）保证的形式。保证的形式分为明示保证和默示保证。明示保证是指以保险条款的形式在保险合同中载明的被保险人应该的作为或不作为的保证。默示保证是指习惯上或社会上公认的被保险人应该作为或不作为的保证。

按保证的内容分为确认保证和承诺保证。确认保证是指被保险人对过去、现在某一特定事实存在与否的保证；承诺保证是指投保人或被保险人对将来某一特定事实存在与否的保证。

3. 弃权与禁止反言

（1）弃权。弃权是合同的一方当事人放弃按保险合同的规定可以享受的权利。构成弃权有两个条件：一是保险人必须知悉权利的存在；二是保险人必须有明示和默示弃权的意思表示。

（2）禁止反言。禁止反言是当合同一方当事人在已经弃权情况下，将来不得要求行使这项权利。

从理论上讲，保险双方都存在弃权与禁止反言的问题，但在保险实践中，弃权与禁止反言旨在约束保险人的行为，保护被保险人的利益，防止保险人因翻供而造成对被保险人的损害，以真正体现保险合同的诚信原则和公平原则。

理财实训

杨某为某安装有限公司职工，从事电线施工安装、架电线等工作。2023 年 1 月份，杨某通过某保险公司代理人购买了“保险卡”两张，并通过网络自助保险卡投保系统进行了激活，生成电子保险单两份，电子保险单上注明：“投保人与被保险人均为杨某；保险期间为 2023 年 1 月 9 日零时起至 2024 年 1 月 8 日 24 时止；职业类别为生产—机械设备修理人员—仪表仪器修理人员—电工仪器仪表修理工；保险费 100 元；保险金额为意外身故伤残保障 60 000 元、意外伤害医疗保障 10 000 元；保险责任及免除责任”。2023 年 8 月 19 日，杨某在架设电线时从高处摔落致伤，被送至淮安市第二人民医院抢救治疗，被确定为肢体残疾一级。杨某住院治疗期间，共计支出医疗费用201 381.19 元，其家人向保险公司报案并申请理赔。保险公司认为杨某在网络激活时并没有如实填写其所从事职业，而杨某所从事高危险职业系拒保职业，违反了如实告知义务，遂拒绝理赔，双方发生纠纷。

试分析本案例及弃权与禁止反言原则的适用范围和意义。

（三）违反最大诚信原则的法律后果

由于保险合同双方当事人各自履行告知义务的形式和告知的内容不同，因而双方违反最大诚信原则而导致的法律后果也各不相同。

1. 违反告知义务的法律后果

（1）投保人违反告知义务的法律后果。投保人（包括投保人、被保险人和受益人，以下相同）违反告知的法律后果包括以下几种情况。

第一，故意不履行如实告知义务。如果投保人故意隐瞒事实，不履行告知义务，保险人有权解除保险合同；若在保险人解约之前发生保险事故造成保险标的损失，保险人可不承担赔偿或给付责任，同时也不退还保险费。

第二，过失不履行如实告知义务。如果投保人违反告知义务的行为是因过失、疏忽而致，其未告知的事项足以影响保险人决定是否同意承保或者提高保险费率，保险人有权解除合同。如果未告知的事项对保险事故的发生有严重影响，保险人可以解除保险合同；对在合同解除之前发生保险事故所致的损失，不承担赔偿或给付责任，但可以退还保险费。

第三，未就保险标的危险程度增加的情况通知保险人。在财产保险中，被保险人未按保险合同约定，将财产保险的保险标的危险增加的情况及时通知保险人，对因保险标的危险程度增加而发生的保险事故，保险人不承担赔偿责任。

（2）保险人未尽告知义务的法律后果。

第一，保险人在订立保险合同时没有向投保人明确说明合同中关于保险人责任免除条款的，该条款不产生效力。

第二，保险公司在保险业务中隐瞒了与保险合同有关的重要情况，欺骗投保人、被保险人或受益人，构成犯罪的，依法追究刑事责任；不构成犯罪的，由金融监督管理部门对保险公司处以 1 万元以上 5 万元以下的罚款。

第三，保险公司承诺向投保人、被保险人或者受益人给予非法的保险费回扣或者其他利益的，由金融监督管理部门责令改正，对保险公司处以 1 万元以上 5 万元以下的罚款。

2. 违反保证的法律后果

任何不遵守保证条款或保证约定、不信守合同约定的承诺或担保的行为，均属于违反保证。保险合同涉及的所有保证内容都是重要的，无须判定其重要性，投保人与被保险人都必须严格遵守无误。如有所违背与破坏，其后果一般有两种情况：一是保险人不承担赔偿或给付保险金的责任；二是保险人解除保险合同。

最大诚信原则相关案例分析

与告知不同，保证是对某个特定事项的作为与不作为的保证，不是对整个保险合同的保证，因此，在某种情况下，违反保证条件只部分地损害了保险人的利益，保险人只应就违反保证部分解除保险责任，拒绝承担履行赔偿义务。例如，保险合同中订有要求被保险人外出时必须将门窗关闭和锁闭的保证条款，某被保险人违反了该项保证条款致使保险事故发生。对此，保险人应仅就此次违反的保证事项而拒绝赔偿被保险人的损失，但不能就此解除保险合同。被保险人破坏保证而使合同无效时，保险人无须退还保费。

三、损失补偿原则

（一）损失补偿原则的含义

损失补偿原则指保险合同生效后，当保险标的发生保险责任范围内的损失时，被保险人有权按照合同的约定，获得全面、充分的赔偿，以弥补被保险人由于保险标的遭受损失而失去的经济利益，被保险人不能因保险赔偿而获得额外利益。损失补偿原则适用于所有的财产保险和人身保险中的医疗保险（大病保险除外）。

损失补偿原则的内涵体现在两方面：一是有损失有赔偿，损失补偿的前提条件是发生保险责任范围内的损失；二是损失多少赔偿多少（经济补偿），损失补偿的限定条件是以弥补被保险人的实际损失为限。

理财讨论

李某有一仓库的货物，实际价值是100万元，李某投保300万元的保额，货物因仓库失火全部损毁，保险公司会赔李某300万元吗？

王某的汽车，同时在三家保险公司投保，发生一次剐蹭事故，可以让三家公司同时赔付吗？

（二）损失补偿原则的内容

1. 补偿限制

（1）以实际损失为限。实际损失是根据损失当时保险标的的实际价值确定的；损失当时保险标的的实际价值与市价有关；当损失价值无法估计，或当事人之间出现意见分歧时，可以采用恢复原状或其他方式进行补偿。

（2）以保险金额为限。保险标的物多于一项时，应逐项分开计算，各项的赔偿金额之和不得超过保险金额。

（3）以保险利益为限。可保利益是保险保障的最高限度，保险赔款不得超过被保险人对遭受损失的财产所具有的可保利益。

2. 损失赔偿的计算公式（不定值财产保险）

（1）第一损失（危险）赔偿方式，是在保险金额限度内，按照实际损失赔偿。

当损失金额＜保险金额时，赔偿金额＝损失金额

当损失金额≥保险金额时，赔偿金额＝保险金额

（2）**比例计算赔偿方式，按保障程度计算赔偿金额。**

保险保障程度＝保险金额/损失当时保险财产的实际价值×100%

赔偿金额＝损失金额×保险保障程度

理财实训

王某向某保险公司投保了期限为1年、保险金额为40万元的家庭财产保险。在保险期内，发生保险事故，造成15万元的损失。火灾发生时，王某的家庭财产实际价值为50万元。根据第一损失赔偿方式，保险公司的赔偿金额为多少？根据比例计算赔偿方式，保险公司的赔偿金额为多少？

3. 损失补偿原则的例外

（1）人身保险。人身保险中除了医疗类保险，其他的多数保险不适用于“损失补偿原则”。比如某被保险人有社保和两家不同保险公司的住院医疗保险，某次生病住院花费28 000元，社保和两家保险公司合计的报销额度不会超过28 000元，这一点与财产保险相似。

损失补偿原则相关案例分析

除医疗险之外，其他人身险不适用于“损失补偿原则”。比如重大疾病保险，就属于定额给付型保险。因为生命无价，其保障额度是保险公司和客户协商出来的，只要双方同意（比如保额为10亿元）都是受法律保护的。

（2）定值保险。不论保险标的的实际价值大于或小于保险金额，均按损失程度十足赔付（常见于海洋货物运输保险）。计算公式为：

损失程度＝（保险财产的完好价值－残值）/保险财产的完好价值×100%

保险赔款＝保险金额×损失程度

四、近因原则

（一）近因原则的含义

近因原则是指如果造成保险标的损失的近因属于保险责任，保险人承担赔付责任；反之，造成保险标的损失的近因属于除外责任，则保险人不承担赔付责任。

近因是造成保险标的损失最直接、最有效的、起决定性作用或起支配性作用的原因。在损失的原因有两个以上时，这些原因中可能既有近因又有远因。在损失的原因中既有承保风险又有非承保风险的情况下，需要找出一个造成事故损失的主要原因。

理财讨论

被保险人购买了意外伤害保险，在外出打猎时不慎从树上掉下来。受伤后的被保险人爬到公路边等待救援，因夜间天冷又染上肺炎死亡。肺炎是意外险保单中的除外责任，保险公司应该给付保险金吗？为什么？

（二）近因原则的应用

1. 单一原因致损情况下的近因认定及处理

导致保险标的损失的原因只有一个，这个原因就是近因。如果这个原因属于保险责任范围，保险人应履行赔偿责任；否则，保险人不履责。

近因原则相关案例分析

2. 多种原因同时致损情况下的近因认定及处理

导致保险标的损失的原因有多个，这些原因同时发生且对损害结果的形成都有直接、实质的影响效果。

（1）如果多种原因都属于保险责任范围，保险人应履行赔偿责任；否则，保险人不履责。

（2）如果多种原因都属于除外责任，保险人不负赔偿责任。

（3）多种原因中既有保险风险，又有除外风险，若能分清损失，保险人只对属于保险责任的原因（保险风险）所造成的损失负责；若无法分清损失，保险人不负赔偿责任或损失由保险人和被保险人平摊。

3. 多种原因连续发生致损情况下的近因认定及处理

导致保险标的损失的原因有多个，且各原因依次发生，持续不断，具有前因后果的关系（最先发生的为近因）。

（1）若连续发生导致损失的多种原因均属保险责任，则保险人承担全部保险责任；

（2）若连续发生导致损失的多种原因均属除外责任，则保险人不承担保险责任；

（3）若连续发生导致损失的多种原因不全属保险责任，但只要最先发生的原因是近因且属于保险责任，保险人也负赔偿责任。

4. 多种原因间断发生致损情形下的近因认定及处理

导致损失的原因有多个，各原因的发生有先有后，且有新的独立的原因介入（新介入的独立原因为近因），使后因与前因不存在因果关系。

（1）该近因属保险责任范围，保险人负赔偿责任；

（2）该近因不属保险责任范围，保险人不负赔偿责任。

理财实训

上海一大楼起火，本身损失不大，但是由于火灾烧及电线造成短路，致使楼下机器停转，并引起一系列事故，最终使机器和大楼受到严重损失。保险人负赔偿责任吗？

任务三　个人保险规划

面对人生中各种各样的风险，个人风险管理和保险规划的目的在于，通过对自身经济状况和保险需求的深入分析，选择合适的保险产品并确定合理的期限和金额。

一、个人保险规划的基本流程

个人保险规划的基本流程如图 6－2 所示。

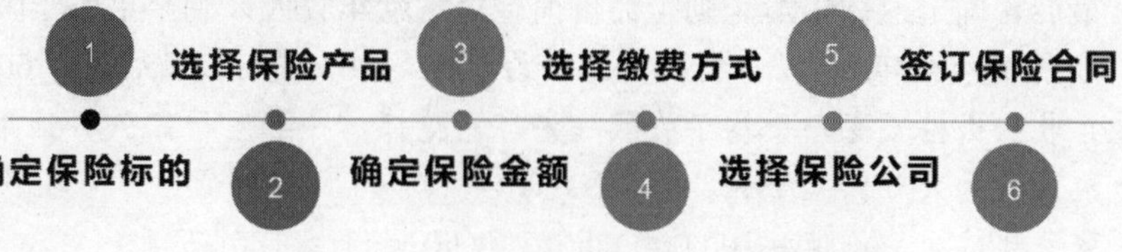

图 6－2　个人保险规划的基本流程

（一）确定保险标的

投保人可以以本人、与本人有密切关系的人、所拥有的财产以及可能依法承担的民事责任作为保险标的。一般来说，各国保险法律都规定，只有对保险标的具有可保利益才能为其投保，否则这种投保行为是无效的。明确保险标的之后，就需要分析保险标的所面临的风险状况，确认有哪方面的保险需求，并且了解市场上有哪些保险能够保障其风险。

（二）选择保险产品

选择保险产品时一方面应注意保险产品与家庭风险的匹配；另一方面，在购买具体保险产品时应注意合理搭配险种。比如人身保险的被保险人既面临意外伤害风险、疾病风险，还面临死亡风险，可在保险项目上进行合理组合，如购买一个至两个人寿保险主险，附加意外伤害、重大疾病保险，使其得到全面保障。

（三）确定保险金额

保险金额是当保险标的发生保险事故时，保险公司所赔付的最高金额。投保金额过高，投保人要承担高额的保费，投保金额过低，不能满足需要。一般来说，在收入允许的情况下，保险金额的确定应该以财产的实际价值和人身的评估价值为依据。

财产价值比较容易计算，对一般财产而言，如房产、汽车，投保人可以根据财产的实际（市场）价值自行确定。购买财产保险可以足额投保，也可以选择不足额投保，但千万不要出现超额投保，因为保险公司按照实际损失程度进行赔偿。当收入允许时，一般投保人应选择足额投保，这样当保险事故发生时，受益人可以获得足额赔偿。

但对于人身保险来说，由于人的身体和生命无法用货币来衡量，因此一个人到底应该买多少人身保险，如何确定保险金额，这是一个难以精确回答的问题，通常是根据自身对寿险保障的需求大小以及对保费的负担能力高低这两个因素来决定。在保险业界，人寿保险额度的测算有以下几种计算方法。

1. 收入法

收入法是通过计算被保险人预期未来收入的现值（人力资本）来估算人寿保险的额度，这里用人寿保险代替了预期未来收入。

例 6－1： 王先生今年 35 岁，年收入 3 万元，实际利率为 3%，他打算 30 年后的 65 岁时退休。请用收入法估算王先生要购买的人寿保险的金额。

解析：王先生要购买的人寿保险的金额即其未来劳动收入的现值。

$$PV = 30\,000 \times (P/A, 3\%, 30) = 588\,013(\text{元})$$

2. 生命价值法

生命价值法是用一个人的生命价值做依据，来考虑应该购买的保险金额。首先，估算年平均收入；其次，从年收入中扣除税收、自我消费等费用，假设剩余的收入可以全部贡献给家庭；最后，确定退休年龄。则生命价值＝可贡献年收入×剩余工作年限。

例 6－2：张先生今年 30 岁，假设其退休前年平均收入是 10 万元，到 60 岁退休。而且，假设他年收入保持不变，平均年收入一半自己花掉，一半用于家人，请用生命价值法估算张先生应购买的人寿保险金额。

解析：张先生的生命价值＝100 000×50％×(60－30)＝150(万元)

3. 家庭需求法

家庭需求法是通过假定不幸现在发生，计算事故发生后家人未来生活所需的各种费用(包含家人所需的生活费、教育费、赡养费、对外负债、丧葬费等)，扣除现有资产以及家庭其他成员未来收入，以所得的缺额作为保额的一种粗略估算方法。家庭需求＝家庭总负债－家庭总资产。

例 6－3：李先生 30 岁，夫妻双方的家庭储蓄合计 40 万元，理财投资 20 万元，无投资型房产和人寿保险等，双方父母已退休且均有退休金，不用额外赡养费用，妻子年收入 8 万元，预计到退休年龄还要再工作 25 年，未来 30 年的家庭固定支出为每年 10 万元，孩子教育 30 万元，房贷每年 4.5 万元，共还 20 年。请用家庭需求法估算李先生应购买的人寿保险金额。

解析：未来的家庭总负债＝10×30＋4.5×20＋30＝420(万元)

家庭总资产＝40＋20＋8×25＝260(万元)

家庭需求＝420－260＝160(万元)

4. 收入倍数法

以保险业界普遍采用的“双十原则”计算，寿险保额约为家庭年收入的十倍，保费支出占家庭年收入的十分之一。

(四) 选择缴费方式

1. 保障类产品可选择较长期缴费方式

对于保障类产品，缴费期越长，其分摊在每一年中的保险费用越少，体现的保障效果就越好。例如 A 投保一份 10 万元保额的重大疾病保险，选择 10 年期年缴，每年缴费 6 000 元；B 也投保同样的保险，选择 20 年期年缴，每年缴费 3 000 元，5 年后假设两人都出险，则 B 投入的保障成本比 A 少了一半。另外，大多数保障类产品在保险责任设计中，还向投保人提供了“豁免条款”，即当出现某些约定的保险事故时，投保人可以免缴余下的各期保费，且保障继续有效。

2. 储蓄型保险可选短期缴费方式

对于储蓄型保险，相同的保额或相同的储蓄目标，缴费期越短总支付金额越少，特别是年龄较大的人群购买这类保险，可以选择短期期缴或是一次性付清保费。另外，当产品具有分红或投资功能的时候，在较短的缴费期内完成缴费义务，意味着在合同初期就能享有比较高的分红权益或是现金价值，也能充分利用复利效应来达到累积更多财富的目的。

3. 依收入状况选择缴费方式

如果拥有一定的储蓄余额，收入又不稳定，担心不能按期持续缴费，可以选择在适当短时间内完成保单缴费义务。如果是比较稳定的工薪阶层，则可以更多地采用期限较长的期缴方式。

（五）选择保险公司

一看公司类型。不同的保险公司保障范围和专业程度不同。

二看险种价格。险种价格一定要与保险责任范围相对应。

三看经营状况。主要考察保险公司的偿付能力和财务状况。投保人可以查看保险公司的财务报表，分析保险公司的保费收入、赔款、费用、利润等财务指标。

四看服务质量。包括代理人的服务质量和公司本部的服务质量。要慎重选择保险代理人，通常投保人与保险公司90%以上的纠纷都与业务员的不实说明或说明不足有关，因此一定要选择优秀的保险代理人，以确保获得周全的售后服务。

（六）签订保险合同

一是读懂保险条款，包括保障内容、缴费期限、保障期限、免责条款等，特别是保险责任和除外责任调控款，明确保险“保什么”“不保什么”；二是履行告知义务，如实申报和陈述。在发生保险事故、标的风险增加以及财产所有权转移时，应及时通知保险人。

二、保险规划的基本原则

（一）“四先四后”

1. 先大风险后小风险

大风险一般指的是家庭无法承担的风险或者对家庭财务影响大的风险。比如重大疾病、身故、残疾等都属于大风险，一般家庭根本承受不起这样的风险的打击，所以一定要优先配置相关风险的险种，尽早将上述大风险转嫁给保险公司。与之对应，各险种的购买顺序应当是：意外险→定期寿险→重疾险→医疗险→年金险。

2. 先保障后储蓄

对于如何买保险的问题，很多人在进行保险产品的选购时，感觉保障类保险的保费很多时候是一去不返，或者回来得很少，不如储蓄类产品划算，这实际上是对保险理解的误区。保险的本质是保障，是风险的转嫁，理财的第一步就是做好风险的转移，做好保险保障是做其他的消费安排和投资理财的基础。保障型产品的主要类型有寿险、意外险、医疗险、重疾险等。储蓄型产品的主要类型有年金险（教育金、婚嫁金、养老金）和增额终身寿险等。

3. 先大人后小孩

人寿保险的目的是，一旦被保险人意外死亡，其财务上的被抚养人能从财务方面得到补偿，因此，如果被保险人没有财务上的被抚养人，就不需要人寿保险，反之有财务上的被抚养人就需要人寿保险。对于一个普通家庭而言，失去孩子仅仅是感情上的巨大打击，财务上并没有影响，但是失去大人则是财务上和感情上的双重打击，孩子的幸福也将不复存在。因此，在配置保险的时候，要先保大人，后保老人和小孩，并且优先给家庭第一经济支柱配置，其次是家庭第二经济支柱，然后是老人和小孩。

4. 先规划后投保

规划家庭保险策略是选择产品的重要前提，投保前应对家庭总体的资产配置进行全面的综合分析，对抵御风险能力、家庭收入保障的情况、缴费能力做出判断，结合自身需求和专业人士的建议，合理制定保险规划。投保人可根据不同的人生阶段、财务状况与职业类别选择最适合自身情况的保险产品及保费缴纳期限。

（二）按需选择

保险公司开发的险种非常多，但并不都适合每位客户，投保人必须根据家庭所处生命周期的不同阶段、被保险人的家庭角色以及已有保障水平选择相应保险。

1. 根据家庭生命周期的不同阶段选择相应保险

保险规划不仅与家庭生命周期阶段有关，还与不同阶段的收入情况以及消费支出有着密切的关系。家庭生命周期不同阶段的保险规划如表 6-2 所示。

表 6-2　家庭生命周期不同阶段的保险规划

项目	青年期	家庭形成期	家庭成长期	家庭成熟期	家庭衰老期
阶段特点	收入低，消费大，储蓄少，户外活动比较多	收入增加，消费支出增加，社保逐渐完善	收入达到巅峰，家庭财富积累期，赡养父母、子女教育费用和生活费用猛增	随着子女大学毕业，家庭经济压力慢慢减轻，自身养老问题逐渐显现	退休后，大部分家庭的收支相抵。收入来源靠退休金，支出主要有生活费用、健康医疗和休闲支出方面
需求分析	健康状况良好，无家庭负担，保险意识较弱	这个阶段所面临的风险是自身的大病风险与意外风险。由于有了家庭，夫妇双方更应该注意对疾病的防范和保证房屋供款的连续性。在我们遇到风险之时不必拖累家人，甚至遇到不测，也能给家人留下一些保额	这个阶段所面临的风险有意外风险以及大病风险，就连下岗也成了风险。此阶段是保险需求的高峰期，特别是子女教育费用和生活费用是理财的重点。保障自己能平安地承担责任，通过保障自己从而保障家人	规划养老生活的时期。逐渐步入老年，身体的机能明显下降，在保险需求上对“健康”“重大疾病”的需求较大	主要风险为疾病风险，同时面临着死亡问题和财产传承问题。这时期应是享受保险保障的时候，如果年轻时有投保储蓄险，如今可领回满期金，等于多一笔财富保障；有投保医疗险者，也不需要为重病筹不出医药费而发愁
保险规划要点	意外风险、必要的医疗保障	1. 意外、基本的健康医疗险是保障的重点； 2. 有条件可以考虑给父母买医疗险	1. 根据职业特征选择意外保险； 2. 根据社会保障情况选择健康保险，根据财力选择重大疾病保险； 3. 如果财力允许，可以购买一些投资型产品	养老、健康、重大疾病、投资风险防范。此时要为将来的老年生活做好安排，应该重点配置养老险	1. 养老生活期间，在有银行存款应急的同时，医疗健康保险是重点； 2. 养老金（生活费）、医疗费用、遗产规划
保险产品配置	意外险＋健康险＋责任险	定期寿险＋重疾险＋意外险＋父母医疗险＋财产险＋投资储蓄	定期寿险＋意外险＋子女教育资金＋财产险＋养老险＋投资储蓄	定期寿险＋重疾险＋财产险＋储蓄＋意外险	养老险＋健康险＋遗嘱保险

2. 根据被保险人的家庭角色选择相应保险

每个人在家庭中的地位是不同的，可以从经济地位、生活费用、健康状况、意外概率、死亡概率等方面对家庭成员进行评估（表 6-3），分析各自所面临的风险，做出合理的规划。

表 6-3 家庭成员的风险特征

	经济地位	生活费用	健康状况	意外概率	死亡概率	风险暴露
爷爷奶奶	辅助的经济地位，贡献较小	生活费用可能有缺口	体质比较弱，年老易生病	风险较大，影响小	风险大，影响小	疾病、意外、养老、死亡
丈夫	通常是主要的经济支柱，贡献很大	自己独立，有结余，是家庭主要经济来源	身强力壮，有患大病可能	经常外出，风险较大	风险小，影响大	死亡、意外、疾病、养老
妻子	通常是辅助的经济支柱，贡献中等	自己独立，有部分结余	体质略弱，有患病可能	防范能力差，风险中等	风险小，影响大	死亡、意外、疾病
孩子	纯支出	只能依靠他人	抵抗能力较弱，患病风险大	好动，风险较大	风险较小	意外、疾病

注：以上家庭成员角色及风险特征的分析并不适用于每个家庭，每个家庭应根据具体情况进行类似的分析。

3. 根据已有保障水平选择相应保险

在进行保险规划时，还应当考虑被保险人已经具备的各种保障，有无社保、有无企业年金都会影响保险规划。通常，社会保障是保障的基石，其保障全面，但保障力度不足，企业年金是在社会保障基础上的一项补充，个人购买商业保险则是最终的补充，是根据自身的财力和实际情况购买的保障。

理财锦囊

有社保的情况下如何补充商保？

如果被保险人具有健全的社会保险，可以考虑在以下方面进行商业保险的有益补充：一是补充意外伤害保险。意外伤害风险普遍客观存在，而社保中的工伤保险和医疗保险覆盖面较窄，对于意外伤害所致的门诊费用以及伤残和死亡则显得无能为力，而商业意外伤害保险能以非常低的保费转移较大的经济风险，保障力度非常高。二是补充重大疾病保险。与社保医疗保险事后报销的方式相比，商业重疾险一般只要确诊就会提前给付，犹如一场“及时雨”，能为患病者及其家庭在早期治疗中提供足够的资金支持，有利于病人及早治疗，免去资金上的担忧和困扰。大病险的保额一定要高，这样大病风险的抵御能力会很强。三是家庭支柱成员可以补充一定额度的人寿保险，以体现对家庭其他成员的关爱和责任。四是有车一族务必补充足够的车险，除强制性的交强险外，还要考虑车损险、第三者责任险、车上人员责任险等。

（三）量力而行

保险是一种契约型经济行为，投保人必须支付一定的费用，以支付保险费为代价获得保险保障，保障范围越大，保险金额越高，需支付的保险费也就越多。因此，投保时要根据自己的经济状况量力而行，不主张超出个人和家庭能力范围之外的保险消费甚至是负债型保险消费。通常年交保费占年收入的比例为10%就比较合理。

（四）合理组合

购买保险时应当合理组合保险项目，并注意利用附加险，这样，一是可以避免重复购买多项保险，例如购买人寿保险时附加意外伤害险，就不需要再单独购买意外伤害险；二是附加险的保费相对单独保险的保费一般较低，可节省保费。

理财锦囊

保险的避税和躲债功能

保险的避税功能体现在三个方面：一是购买符合国家规定的商业健康保险、税收递延型商业养老保险的支出可以作为个人综合所得的税前扣除项目，有效降低个人所得税；二是保险赔款是赔偿个人遭受风险事故的损失，不属于个人收入，因而属于《个人所得税法》规定的免税项目；三是如果未来开征遗产税，将遗产继承人确定为保险受益人可有效规避遗产税。我国《保险法》规定，指定受益人的保险金不作为被保险人的遗产。

同样，因为指定受益人的保险金不作为被保险人的遗产，而《民法典》规定，遗产继承应当清偿被继承人依法应当缴纳的税款和债务，由此，保险受益人领取保险金可以躲避被继承人生前所欠的债务。

三、不同保险的规划要点

根据生命周期做好人生财务规划，将保险配置作为理财的风险控制器，结合个人及家庭所在的阶段与保险需求定制方案将会达到保险理财的双重效果。下面将以理财实践中经常配置的意外伤害保险、人寿保险、养老保险为例，提炼以上三类保险的规划要点（见表 6－4），并通过案例分析保险在个人理财规划中的应用。

表 6－4　意外伤害保险、人寿保险、养老保险的规划要点

保险	规划要点
意外伤害保险	● 意外伤害保险一直被称为成人的第一张保单 ● 意外风险不会随着年龄增长而有大的变化 ● 不同的人群意外风险发生的可能不同，意外风险和个体生命周期密切相关 ● 意外带来的身故、伤残风险，尤其是成人遭遇意外对于家庭的伤害非常大 ● 意外伤害保险能以非常低的保费转移较大的经济风险
人寿保险	● 采用“寿险”的说法，而不是用“死亡保险”，避免引起客户的心理不适 ● 不同性别、不同职业、不同年龄的人死亡风险都不同 ● 人寿保险是一种定额保险 ● 人寿保险的保险期间通常在 5 年以上，有的险种长达几十年甚至人的一生 ● 人寿保险能够体现对家庭的责任和对家庭成员的关爱
养老保险	● 养老保险主要保的是长寿风险 ● 人口老龄化的现状使得购买养老保险的必要性和紧迫性增加 ● 养老保险与经济独立、财务自由、资金有保障、生活有品质的退休生活密切相关 ● 越早准备资金应对养老风险，养老保险保障的效果就越好 ● 养老保险保单通常具有现金价值

例 6－4： 李先生今年 40 岁，企业家，居住在杭州，他的企业目前规模较小，李先生持有 80%的股份；其妻子张女士今年 36 岁，在李先生的企业担任财务主管，两人育有一个女儿，今年 6 岁。李先生于 2018 年创办企业，目前企业运转平稳，每年平均盈利约 200 万元；因近年市场竞争日益激烈，李先生打算进行企业战略转型。李先生目前自有住房系

3年前购入，房屋现值1 000万元，贷款300万元；两辆车于2年前购入，现值共约80万元。李先生家庭每月开支约4万元，每年1次家庭旅游，花费5万元左右，其余额外开支共计约12万元。请结合李先生的财务能力以及他所处的家庭生命周期阶段为他们规划合适的寿险。

解析：第一步，分析李先生所处的家庭生命周期及其面临的风险。很明显，40岁的李先生处于家庭生命周期的家庭成长期，这一阶段，意外风险、健康风险、养老风险有小幅上升，要关注健康风险和养老风险。根据相关数据，45岁以后重疾发生率开始迅速上升，其中男性上升速度要快于女性。李先生目前生活稳定富足，是家庭和企业责任的重要承担者，若李先生发生死亡风险则家庭的生活水平必然下降，企业经营也会出现问题，因而李先生考虑对家庭和事业的双重保障很有必要购买一份人寿保险。

第二步，明确需要购买的保险产品类型。可以进行合理的组合，如购买一个人寿保险主险，附加意外伤害保险、重大疾病保险，使李先生能够得到更加全面的保障。

第三步，对李先生购买寿险的保额和保费进行规划。结合李先生的财务状况，按照生命价值法，李先生每年能够贡献收入200万元，假设其中50万元用于自身消费，则为家庭贡献的价值为150万元，按照60岁退休考虑，则李先生的生命价值为150万元×20年＝3 000万元。因此，李先生的保险金额可以到3 000万元，而他的保费支出在20万元～30万元，对家庭的影响不会太大。

第四步，选择合适的缴费方式。由于李先生购买的人寿保险主险和附加险都属于保障类产品，因此可以选择较为长期的缴费方式，缴费期越长，其分摊在每一年的保险费用就越少，体现的保障效果就越好。

第五步，结合保险公司的经营状况和服务质量为李先生选择相应的保险公司，帮助李先生选择具体的保险产品，帮助李先生读懂有关保单的重要条款，如保险责任、免责条款、保险期限、保费缴纳、保险金领取以及其他权益。

理财实训

王先生是一名普通白领，27岁，目前在一家咨询公司上班，年薪约为25万元。妻子陈女士26岁，在一家外企从事行政工作，年薪约为13万元。夫妻双方计划工作3～5年拥有一定积蓄后生养孩子。在住房方面，夫妻目前尚无自有住房，租住在离夫妻二人公司较近的城区，每月租房开支大约为7 000元，生活开支大约为1.2万元，两人计划每年外出旅游两次，花费5万元左右，其余开支约为3万元。在某一次同学聚会中，王先生意识到了保险的重要性，特别是意外险。于是他在线咨询理财规划职业人员，想了解意外保险产品。如果你是这名理财规划从业人员，应当如何帮助王先生？

理财文化

古人的保险意识

保险思想并非是现代人的专利，早在几千年前，古人就开始尝试风险管理，并正确地规避风险和对付灾害、意外事故。在长久的实践中，他们总结形成了大量富含哲理的话语，萌生了最原始的保险思想，非常值得借鉴。

《诗经·豳风·鸱鸮》提道："迨天之未阴雨，彻彼桑土，绸缪牖户。"意思是说，在天还没下雨的时候就修补好房屋的门窗。做任何事情都应该事先准备，以免临时手忙脚乱，这便是我们常说的"未雨绸缪"。

《左传·襄公·襄公十一年》提道："居安思危，思则有备，有备无患，敢以此规。"意思是说，处于安全环境时要考虑到可能出现的危险，考虑到危险就会有所准备，事先有了准备就可以避免祸患，这就是我们现在说的"有备无患"。

《易传·象传下·既济》提道："君子以思患而豫防之。"《君子行》也说："君子防未然。"意思是说，应该在事故或者灾难、祸患发生之前就做好相应的防范工作。

模块小结

任务一 风险认知及风险管理			
风险	客观性、普遍性、不确定性、可测性、可变性、损失性		
要素	风险因素、风险事故、风险损失		
类型	按性质不同可分为纯粹风险和投机风险	按标的不同可分为财产风险、人身风险、责任风险和信用风险	
风险管理	采用合理手段对风险实施有效的控制与处理，以最小成本取得最大安全保障		
	控制法	财务法	
风险管理与保险	风险是保险产生与发展的基础，保险是风险管理的有效措施之一，二者相互影响、相互制约		
保险	保险的定义；保险的分类；保险的功能		
任务二 保险基本原则的运用			
保险利益	保险合同存在的条件		
最大诚信	包括告知、保证及弃权与禁止反言三项内容		
损失补偿	有损失有赔偿，损失多少赔偿多少（经济补偿）		
近因原则	造成保险标的损失的近因属于保险责任，保险人承担赔付责任； 造成保险标的损失的近因属于除外责任，则保险人不承担赔付责任。		
任务三 个人保险规划			
基本流程	确定保险标的，选择保险产品，确定保险金额 选择缴费方式，选择保险公司，签订保险合同		
基本原则	"四先四后"、按需选择、量力而行、合理组合		
规划要点	意外伤害保险	人寿保险	养老保险

模块测评

1. 某保险公司代理人A君发生车祸。他开着摩托车载着妻子在返家途中与一货车发生碰撞，妻子受轻伤，A君受重伤。送医院抢救治疗一个月后，A君身亡。其时A君年仅26岁，结婚不满一年，妻子初孕。

翻查A君所购保险，年交保费6 000余元，主险为生死两全寿险，基本保额4万元，55岁起每年返还4 000元至终身，交费期间身故可获双倍基本保额给付；附加险有10万元保额的意外险和1万元保额的意外医疗险。但是，经交警部门查实，A君的摩托车驾照已经过期，为无效证件。根据保险合同的免责条款，意外险及意外医疗险都得不到赔付。保险公司按保险合同只赔付主寿险，即8万元保险金。

A君为家中独子，父亲已逝，母亲近年已无工作，也没有社保退休金，平日就靠A君支付生活费用。而妻子工资收入不高，根本不足应付家庭生活正常支出。现在A君撒手西去，只留下8万元保险金，这些钱不够母亲与妻子4年的生活用度，还有一个未出世的孩子等着用钱。过了这几年，日后母亲的生活费怎么办？孩子的生活费怎么办？教育费怎么办？假设，现在回到A君发生车祸前，请为A君重新做保险规划。

2. 郝小姐的医疗费用保险单的保险期限自2022年6月1日起至2023年5月31日结束，责任期限为90天。在2023年4月1日郝小姐患病住院接受治疗，并于2023年7月10日出院，平均每日医疗费用100元，假设其他条件都符合保险合同规定，计算保险公司的赔付金额。

模块七 投资规划

学习目标

● 知识目标

1. 掌握投资规划的基本内容；
2. 掌握股票投资理财的交易方式和投资技巧；
3. 掌握债券投资理财的交易方式和投资技巧；
4. 掌握证券投资基金的投资理财交易方式和投资技巧；
5. 掌握银行理财产品的投资理财交易方式和投资技巧。

● 能力目标

1. 能够利用证券公司网上交易系统进行股票、债券、证券投资基金等投资分析和证券投资组合；
2. 会根据客户特点、财务状况、预期收益、风险承担能力制订证券投资理财计划；
3. 会根据客户特点、财务状况、预期收益、风险承担能力制订银行投资理财计划。

● 素养目标

1. 传递长期投资、价值投资等科学的投资理念，避免追涨杀跌、频繁交易、盲目从众等短期投资行为；
2. 树立法治意识，明确内幕交易、操纵市场等扰乱证券市场行为均为禁止行为。

模块导入

2023 年 3 月 8 日，美国硅谷银行宣布抛售 210 亿美元可出售资产，亏损约 18 亿美元，同时进行再融资 22.5 亿美元。3 月 9 日，硅谷银行股价大跌超 60%，产生严重的存款挤兑。3 月 10 日，硅谷银行宣告破产，由联邦存款保险公司（FDIC）接管。

硅谷银行破产后，金融市场大幅震荡。3 月 8 日开始，美债利率和美股指数大幅下行，2 年期国债利率连续两日下行，标普指数连续两日下跌共 3.8%；全球风险资产普遍调整；美元指数回落，黄金价格反弹。硅谷银行事件本身不

是系统性风险，但硅谷银行的性质是系统性风险，在很大程度上会形成中小型银行系统危机的蔓延，进而冲击整个金融系统，

这种系统性风险事关全球经济发展，对我们的生活产生巨大影响，我们应该如何应对以保护财产？本模块将通过分析投资规划的方法，合理地进行投资规划，帮助大家解决上述问题。

任务一　投资与投资规划

伴随着经济的发展，越来越多的人正努力积累个人财富。在很多人的观念中，理财就是投资，他们把理财简单地视为传统使用资金购买股票、债券、基金或其他证券产品，借助有效股票投资、期货投资、保险投资及外汇投资等不同投资组合与投资形式，不断使财富保值增值，以期达到提高生活质量、稳步增加财富的目的。但是，事实上，理财并不是简单的投资。

一、投资

（一）投资的定义

投资（Investment）指投资者当期投入一定数额的资金而期望在未来获得回报，所得回报应该能补偿投资资金被占用的时间、预期的通货膨胀率以及未来收益的不确定性。

简言之，我们可以把投资定义为经济主体为获得经济效益而投入货币或其他资源用于某项事业的经济活动。一项投资活动中必须包括投资主体、货币或其他经济资源等投资客体。投资的本质在于运动，在运动（生产和经营）中才能具有生命力。通过有目的的投资活动，投资资金不断循环与周转运动，从而为人们提供更多的收益，创造更多的财富，而取得预期的效果。

投资与经济增长的关系非常紧密，通常认为投资决定经济增长，它是经济增长的基本推动力，是经济增长的必要前提。投资是促进技术进步的主要因素，是技术进步的载体；技术本身也是一种投资的结构组合形式，是一定的人力、物力和脑力资本等的产物。

（二）投资的分类

依据投资主体投资行为的介入程度，我们通常将投资分为直接投资和间接投资；依据投资投入的客体领域分为生产性投资和非生产性投资；依据投资的方向分为对内投资、对外投资；依据投资的客体对象分为固定资产投资、无形资产投资、流动资产投资、房地产投资、有价证券投资、期货与期权投资、信托投资和保险投资等多种形式。

二、投资规划

投资人确定了自己的理财目标及投资期限后，就要制定可行性投资规划。当下市场上存在着名目繁多的投资机构与投资产品，如何制定个性化的投资规划呢？

（一）投资规划的定义

投资规划是指依据投资主体所处当前经济状况，结合投资主体金融状况、投资收益要求、风险承受能力和理财目标等，为投资主体制定合理的资产配置方案，对各类投资客体

进行有效分析并构建合理的投资组合，以实现投资主体投资目标的过程。

投资规划是在既定的目标下实施的投资行为，更强调实现投资主体投资目标的过程即程序性，并为之采取分散风险的投资组合方案，利用投资过程实现投资者的潜在收益。

（二）投资规划的分类

投资规划因投资主体的差异性而各不相同，分为公司投资规划和个人投资规划。

公司投资规划主要是根据资金的运动规律，规划公司生产经营活动中资金的筹集、使用和分配，并对此进行预测、决策、计划、控制、核算和分析，以提高公司资金运用效果，实现资本保值增值的管理工作。

个人投资规划则侧重投资者通过合理安排资金，运用各种理财工具对个人和家庭等的资产进行管理和分配，达到保值增值的目的的规划行为。本书阐述的是个人理财业务中的个人投资规划。

（三）投资规划的程序

1. 分析投资主体财务与风险

投资主体在进行投资规划前需要首先完成投资主体财务与风险的分析，如模块三所述，编制家庭资产负债表、收入支出表，利用报表分析家庭财务状况，并运用各种财务指标的计算分析为家庭理财提供科学的依据，为个人投资规划把舵。投资规划的程序如图 7－1 所示。

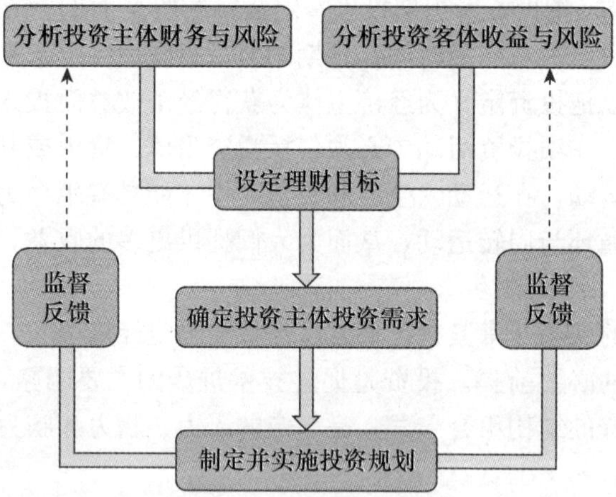

图 7－1　投资规划的程序

投资主体一定要系统了解自己的财务情况，包括收支、负债以及闲置资金等。在此基础上总结平时“我”的钱花哪了、哪些钱是有必要花的、哪些是没有必要的开支等，才能进行必要的调整，实现节流、开源。

2. 设定理财目标

理财目标规划设定要具体化、时间化、数量化、金额化。个人理财规划要从具体的时间、金额、数量和对目标的描述等来定性和定量地理清理财目标。

从时间上区别对待短期规划目标、中期规划目标和长期规划目标从而确定投资期限，先重点关注短期以及中期目标。如果有负债，短期目标应该是先把负债解决，给自己制订一个还款计划，比如作出硬规定，一年内每个月的工资固定拿多少钱出来还款。

要对理财规划目标具体化，从而达到数量化、金额化。如三年后买两室一厅学区房一套、一年后购车一辆，积累15年后一个孩子上大学的大学教育金、25年后夫妻的养老金等。投资规划期限的不同，又会决定不同的投资主体与客体的不同资金风险水平和时间风险水平。

3. 确定投资主体投资需求

综合上述分析，明确自己的风险承受能力，考虑投资主体投资的知识趋向、能力趋向、时间趋向和性格趋向。不同知识素养的投资者看待问题的角度不同，运用知识、技术解决问题的方法各异，投资客体的选择可能截然不同；不同工作者的工作时间决定了投资规划品种选择的差异化；不同性格的人在理财过程中行为也各不相同。

4. 制定并实施投资规划

投资主体基于上述步骤，通过投资规划书的形式明确制定投资主体投资规划并遵照实施，优化配置金融资产。

随着金融行业的多元化发展，金融市场上的理财渠道越来越多。各家金融机构争相推出各种各样的理财产品，如股票、基金、外汇、国债、银行理财等。因此在选择理财产品时要先明确自己的风险承受能力，然后再根据自己的风险偏好进行选择。明确自己的风险偏好，不做有超偿能力的债务性投资，不做不考虑任何客观情况的风险偏好的假设，通过这样的组合配置将风险分散，也最大限度地提高收益。

5. 监控执行投资规划进度，管理投资绩效

投资主体要根据市场的变化监控执行投资规划进度，根据市场状况及个人或者家庭可能遭遇的一些突发状况适时调整投资规划，为自己建立风险防范体系，使风险和损失降到最低。

三、投资工具和资产配置组合

（一）投资工具

传统的金融市场可以分为货币市场和资本市场，在两种市场上都活跃着大量的金融工具供资金的供求双方投资和交易。货币市场的金融工具的特点是短期、流动性强、低风险等，因而有时也被看作现金的等价物；资本市场的金融工具的特点是长期、风险大。此外，金融市场上还存在一些房地产、黄金、艺术品等实务及其他投资工具。按照风险与收益均衡的原则，可将投资工具进行大体的分类，如表7-1所示。

表7-1　各种投资工具风险和收益的比较

风险与收益	投资工具
极高风险、极高收益	权证、期货、期权、对冲基金、垃圾债券、艺术品
高风险、高收益	股票、股票型基金、外汇
中风险、中收益	黄金、房地产、集合信托、混合型基金
低风险、低收益	债券、债券型基金、人民币理财产品、投资分红险
极低风险、极低收益	存款、国债、货币基金

（二）常见的资产配置组合

金融市场上有形形色色、琳琅满目的投资工具，投资者应该如何配置金融产品呢？既要利用组合中的产品获取高的收益以增加财富即“创富”，同时也要配置低风险防御性产品，以保证家庭财富的安全即“守富”。可以结合客户的风险偏好特征，构建适合的资产

配置组合模型。

1. 金字塔形

金字塔形资产配置方案又称为理财的金字塔，是依据美国心理学家马斯洛提出的人类需求层次理论设立。资产由如下三类组成：塔基是流动性资产，这部分资产即是家庭中的应急资金，占到家庭月收入的 3～6 倍或者家庭总资产的 50%左右，保障资金安全及日常生活的需要。塔身是安全性资产，家庭 30%的资产配置于此处，在保证资金相对安全的前提下获得更高收益。塔尖是收益性资产，这部分资金主要是在承担风险的前提下，以赚取更多收益为目的。这种根据资产的风险度由低到高、占比越来越小的金字塔形结构的资产配置，其安全性、稳定性无疑是最佳的。这种方法是目前个人理财最常使用的资产配置方法。

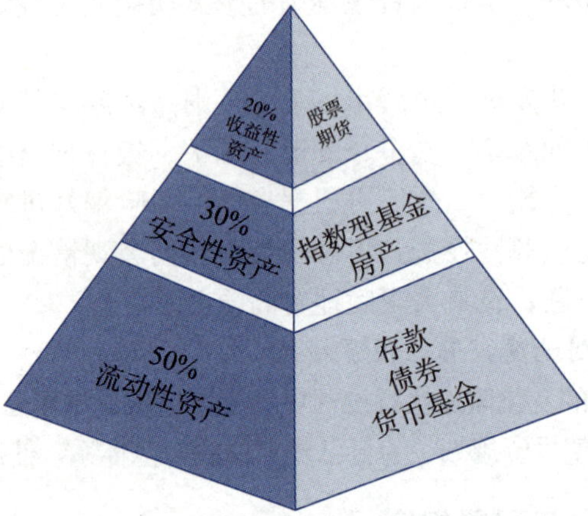

图 7－2　金字塔形资产配置

2. 哑铃形

在哑铃形的资产结构中，低风险、低收益的储蓄债券类资产与高风险、高收益的股票基金类资产比例相当，占据主导地位，而中风险、中收益的资产占比最低。

3. 纺锤形

与哑铃形相反，在纺锤形的资产结构中，中风险、中收益的资产占主导地位，而高风险、高收益资产与低风险、低收益资产的占比都比较低。

4. 梭镖形

在梭镖形资产结构中，几乎没有什么低风险的保障资产与中风险的理性投资资产，几乎所有的资产全部配置在高风险、高收益的投资市场与工具上，属于赌徒型的资产配置。毫无疑问，这种结构稳定性差，风险度高，但是投资力度强，冲击力大，更适合风险偏好和风险承受能力比较强的客户。

四、树立正确的投资理念

正确的投资观念是任何投资规划的起点。如果没有正确的投资观念，任何投资技巧都难以发挥作用。投资的本质不是单纯追求收益，投资追求的是成本、收益、风险、时间四个维度的完美结合。

（一）收益和风险均衡的观念

从理论上讲，高收益是对高风险的一种补偿，而为了追求高收益，就要承受高风险，因而高风险匹配高收益，低收益对应低风险，任何投资都遵循“风险与收益平衡”的原则。分散化投资只能减少非系统性风险，投资的系统性风险是不可能通过分散化投资而消除的。在一个有效的市场上，投资者最好的选择是取得和市场一致的“收益-风险”平衡。而对于一般投资者来说，投资的安全性更为重要。

（二）长期的观念

投资是对未来的一种信念，任何投资决策的制定都是基于对该投资项目未来收益的良好预期，因此，只有长期的投资才最有可能获得预期的投资回报，才最有可能避免证券市场短期波动引起的额外风险。许多经历过股市大风大浪的投资者会发现，比起那些整天在股市忙忙碌碌追逐蝇头小利的股民而言，持有高成长的绩优股不放的投资者才是真正的大赢家。

（三）价值投资的观念

投资者应当把注意力放在投资对象的经济价值方面，而不应寄希望于从短期价格波动中获得价差。以股票投资为例，股票市场的长期上涨应当基于公司的业绩和利润，正是由于有了公司利润，才有投资者的投资收益。只有在公司不断创造利润价值的过程中，投资者才能享受其成果。

（四）成本的观念

任何投资都有成本。以股票投资为例，股票交易成本包括买卖双向收取的交易佣金和过户费，以及向卖方收取的一定比例的印花税；基金投资则包括买卖双向收取的申购费和赎回费。这些成本在一定程度上降低了投资者的投资收益。因此，良好的投资习惯应该尽量降低交易成本，避免情绪化的交易、高频率的买卖，以及频繁追涨杀跌等非理性行为。

（五）尊重市场的观念

凯恩斯有一句名言：投资市场就好比选美赛事，在选美比赛中，人们并不是去选择自己认为最漂亮的那个人，而是去揣摩谁最可能被大家认为是最漂亮的。金融投资也是一样，人们不应该购买那些自己认为能够赚钱的品种，而应该购买那些大家认为能够赚钱的品种。如果投资者钟情于自己的观点，而对于市场表现持怀疑态度，等发现市场走向与自己的判断相背离时，就会付出资金损失的代价。

理财讨论

巴菲特曾经说过：“人生就像滚雪球，最重要的是发现很湿的雪和很长的坡。”你认为这句话传递了什么样的投资理念？

任务二 股票投资规划

一、股票的定义、性质及特征

（一）股票的定义

股票作为一种有价证券，是投资者向公司提供资本而取得的由股份有限公司签发的权益凭证（所有权凭证）。股票是股份公司股份资本的外在表现形式，是投入企业的现实资本的纸质副本。股票本身没有价值，但由于它的预期收益性可以买卖和转让，使其拥有价格，即股价。

（二）股票的性质

股票是一种有价证券，是投资者财产价值和财产权利的统一表现形式。股票与股权密不可分，股票的转让就是股东权利的转让。股票是一种要式证券，以纸面形式或国务院证券监督管理机构规定的其他形式，通过法律形式加以规定，如缺少规定的要件，股票就无法律效力；股票是一种证权证券，是权利的一种物化的外在形式，是股东权利的代表，是股东权利的证明；股票是一种资本证券，是投入股份公司的资本份额的证明；股票是一种综合权利证券，股票的持有者作为股东，享有综合的股东权利。

（三）股票的特征

股票具有收益性，可以为持有人带来股息、红利及资本利得等收益。股票的风险与收益相互伴随，成正比例关系。其风险性具体表现为价格的波动性，因而其收益具有不确定性。

股票的流动性充分展现在其资产可以以合理的价格、较小的成本快速变现的能力方面。

股票是一种无期限的法律凭证，其有效期与股份公司存续期一致。

股票具有参与性，持有人有权参与公司重大决策的特性。

二、股票的分类

根据不同的分类依据，股票有不同的类型及特点，如表 7-2 所示。

表 7-2　股票分类表

分类依据	类别	特点
股东承担的风险和享受的权利	普通股	有效性与股份公司的存续期间一致；具有公司经营决策参与权、收益分配权、剩余资产分配权、优先认股权等；最普通、最重要、发行量最大；风险最大
	优先股	约定股息率，优先于普通股东分派股息和清偿剩余资产；股票可由公司赎回；一般无表决权；风险相对较小
票面是否记载股东姓名	记名股票	股票票面和股东名册上记载股东姓名
	不记名股票	股票票面不记载股东姓名
票面有无金额表示	面额股票	股票票面标明金额
	无面额股票	股票票面不标明金额，只注明占公司股本总额的比例
股票收益能力	蓝筹股	业绩持续优良的公司发行；价格高且波动小、收益高且稳定
	成长股	成长阶段的公司发行；价格较低但未来成长性好且波动性强，收益少而不稳定，风险较大
	垃圾股	业绩较差的公司发行；股票交投不活跃，收益差甚至亏损，通常是 ST 类或 *ST 类股票
发行地及交易币种	A 股	境内公司在境内发行，人民币标明面值
	B 股	境内公司在境内发行，人民币标明面值但以外币（沪市用美元、深市用港币）买卖
	S 股	境内公司在新加坡发行，以外币买卖
	N 股	境内公司在美国纽约发行，以美元买卖

续表

分类依据	类别	特点
股份公司流通股股本额度	大盘股	流通股在 5 亿以上
	小盘股	流通股不超过 1 亿

过去，股票通常采用纸质形式（见图 7－3）。随着电子科技的高速发展，现代股票以电子记账方式和法律文件方式加以规范，以电子股票形式呈现（见图 7－4）。我们可以借助互联网查找、使用行情软件查找。

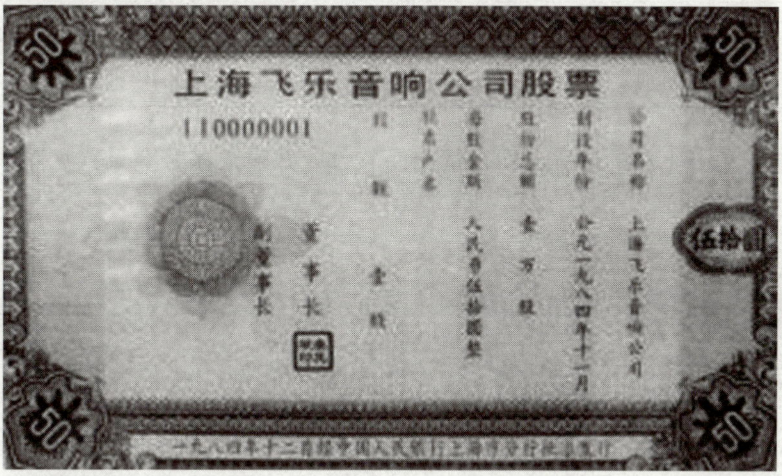

图 7－3　上海飞乐音响公司股票

股票数据排行　下载和讯财经，关注我的自选股　注：点击每列的名称可以进行排序。例如：点击"涨跌幅"可以按照涨跌幅排序

沪市A股　深市A股　沪市B股　深市B股　创业板　科创板

代码	名称	最新价	涨跌幅	昨收	今开	最高	最低	成交量	成交额	换手	振幅	量比
600683	京投发展	4.37	10.08	3.97	4.37	4.37	4.32	329673.45	144056993	4.45	1.26	4.40
603676	卫信康	13.19	10.01	11.99	11.82	13.19	11.68	279535.81	359558091	41.93	12.59	1.88
600829	人民同泰	8.02	10.01	7.29	7.30	8.02	7.30	137664.54	108682379	2.37	9.88	3.40
603991	至正股份	25.51	10.00	23.19	21.90	25.51	21.90	58538.73	144452935	14.25	15.57	1.84
600126	杭钢股份	7.92	10.00	7.20	7.11	7.92	6.98	965092.18	725715688	2.86	13.06	1.81
603121	华培动力	17.64	9.98	16.04	16.16	17.64	16.16	64959.61	112334467	12.03	9.23	2.22
600168	武汉控股	8.28	9.96	7.53	7.55	8.28	7.35	448436.15	353036402	6.32	12.35	3.08
600303	曙光股份	4.10	9.92	3.73	3.70	4.10	3.67	580852.02	233426609	8.60	11.53	1.15

更新时间：2020-04-10 20:10.31

图 7－4　电子股票

理财实训

在任一证券公司网站上下载主流行情软件，安装并打开行情主页面，了解电子股票相应信息。

三、股票投资操作

投资者在买卖上海证券交易所上市的股票时，必须填写在中国结算上海分公司开设的证券账户号码；买卖深圳证券交易所上市的股票时，必须填写在中国结算深圳分公司开设的证券账户号码。

沪深两市股票交易的单位为“股”。与所有的交易所交易机制一样，股票交易委托时要进行标准化委托，一般以“手”为单位（见表7-3）。

表7-3 股票委托申报的单位数量、价格

证券种类	交易单位	每笔申报限制	委托价格最小变动单位
A股	100股，每股面额1元	不得超过100万股	0.01元人民币
上海B股	1 000股，每股面额1元	—	0.001美元
深圳B股	100股，每股面额1元	—	0.01港元

投资者直接打开下载的证券公司行情交易软件，并输入账号登录（见图7-5），进入交易界面（见图7-6）。

图7-5 客户登录界面

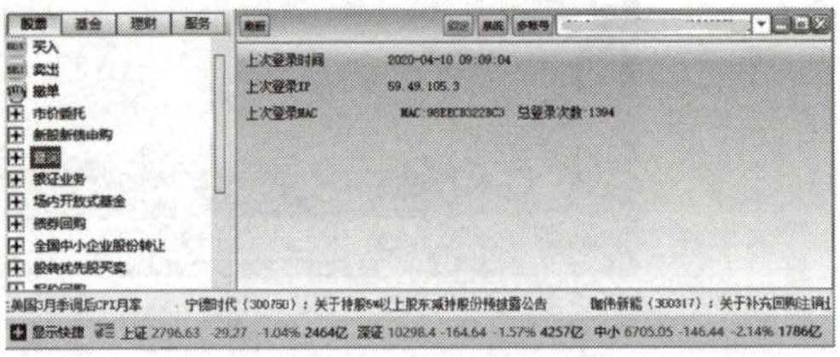

图7-6 客户交易界面

上海证券交易所和深圳证券交易所股票代码各不相同，不同的打头数字分别代表不同的板块，如表7-4所示。

表7-4 股票上市地点、代码、市场简表

上市地点	代码	市场
上海证券交易所	60＊＊＊＊/688＊＊＊	主板市场/科创板
深圳证券交易所	000＊＊＊，001＊＊＊ 002＊＊＊/300＊＊＊	主板市场 中小企业板/创业板

点击交易界面中的“买入”或“卖出”，即弹出买卖界面（见图7-7、图7-8）。

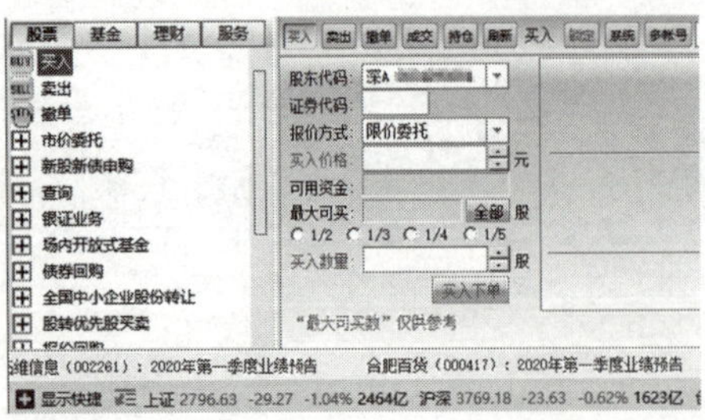

图7-7 客户买入界面

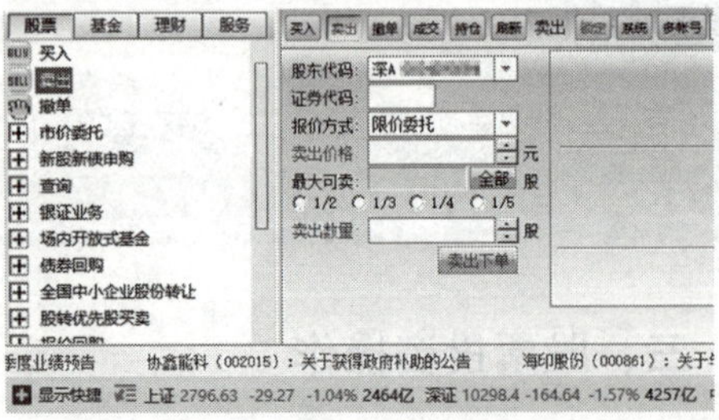

图7-8 客户卖出界面

四、股票投资分析

股票投资分析分为基本分析和技术分析。

(一) 基本分析

基本分析也称基本面分析，即通过对影响证券市场供求关系的基本因素进行分析，确定有价证券的真正价值，判断股票走势的分析方法。它主要分析如宏观经济走势、行业发展状况、产品市场状况、公司销售和财务状况等基本因素，判断证券的合理价位，提出相应的投资建议。

基本分析主要围绕证券的投资价值展开，它包括三方面内容：

1. 宏观经济分析

宏观经济分析主要探讨各项经济指标和经济政策对证券价格的影响。经济指标是反映经济活动的一系列数据和比例关系，主要有GDP、通货膨胀率、失业率、消费、投资、进出口、利率、汇率等，这些指标的绝对水平和变化情况说明了宏观经济运行的状况。经济政策包括财政政策、货币政策、产业政策、信贷政策等，其实施会直接改变公司生产经营的环境政策，对公司造成有利或不利的影响。

2. 行业分析

行业分析主要分析行业所属的不同市场类型、所处不同生命周期以及行业的业绩对证券价格的影响。公司所处的行业状况对公司经营管理状况有明显的影响力。

3. 公司分析

公司分析是基本分析的重点，侧重对公司的竞争能力、盈利能力、经营管理能力、发展潜力、财务状况、经营业绩以及潜在风险等进行分析，借此评估和预测证券的投资价值、价格及其未来的变化趋势。

理财讨论

2020年4月2日，美股上市公司瑞幸咖啡宣布，在审计2019年年报后发现公司2019年二季度至四季度期间，伪造了22亿元人民币的交易额，相关的成本和费用也相应虚增。消息一出，当天瑞幸的股价暴跌75.6%，市值缩水至16亿美元。请谈谈公司财务状况及造假问题对股票的影响。

(二) 技术分析

技术分析是直接从证券市场入手，以证券市场过去和现在的市场行为作为分析对象，应用数学和逻辑的方法，探索证券价格的变化规律，并据此预测证券市场的未来变化趋势，帮助投资者选择恰当的投资时机和方式，以获取投资收益的一种分析方法。从本质上说，无论哪种趋势均非直线式运行，而是呈现波浪式状态。

技术分析的理论基础基于三项合理的假设，即市场行为涵盖一切信息、价格沿趋势移动和历史会重演。市场行为涵盖一切信息的假设是进行技术分析的基础，即任何一个影响证券市场的包括外在的、内在的、基础的、政策的和心理的等方面的因素，最终都必然体现在证券价格的变动上。价格沿趋势移动的假设是进行技术分析最根本、最核心的条件，即证券价格的变动具有保持原来运动方向的惯性的规律。历史会重演的假设是进行技术分析的一个重要条件，即在证券市场上，过去某种市场环境下价格变动的结果，将会再现于当前或未来相类似的市场环境。在这种心理状态下，市场交易行为将趋于一定的模式，即历史会重演。

“价、量、时、空”是证券市场行为最基本的表现。四要素之间的相互关系是进行正确技术分析的基础，都集中反映在股票行情之中。股票行情通常是由行情软件，也就是证券行情决策分析系统实时发布的。目前有很多行情软件，投资者可以进入各家证券公司的门户网站下载行情系统。

技术分析的方法包括 K 线组合分析、形态分析、趋势分析、指标分析等。

K 线反映的是某日或某段时间买卖双方实际博弈的结果。由于单根 K 线分析结论的可靠性比较差，因而投资者往往通过观察多根 K 线组成的复合图形来分析市场多空力量的强弱和判断价格趋势的后期走向。

K 线解读

反映价格变化的 K 线图所呈现出来的各种规则图形就是技术形态。证券市场受多种复杂因素的影响，使多空双方的力量对比不断变化，必然导致行情趋势发生变化。为了弥补 K 线理论只适用于短期趋势预测的不足，可以将 K 线组合中所包含的 K 线根数增加，从而形成一条上下波动的价格曲线。该曲线就是价格在这段时间移动的轨迹，它会呈现为各种规则或不规则的图形。

技术指标法，是指应用一定的数学公式，对原始数据进行加工处理，计算出指标值，并将指标值绘成图表，从定量的角度对股市的变化趋势进行预测的方法。这里的原始数据指开盘价、收盘价、最高价、最低价、成交量和成交金额，有时还包括成交笔数。以技术指标的功能为标准，可以将技术指标分为趋势型指标、超买超卖型指标、量价型指标、人气型指标、路径型指标、图表型指标和大势型指标等，常用的有 MA、MACD、KDJ 等指标。

五、股票价值与价格的关系

（一）股票价值与价格的关系

从根本和长远的角度来看，股票的价格是由股票的价值决定的；事实上，股票在具体某个时点以及某段时期的价格又受到市场内外各种因素的影响。概括地说，凡是可能直接或间接影响到企业经济活动以及投资者投资心理和投资行为的因素及其变化，都会对股票的价格产生影响，包括国际因素、国内因素、政治因素、经济因素等，如经济增长因素、宏观经济政策、通货膨胀等。

（二）股票市场价格的计算

我们通常以市盈率方式计算和衡量股票价格的高低。市盈率又称“价格收益比”或“本益比”，是每股价格与每股收益之间的比率，其计算公式为：

市盈率＝每股价格/每股收益

通常可以通过对各种股票市场预期回报率的分析来对市盈率进行预测，市盈率越高意味着回报率越低。这种方法不仅可以用于进行新股发行定价，还可以评估市场上的已发股票价格是否偏高或偏低，从而帮助投资者选择买卖时机。

理财讨论

投资者应如何根据市盈率法选择股票？

六、股票投资规划的选择

投资者分为三类，即厌恶风险的保守型投资者、对风险有一定承受能力的稳健型投资者和喜欢风险的积极型或进取型投资者。那么，自然可以根据股票的高风险性特点，将股票投资规划定位给稳健型投资者和进取型投资者，不过两者对于股票投资资产的比例要认真规划，稳健型投资者证券资产中可以配置30%～50%的股票资产，进取型投资者证券资产中配置50%～70%的股票资产为宜。

股票价格指数与大盘行情解读

理财前沿

健全资本市场功能　提高直接融资比重

资本市场作为现代金融体系的重要组成部分、市场化配置资源的主战场，需要更好地发挥枢纽作用，担当历史使命，服务实体经济发展。“健全资本市场功能，提高直接融资比重”，是党的二十大报告为新形势下的资本市场改革发展稳定工作部署的重要任务，这两项任务紧密联系，相辅相成。健全资本市场功能，形成适应不同类型、不同发展阶段企业差异化融资需求的多层次资本市场体系，增强服务的普惠性，是提高直接融资比重的关键，而提高直接融资比重，拓宽资金包容度和覆盖面，也是打造高质量可持续发展的资本市场、强化其功能发挥的必然要求和最终结果。

资本市场“牵一发而动全身”的枢纽作用，不仅表现为要素资源市场化配置的枢纽，也是风险防范化解和市场预期引导的枢纽，是亿万投资者进行财富管理的关键平台。进一步发挥好这两方面作用，对于牢牢守住不发生系统性金融风险的底线，稳定市场各方预期，满足广大人民群众财富管理需求，具有重要意义。一方面，健全资本市场功能，要更好发挥其风险管理功能。在科学监管、充分尊重规律的基础上，更好发挥市场内在稳定机制作用，通过持续丰富风险管理工具，使市场自我调节和创新发展的机制充分发挥作用，提高宏观审慎监管效率与风险处置效率。党的二十大报告强调，“依法规范和引导资本健康发展”。这一要求有利于推动市场形成稳定清晰的预期，为各类资本合规发展释放出更大空间。另一方面，健全资本市场功能，还要更好发挥其财富管理功能。A股投资者数量已突破2亿，资本市场改革发展稳定关乎着亿万家庭的切身利益。这需要加快投资端改革步伐，使得中长期资金“愿意来、留得住”；激发市场活力，满足广大人民群众财富管理需求；持续强化投资者合法权益保护。

任务三　债券投资规划

一、债券的定义及特征

（一）债券的定义

债券是社会各类经济主体为筹措资金直接向投资者发行的承诺按期还本付息的债权债

务凭证。

（二）债券的基本要素

债券要素是指发行的债券上必须载明的基本内容，明确债权人和债务人权利与义务的主要约定，主要包括债券面值、债券偿还期、债券付息期、债券票面利率和发行人名称等要素。

债券面值是指债券的票面价值，是发行人对债券持有人在债券到期后应偿还的本金数额，也是发行人向债券持有人按期支付利息的计算依据。债券偿还期是指债券上载明的偿还债券本金的期限，即债券发行日至到期日之间的时间间隔。债券付息期指发行人发行债券后的利息支付的时间。可以是到期一次还本付息，或 1 年、3 个月或半年支付一次。到期一次付息的债券的利息通常按单利计算；年内分期付息的债券利息通常按复利计算。债券票面利率是指债券利息与债券面值的比率，是发行人承诺以后一定时期支付给债券持有人报酬的计算标准。发行人名称指明债券的债务主体，为债权人到期追回本金和利息提供依据。在很多情况下，债券发行者以公告或条例形式向社会公布债券的期限和利率。

（三）债券的特征

债券作为有价证券，是一种虚拟资本，是经济运行中实际运用的真实资本的外在表现。债券具有偿还性、流动性、安全性、收益性等特征。债券偿还性是指其有规定的偿还期限，债务人必须按期向债权人支付利息和偿还本金。债券流动性是指持有人可按需要和市场的实际状况，灵活地转让债券，以提前收回本金和实现投资收益。债券安全性是指持有人的收益相对稳定，不随发行者经营收益的变动而变动，并且可按期收回本金。债券收益性是指其能为投资者带来稳定的收入，即债券投资的报酬，如利息收入、买卖差价及再投资利息收入等。

二、债券的分类

根据不同的分类依据，债券有不同的类型，如表 7－5 所示。

表 7－5　债券的分类

分类依据	类别	备注
发行主体不同	政府债券	也称“金边债券”
	金融债券	是由银行和非银行金融机构发行的债券
	公司债券	国外统称为公司债。我国有企业债和公司债之分，又有可转换公司债券、可交换公司债券、可提前赎回公司债券之分
偿还期限不同	短期债券	小于 1 年的债券
	中期债券	1～10 年的债券
	长期债券	大于 10 年的债券
	永久债券	无期性
计息方式不同	单利债券	按本金计息，所生利息不再加入本金计算下期利息
	复利债券	计算利息时，按一定期限将所生利息加入本金再计算利息，逐期滚算
	累进利率债券	年利率以利率逐年累进方法计息

续表

分类依据	类别	备注
利率浮动方式不同	固定利率债券	利率不随市场利率的变化而调整，可抵制通货紧缩风险
	浮动利率债券	利率同当前市场利率挂钩，可较好地抵制通货膨胀风险
抵押担保不同	信用债券	不以任何资产为担保或抵押，全凭企业的信用发行的债券，属于无担保证券范围
	担保债券	以企业财产作为担保，按抵押品的不同分为一般抵押债券、不动产抵押债券、动产抵押债券和证券信托抵押债券
募集方式不同	公募债券	向社会公开发行
	私募债券	向不特定的多数投资者募集
债券形态不同	实物债券	即无记名债券
	凭证式债券	券面上不印制票面金额（而是根据认购者的认购额填写实际的缴款金额），是一种储蓄式国债，可记名、挂失
	记账式债券	债券登记于证券账户中，投资者仅取得收据或对账单

我国在1997年发行的5 000元国库券，如图7-9所示。

图7-9 国库券

与寻找股票的方法相同，各种债券都可以借助互联网在专业软件和各商业银行网站找到。

理财实训

在东方财富网站上、大智慧电脑软件里和中国农业银行网站上分别寻找电子凭证国债0303的相应信息，看看有什么不同。

三、债券价格确定

债券价格是指债券发行时的价格。理论上，债券的面值就是它的价格。发行者计息还本，是以债券的面值为依据，而不是以其价格为依据的。由于发行者的种种考虑或资金市场上供求关系、利息率的变化，债券的市场价格常常脱离其面值。因此，债券的价格包括票面价格、发行价格和交易价格。

（一）债券票面价格

债券票面价格即债券的面值，是指债券的币种和票面金额，代表发行人在到期日必须支付的金额。发行者通常以此来计算债券应支付的利息和偿还本金，它直接决定发行者筹资成本的高低。我国目前发行的电子式债券，一般每张面值为100元。

（二）债券发行价格

债券发行价格是债券投资者认购新发行债券时实际支付的价格。债券的发行价格可能不等同于债券面值。当债券发行价格高于面值时，称为溢价发行；当债券发行价格低于面值时，称为折价发行或贴现发行；当债券发行价格等于面值时，称为平价发行。

各种国债由于其发行方式的不同而分别采用不同的发行价格。财政部允许承销商在发行期内自定销售价格，随行就市。我国记账式国债发行完全采用公开招标方式，承销商以中标价承销国债；凭证式国债发行采用承购包销方式；储蓄式国债采用包销或代销方式。

金融债券的发行价格根据其发行方式确定，发行方式为在全国银行间债券市场公开发行或定向发行，发行价由招标承销方式确定。定向发行的金融债券价格由双方约定。

公司债券发行价格由发行人和保荐机构通过市场询价确定。价格的确定方式是：面值的现值加各期利息的现值作为发行值，与同期市场利息相对比，确定折价、溢价、平价发行。

例7-1：某公司拟发行面值为100元、年利率为12%、期限为2年的债券，在发行时市场利率已调整为10%，则债券发行应采用溢价方式。计算该债券的票面年利息，以及在单利和复利条件下的发行价格。

解析：该债券的票面年利息为：$100\times12\%=12$（元）

按照单利计算，发行价格为：$100\times(1+12\%\times2)/(1+10\%\times2)=103.33$(元)

按照复利计算，发行价格为：$12/(1+10\%)+112/(1+10\%)^2=103.47$(元)

（三）债券交易价格

债券交易价格主要是指债券投资操作中各种债券的转让价格。

四、债券投资操作

（一）银行柜台国债交易

目前，投资者通过银行购买的国债有三个品种：凭证式国债、记账式国债和储蓄（电子式）国债。电子式凭证式国债自2004年9月6日发行2004年第五期后就不再发行了，而是与储蓄（电子式）国债合并。投资者一般凭身份证到开办记账式国债柜台业务的银行网点，申请开通证券交易即可按照发行价购买和兑取，不存在转让价格。投资者还可以在申请开通证券交易时，在申请表上选择同时增开国债账户并开通记账式国债柜台交易，就可办理记账式国债认购、买入卖出和查询等各项业务，转让价格依银行记账式国债行情报价进行转让和交易。

（二）交易所债券交易

交易所债券市场上交易的债券包括：国债、质押式回购的融券交易、公司债券、企业债券、分离交易的可转换公司债券中的公司债券。交易方式既包括现货交易，也包括质押式回购交易。个人投资者可以通过证券公司买卖证券交易所记账式国债、质押式回购的融券交易和可转换债券。

在交易所交易的债券采用连续竞价方式交易，即按照时间优先、价格优先的原则，由交易系统对投资者买卖指令进行匹配最后达成交易。以“手”为申购单位（1手为1 000元面值），交易为1手或其整数倍。国债实行净价申报和净价撮合成交的方式，并以成交价格和应计利息额之和作为结算价格，国债现货交易允许实行T+0回转交易。其他交易规则同股票。债券的托管与结算都由中国证券登记结算有限责任公司负责。

理财讨论

交易所国债交易和柜台交易有什么异同?

五、债券投资收益与风险的影响因素

（一）债券投资收益及影响因素

债券的投资收益包括利息、买卖债券价差和利息再投资所得的利息收入。

投资债券收益=面值×持有年数×债券年利率
+买卖价差(即卖出价-买入价)+利息再投资收入

这样得到的收益只是名义收益，在实际衡量其水平时，还必须综合考虑物价水平的变化（即通货膨胀因素），即必须剔除通货膨胀率或价格指数。

实际收益=名义收益÷价格指数

或者，

实际收益=名义收益÷(1+通货膨胀率)

例如，若投资者购买了某种债券，面值为100元，持有一年，在此期间，利息收益为3元，价差收益为4元，利息再投资收入为0，则：名义收益=3+4+0=7（元）。

如果该年的通货膨胀率为5%，则：实际收益=7÷(1+5%)=6.67（元）。

债券收益是投资债券获得的绝对收益，如果考虑相对收益，还需要计算投资债券的收益率。债券本质上是一种固定收益工具，但是债券的投资收益依然受到诸多因素的影响。

1. 债券的票面利率

债券票面利率越高，债券利息收入就越高，债券收益也就越高。债券的票面利率取决于债券发行时的市场利率、债券期限、发行者信用水平、债券的流动性水平等因素。发行时市场利率越高，票面利率就越高；债券期限越长，票面利率就越高；发行者信用水平越高，票面利率就越低；债券的流动性越高，票面利率就越低。

2. 市场利率与债券价格

由债券收益率的计算可知，市场利率变动与债券价格变动呈反向关系，即当市场利率升高时债券价格下降，市场利率降低时债券价格上升。市场利率变动引起债券价格的变动，从而给债券的买卖带来差价。市场利率升高，债券买卖差价为正数，债券的投资收益增加；市场利率降低，债券头卖差价为负数，债券的投资收益减少。

3. 债券的投资成本

债券投资的成本有购买成本、交易成本和税收成本三部分。购买成本是投资人买入债券所支付的金额（即本金）；交易成本包括经纪人佣金、成交手续费和过户手续费等。国债的利息收入是免税的，但公司债的利息收入需要缴税，机构投资人需要缴纳营业税，税收成为影响债券实际投资收益的重要因素之一。债券的投资成本越高，其投资收益也就越低。

4. 市场供求、货币政策和财政政策

市场供求、货币政策和财政政策都会对债券价格产生深远影响，从而影响到投资者购买债券的成本。

（二）债券投资风险

债券投资的主要风险有利率风险、通胀风险、信用风险、提前赎回风险、税收风险、政策风险等。

利率风险指利率的变动导致债券价格与收益率发生变动的风险，一般利率上升，债券价格下跌；通胀风险主要表现在如果通货膨胀率上升到超过债券利率水平，则债券的实际购买力就会下降到低于原来投资金额的购买力；信用风险主要表现在公司债券中，公司如果因某种原因不能完全履约偿付利息和本金，则债券投资者就承受较大的亏损；提前赎回风险指某些债券规定发行者可提前赎回债券，如果市场利率下降，发行公司提前赎回债券就会给债券持有人造成风险；税收风险指除国债免税、部分国家对地方政府债券投资免税外，政府对其他债券税收的减免或增加都会影响到投资者对债券的投资收益；政策风险指由于政策变化可能导致债券价格发生变化而形成的风险。

六、债券投资规划的选择

无论是保守型投资者、稳健型投资者还是进取型投资者，都要及时跟踪市场环境变化，根据宏观经济运行态势、宏观经济政策变化、证券市场运行状况、国际市场变化情况等因素，判断证券市场的发展趋势，综合评价各类债券资产的风险收益水平，制定不同债券的配置比例、调整原则和调整范围。

依据投资者花费的时间和精力进行投资的意愿，债券投资规划可以分为消极型策略规划和积极型策略规划。积极型投资者一般更愿意花费时间和精力管理投资，在预测了市场利率变化的方向和幅度后，据以对其持有的债券进行经常性重组，对应其投资收益率通常较高；而消极型投资者只愿花费很少的时间和精力管理投资，只根据自己的爱好和需要买进债券，并一直持有到到期日兑付，因而投资收益率也相应较低。每位投资者可以根据自己资金来源和用途选择适合自己的投资策略。

无论哪种投资者都要注意：第一，把握投资时机。关注国家重要的经济金融政策及其措施是否变化，债券价格的新变化、新发债券的品种及发行量、证券市场上大多数投资者的投资意向及投机者对市场的操纵，突发性的战争、自然灾害等非经济因素等，把握债券投资时机。第二，选择合适的债券，适当进行投资组合。投资者要处理好流动性与效益性之间的矛盾，根据自己的资金情况、投资目的等多方面因素，进行债券投资组合。

任务四　证券投资基金投资规划

一、证券投资基金的定义及特征

（一）证券投资基金的定义

证券投资基金是一种利益共享、风险共担的集合证券投资方式，即通过集中投资者的资金，由发行人发行基金份额，由基金托管人托管、基金管理人管理和运用资金，从事股票、债券等金融工具投资，并将投资收益按投资者投资比例进行分配的一种间接投资方式。

（二）证券投资基金的特征

证券投资基金为中小投资者拓宽了投资渠道，有利于证券市场的稳定与发展，具有以下基本特征：

（1）集合投资，专业理财。即将零散的资金汇集起来，实行专家管理制度，交给专业机构投资于各种有价证券，以谋取资产增值。

（2）组合投资，分散风险。以科学的一揽子股票投资组合降低风险、提高收益。

（3）利益共享，风险共担。基金投资者是基金的所有者，基金托管人、基金管理人只能按规定收取一定的托管费、管理费，并不参与基金收益的分配。

（4）严格监管，信息透明。基金监管机构对基金业实行严格监管，对各种有损于投资者利益的行为进行严厉打击，并强制基金进行及时、准确、充分的信息披露。

（5）独立托管，保障安全。基金的管理人只负责基金的投资操作，基金财产的保管由独立于基金管理人的基金托管人负责。

二、证券投资基金的分类

根据不同的分类标准，可以对证券投资基金进行不同的分类，如表 7－6 所示。

表 7－6 证券投资基金的分类

分类标准	类别名称	特点
基金的组织形式和法律地位	契约型基金	通过签订基金契约，发行受益凭证而设立
	公司型基金	以公司形式设立，投资者成为股东
基金运作方式	封闭式基金	限定基金单位的发行总额；规定存续期限；证券交易所封闭交易；交易价格随行就市
	开放式基金	基金单位的总份额不固定；存续期限可变更；场外柜台市场认购、申购和赎回；买卖价格以资产净值为准
投资策略	成长型基金	追求基金资产的长期增值
	收入型基金	投资于可带来现金收入的有价证券
	平衡型基金	既要获得当期收入，又追求基金资产长期增值
	ETF（交易所交易基金）	在交易所上市交易的开放式证券投资基金产品，ETF 管理的资产是一揽子股票组合
	LOF（上市型开放式基金）	可以在指定网点申购与赎回，也可以在交易所买卖
	对冲基金	利用期货、期权等金融衍生产品以及对相关联的不同有价证券进行实买空卖、风险对冲操作
基金投资对象	股票型基金	60%以上的基金资产投资于股票的基金
	债券型基金	80%以上的基金资产投资于债券的基金
	货币市场型基金	投资于货币市场的短期有价证券
	指数基金	投资组合等同于市场价格指数的权数比例

理财锦囊

指数基金是长期投资的良好工具

首先，战胜市场获取超额收益很难。指数基金获取的是证券市场的平均收益，如果要想取得超额收益，就需要战胜指数，战胜市场。这就需要投资人必须具备两种主动管理的能力：一是显著的择时能力；二是显著的择股能力。从择时能力来看，投资者都希望低位买进、高位卖出，然后再次在下一个低位买进，然而这永远是投资人的一种理想和憧憬，股市实践无数次证明，入市时机的选择不是一件容易的事，“套牢”“踏空”成为投资者习以为常而又追悔莫及的事。从择股能力来看，投资者都希望自己买中的股票能从众多的股票中脱颖而出，但投资者也常常发现，大盘涨了自己的股票却不涨，大盘跌了自己的股票更是一路领跌。其次，从长期来看，指数的整体趋势是上涨的。对此一个比较通俗的解释是，指数背后的公司每年赚的钱会不断再投入生产，这样来年可以带来更多的盈利。这样不断地利滚利，就会推动指数不断上涨。因此，指数基金是最适合普通投资者的投资品种，从世界范围看，指数基金也逐渐成为普通投资者家庭的资产配置主力。

投资者更多是通过银行购买开放式基金。与寻找股票、债券的方法基本相同，各种证券投资基金都可以借助互联网在专业软件和各商业银行网站找到。以商业银行为例，首先进入中国农业银行网站，点击“个人服务—投资理财—基金”，进入基金页面，再选择适合的基金进行了解，如图 7-10、图 7-11 所示。

图 7-10　证券投资基金

图 7-11　广发医疗保健股票型基金

理财实训

在和讯网网站、大智慧电脑软件和中国建设银行网站上分别寻找货币型基金，了解相应信息。

三、证券投资基金数据解读

（一）开放式基金数据与行情

证券投资基金数据包括基本数据和基金产品数据，内容如表 7-7 所示。

表 7-7　证券投资基金数据解读

基本数据	解读	基金产品数据	解读
基金类型	按投资对象分股票型基金、债券型基金、货币市场型基金和指数基金	净值	就是基金当前的价格
基金排名	按当前基金净值高低排名	累计净值	基金当前价格再加上基金历次分红
基金评级	主要有理柏、晨星基金排名	涨跌率	相对于前一交易日，当日基金净值涨跌幅度
基金持仓	基金持有的各类有价证券类别和数量	净值增长率	用期末基金所持有所有证券总市值与现金之和，除以期初基金所持有所有证券总市值与现金之和
基金比较	同类型基金的投资优势比较	净值走势图	把基金自成立以来的涨跌率用坐标图表示出来
行业配置	基金投资于各行业有价证券的比例	申购赎回情况	基金申购的份额和赎回金额的具体情况
基金公司	各基金公司所发行的基金	基金经理	各基金的基金经理基本情况简介

（二）封闭式基金数据与行情

投资者可以在证券行情软件中查看封闭式基金的数据与行情，方法类同证券行情软件中的股票。

四、基金的估值、费用与利润分配

（一）证券投资基金的资产估值

1. 基金资产总值与净值

基金资产总值是指基金所拥有的各类证券的价值、银行存款本息、基金应收的申购基金款以及其他投资所形成的价值总和。

基金资产净值＝基金资产总值－基金负债

某一时点基金份额净值＝基金资产净值/基金总份额

基金资产净值是衡量一个基金经营好坏的主要指标，也是基金单位交易价格的内在价值和计算依据。其高低并不是选择基金的主要依据，基金净值未来的成长性才是判断投资价值的关键。

2. 基金资产的估值

基金资产估值是指基金管理人通过对基金所拥有的全部资产及所有负债按一定的原则和方法进行估算，进而确定基金资产公允价值的过程。基金管理人必须按规定对基金依法拥有的各类资产，如股票、债券、权证等进行基金净资产估值。

（二）证券投资基金的费用

证券投资基金的费用如表 7-8 所示。

表 7-8　证券投资基金的费用

<table>
<tr><th>承担人</th><th>费用类别</th><th>种类、计提</th><th>费率、特点</th></tr>
<tr><td rowspan="4">投资者</td><td>认购费</td><td></td><td rowspan="4">后端申购费按持有期限递减，不参与基金会计核算</td></tr>
<tr><td>申购费</td><td>前端申购费、后端申购费
货币市场型基金无</td></tr>
<tr><td>赎回费</td><td>货币市场型基金无</td></tr>
<tr><td>基金转换费</td><td></td></tr>
<tr><td rowspan="5">基金资产</td><td>基金管理费</td><td rowspan="2">按前日基金资产净值的一定比例，逐日计提并累积，按月支付</td><td rowspan="3">基金资产中列支，销售服务费不高于 2.5‰；
管理费率的高低与基金规模成反比，与风险成正比；
托管费率的高低与基金规模成反比</td></tr>
<tr><td>基金托管费</td></tr>
<tr><td>销售服务费</td><td>不收取申购、赎回费的货币市场型基金需要提取</td></tr>
<tr><td colspan="3">证券交易费：印花税、交易佣金、过户费、经手费、证管费、银行间账户服务费（银行间债券交易品种）</td></tr>
<tr><td colspan="3">其他基金运作费用：信息披露费、会计师费、律师费、份额持有人大会费</td></tr>
</table>

证券投资基金运作过程中，投资者都需要纳税，个人投资者通常涉及以下税收，如表 7-9 所示。

表 7-9 个人投资者投资基金的税收

税种	计税内容
印花税	个人投资者买卖基金份额暂免征收印花税
所得税	买卖基金份额获得的差价收入暂不征收个人所得税
	从基金分配中获得的股票的股利收入、企业债券的利息收入、储蓄存储利息收入，由上市公司发行债券的企业和银行代扣代缴 20%的个人所得税。证券投资基金从上市公司分配取得的股息红利所得，扣缴义务人在代扣代缴个人所得税时，按 50%计算应纳税所得额。基金向个人投资者分配股息、红利、利息时，不再代扣代缴个人所得税。个人投资者从基金分配中取得的收入，暂不征收个人所得税
	从基金分配中获得的国债利息、买卖股票差价收入暂不征收所得税
	从封闭式基金分配中获得的企业债券差价收入，应对个人投资者征收个人所得税，税款由封闭式基金在分配时依法代扣代缴
	申购和赎回基金份额取得的差价收入暂不征收个人所得税

（三）证券投资基金的利润及分配

1. 证券投资基金的收入

证券投资基金的收入包括基金资产在运作的过程中产生的各种收入，如利息收入、投资收益及其他收入。基金资产估值引起的资产价值变动作为公允价值变动损益计入当期损益。

2. 证券投资基金的利润及分配

证券投资基金的利润是基金在一定会计期间的经营成果，包括收入减去费用后的净额、直接计入当期利润的利得和损失，也称基金收益。

基金利润分配方式有支付现金及增加基金单位（红利再投资）两种方式。封闭式基金的收益分配，每年不得少于一次，分配比例不得低于基金年度已实现收益的 90%，要先弥补上年度亏损，采用现金方式分红。开放式基金的基金合同应当约定每年基金收益分配的最多次数和基金收益分配的最低比例，并要先弥补上年度亏损；基金份额持有人事先未选择的，基金管理人应当支付现金。每日报价的货币市场型基金的收益分配方式为红利再投资，并应当每日进行收益分配。

理财讨论

某基金份额净值为 1.23 元，拟每份基金分配 0.05 元，在进行分配后基金份额净值下降到 1.18 元。本次基金分红使投资者资产价值增加了吗？

五、开放式基金的交易操作

（一）开放式基金的申购（认购）、赎回的概念

认购是指投资者在基金募集期内购买基金份额的行为。申购是指投资者在开放式基金合同生效并且封闭期结束后，申请购买基金份额的行为。赎回是指基金份额持有人要求基金管理人购回其所持有的基金份额的行为。

开放式基金的申购（认购）和赎回，可以通过基金管理人的直销中心与基金销售代理

人的代销网点办理。

（二）申购（认购）、赎回步骤

1. 申购（认购）步骤

（1）开户。投资者先开立基金账户和资金账户。前者是在基金注册登记机构或由基金销售机构代为开立，用于记录投资者持有的基金份额和变动情况的账户，后者是投资人在商业银行办理的在商业银行或证券公司投资基金时的资金结算账户。

（2）认购。投资人在办理基金认购申请时，须填写认购申请表，并按销售机构规定方式全额缴款，在募集期内多次认购，但正式受理后不得撤销。认购费率不得超过认购金额的5%。开放式基金申购步骤与认购一致。

（3）确认。投资者在T日提交认购申请后，可在T+2日起到办理认购的销售点查询认购申请的受理情况。只有注册登记机构确认，认购申请才能成功，但认购的最终结果要在基金募集期结束后才能确认。

2. 赎回步骤

客户可以通过传真、电话、互联网等方式，或者亲自到基金公司直销中心或代销机构网点下达基金赎回指令。基金的赎回价格是赎回当日的基金净值，加计赎回费。投资人赎回基金时，一般会在交易日的3～5天，最迟不超过7天，由基金公司将赎回款项划入投资者资金账户。

（三）申购、赎回规则

证券投资基金在申购或赎回时，必须遵循一定的规则，如表7-10所示。

表7-10　基金申购、赎回规则

规则	内容
申购、赎回时间	开放式基金申购和赎回的工作日为证券交易所交易日，工作日的具体业务办理时间为交易所交易日的交易时间。目前，上海证券交易所和深圳证券交易所的交易日为每周一至周五，法定假期除外，具体交易时间为交易日9:30—11:30、13:00—15:00
申购、赎回原则	“未知价”交易原则（货币市场型基金除外）。投资者在申购、赎回基金份额时并不能即时获知买卖的成交价格。申购、赎回价格只能以申购、赎回日交易时间结束后基金管理人公布的基金份额净值为基准进行计算 “金额申购、份额赎回”原则，即申购以金额申请，赎回以份额申请

六、证券投资基金的投资规划选择

基金投资方式更适合领固定薪水的上班族、于未来某一时点有特殊资金需求的投资者及不喜欢承担过大投资风险者。证券投资基金的投资方式主要有单笔投资和定额投资两种。

基金定投是一种“小白”理财方式，其核心原理是以定期定额购买基金，低价位购入更多份额，高价位就购入较少份额，以此降低平均持仓成本，等到价格回归到中高位时将其卖出赚取利润。基金定投有三个特点：定期、定额、基金。如每隔一段固定时间（例如每月25日）以固定的金额（例如500元）投资于同一只开放式基金。

基金定投需要注意以下三点：第一，定投一定要越早越好，20岁做定投，60岁退休，假设一个定投周期五年，可以做八个轮回。第二，长期定投的效果更好。第三，定投一定要保持良好心态，控制闲钱，稳定收入，把仓位控制好。

理财实训

小芳在1月到4月进行基金定投，每月固定投资1 000元，1月单价为10元，2月涨到20元，3月又跌回10元，4月继续下跌跌到5元，5月份涨回10元，然后将份额全部卖出。分析小芳这次投资的盈亏情况。

此外，基金投资者还可以用基金分批投入、网格投入、金字塔投入等方法投资基金。基金分批投入的方法适合振荡市和熊市。网格投入的方法适合被套的投资者，市场在相对底部时做一些操作把持仓成本降低，将一笔本金设置一个范围，股价每下跌一个幅度的时候就买入一份，当它上涨时再卖出一份，用这种方法在市场振荡时可以不断降低成本。金字塔投入的方法适合保守的投资者：正金字塔买入（股价上升，买入数量逐渐减少）、倒金字塔卖出（股价上升，卖出数量逐渐增加）策略，比一次性买入效果更好。投资者还要注意把握市场行情变化，适时进出、顺势操作。

基金尽管本身有一定的风险防御能力，但也难以完全避免证券市场的整体系统性风险。系统性风险包括：政策风险、经济周期风险、利率风险、通货膨胀风险、流动性风险；非系统性风险包括：上市公司经营风险、操作风险和技术风险、基金未知价的风险、基金管理和运作风险、信用风险等。

任务五　银行理财产品投资规划

一、银行理财产品的定义及基本要素

（一）银行理财产品的定义

根据银保监会2018年发布的《商业银行理财业务监督管理办法》，银行理财业务是指商业银行接受投资者委托，按照与投资者事先约定的投资策略、风险承担和收益分配方式，对受托的投资者财产进行投资和管理的金融服务。银行理财产品则是指商业银行按照约定条件和实际投资收益情况向投资者支付收益、不保证本金支付和收益水平的非保本理财产品。

（二）银行理财产品的基本要素

发行者，即开发理财产品的金融机构。投资人应该注意发行者的研发、投资管理的实力，实力雄厚的机构的信用更加可靠。

认购者，即银行理财产品的投资人。有些理财产品并不是面向所有公众的，而是为有针对性的认购群体推出的。

期限。任何理财产品发行之时都会明确理财期限，大部分期限都比较短。投资人应该明确自己资金的充裕程度以及投资期内可能的流动性需求。

价格和收益。筹资者出售金融产品的目的是得到相当于产品价格的收入，投资人的投资额即其购入的金融产品的价格，包括相关的认购、管理等费用以及该笔投资的机会成本（可能是利息收益或其他投资收益）。其投资收益是在投资管理期结束之后，按照该产品的原定条款计算所得的收益率。风险和收益永远是对等的，只有承担了相应的风险才有可能获得相应的收益。

流动性指理财产品的变现能力，它与收益率成反比例，流动性越好则收益率越低，所以投资人需在二者之间做出权衡。

理财产品中可能嵌套其他权利，如投资人可提前赎回条款。投资人选择理财产品时应该充分发掘其中的信息，并充分利用这方面的权利。

二、银行理财产品的分类

根据不同的分类依据，可将银行理财产品做不同分类，如表 7－11 所示。

表 7－11　银行理财产品的分类

分类依据	类别	备注
募集方式不同	公募理财产品	商业银行面向不特定社会公众公开发行的理财产品
	私募理财产品	商业银行面向合格投资者非公开发行的理财产品
投资性质不同	固定收益类理财产品	投资于存款、债券等债权类资产的比例不低于 80%
	权益类理财产品	投资于权益类资产的比例不低于 80%
	商品及金融衍生品类理财产品	投资于商品及金融衍生品的比例不低于 80%
	混合类理财产品	投资于债权类资产、权益类资产、商品及金融衍生品类资产且任一资产的投资比例未达到前三类理财产品标准
运作方式不同	封闭式理财产品	有确定到期日，且自产品成立日至终止日期间，投资者不得进行认购或者赎回的理财产品
	开放式理财产品	自产品成立日至终止日期间，理财产品份额总额不固定，投资者可以按照协议约定，在开放日和相应场所进行认购或者赎回的理财产品

我们可以在商业银行网站或营业部柜台查看并购买相关产品，如图 7－12、图 7－13 所示。

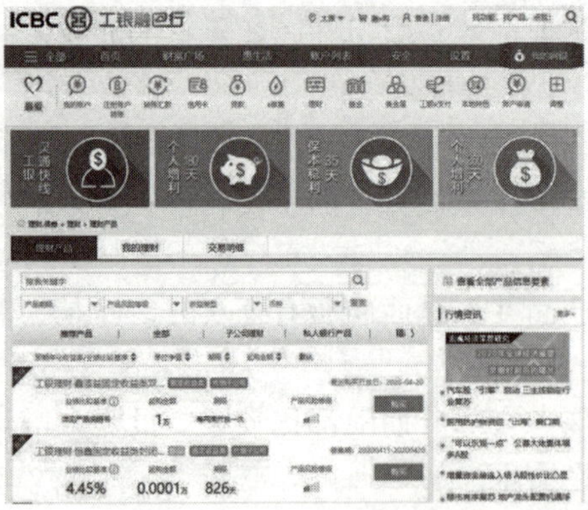

图 7－12　工商银行理财产品

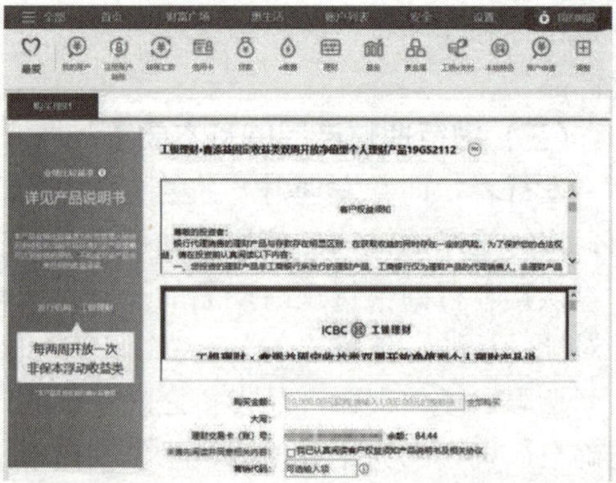

图 7－13　工商银行理财产品购买

三、银行理财产品投资风险分析

(一) 银行理财产品投资风险

1. 市场风险

理财产品募集资金由商业银行投入相关金融市场中，金融市场波动将会影响理财产品本金及收益。造成金融市场价格波动的因素很复杂，如果价格波动大，那么投资者所购买的理财产品面临的市场风险也大。比如，2020 年新冠疫情影响下，全球资本市场均大幅下挫，与资本市场相关的理财产品均遭受不同程度的损失。

2. 信用风险

理财产品的投资与相关企业或机构的信用相关，如企业发行的债券、企业信托贷款等，就需要承担企业相应的违约、破产等信用风险。

3. 流动性风险

投资于长期理财产品或难于及时变现的金融产品时，在理财产品存续期间，投资者面临无法提前赎回理财资金的风险或面临按照不利的市场价格变现所致的亏损风险。因此，投资者可以进行流动性资产配置，即将一部分闲置资金投资于随时可以赎回的高流动性产品。此外，要关注现金管理类产品是否有巨额赎回的条款限制。

4. 通货膨胀风险

由于理财产品收益以货币形式支付，在通货膨胀时期，货币的购买力下降，理财产品到期后的实际收益下降，这将给理财产品投资者带来损失。

5. 政策风险

受金融监管政策以及理财市场相关法规政策影响，理财产品的投资、偿还等可能不能正常进行，将导致理财产品收益降低甚至理财产品本金损失。

6. 法律风险

我国理财市场起步较晚、相关法律法规相对滞后，投资者自我保护意识较为薄弱，关于理财产品的法律纠纷时有发生。

7. 操作管理风险

银行是理财产品的受托人，其管理、处分理财产品资金的水平，以及其是否勤勉尽职，直接影响理财产品投资的理财收益是否能实现。

8. 信息传递风险

商业银行将根据理财产品说明书的约定，向投资者发布理财产品的信息公告，如估值、产品到期收益率等。若因通信故障、系统故障以及其他不可抗力等因素的影响使得投资者无法及时了解理财产品信息，可能影响投资者的投资决策及收益。

9. 不可抗力风险

自然灾害、战争等不可抗力因素的出现，将严重影响金融市场的正常运行，影响理财产品的受理、投资、偿还等的正常进行，甚至导致理财产品收益降低和本金损失。

(二) 银行理财产品风险等级

商业银行根据理财产品投资范围、风险、收益、流动性等因素，将理财产品的风险等级分为 R1、R2、R3、R4、R5 五个等级，对应谨慎型投资者、稳健型投资者、平衡型投资者、进取型投资者以及激进型投资者。具体情况如表 7-12 所示。

表 7-12 银行理财风险分析表

	风险等级	特点	适合投资人	可投资产品
适合大众理财	R1	低风险	谨慎型投资者	国债、国债逆回购、银行存单等保证收益类产品
	R2	中低风险	稳健型投资者	货币市场型基金、银行理财、信托、高信用等级企业债
	R3	中等风险，可能有本金损失	平衡型投资者	70%R1、R2 产品，30%高风险性股票、外汇、结构性产品
不适合大众理财	R4	中高风险，本金风险大	进取型投资者	大于等于 70%R1、R2 产品，小于等于 30%高风险性股票、外汇、评级低的债券
	R5	高风险	激进型投资者	R1～R4 产品、可利用杠杆投资高风险的股票、外汇、衍生品

按照风险匹配原则，商业银行只能向投资者销售风险等级等于或低于其风险承受能力等级的理财产品，并在销售文件中明确提示产品适合销售的投资者范围，在销售系统中设置销售限制措施。商业银行不得通过对理财产品进行拆分等方式，向风险承受能力等级低于理财产品风险等级的投资者销售理财产品。

（三）“资管新规”与“理财新规”

2018 年 4 月，人民银行、银保监会、证监会、国家外汇管理局四部门联合发布《关于规范金融机构资产管理业务的指导意见》（简称“资管新规”）。针对银行理财业务存在的发展不规范、多层嵌套、刚性兑付、规避金融监管和宏观调控等问题，“资管新规”主要内容可以概括为以下几点：一是统一监管标准；二是消除多层嵌套、减少监管套利；三是打破刚性兑付；四是规范资金池、降低期限错配、减少流动性风险。“资管新规”出台之后，理财产品市场迎来巨变。保本保收益的理财产品成为历史，3 个月以下的封闭式理财产品消失，合格投资者门槛抬升。对于大部分投资者来说，“资管新规”的落地代表着固定收益类产品的消失，让大批已经习惯保本保收益的投资者面临新的挑战。在实际投资理财过程中，需要重新思考投资配比和方向。投资者也需要尽快学习相关的专业知识，尽可能读懂全新的净值型理财产品规则，对于未来可能面临的风险有清晰认知。

作为“资管新规”的配套实施细则，2018 年 9 月，银保监会发布《商业银行理财业务监督管理办法》（简称“理财新规”）。与“资管新规”一致，“理财新规”要求理财产品实行净值化管理，坚持公允价值计量原则，鼓励以市值计量所投资资产，允许符合条件的封闭式理财产品采用摊余成本计量，通过净值波动及时反映产品的收益和风险，让投资者在清楚知晓风险的基础上自担风险。在投资者适当性管理、合规销售、信息登记和信息披露等环节，“理财新规”进一步强化了对投资者合法权益的保护。在理财产品销售起点方面，将单只公募理财产品销售起点由 5 万元降至 1 万元，降低门槛使更多的普通民众更方便地购买银行理财产品，是大力发展普惠金融精神的具体体现，与党的二十大报告“坚持以人民为中心的发展思想”不谋而合。

此外，与两大“新规”配套，银保监会密集发布了系列配套制度，如《商业银行理财子公司管理办法》(2018年)、《理财公司理财产品销售管理暂行办法》(2021年)、《理财公司理财产品流动性风险管理办法》(2021年)、《理财公司内部控制管理办法》(2022年)。

"资管新规"历经三年过渡期后，已于2022年1月1日正式落地，对于"后资管新规"时代的投资者来说，理财产品打破刚兑，保本理财退出市场，"卖者尽责、买者自负"已成理财市场的常态。党的二十大报告指出，高质量发展是全面建设社会主义现代化国家的首要任务。资管行业要心怀"国之大者"，继续全面贯彻新发展理念，探索适于自身特色的高质量发展路径。

四、银行理财规划选择

(一) 分析产品的预期收益和风险状况

银行理财产品的预期收益率只是一个估计值，不是最终收益率。银行的口头宣传不代表合同内容，合同才是对理财产品最规范的约定，所以投资者购买银行理财产品需要认真阅读产品说明书。

理财锦囊

打破刚性兑付，理财产品不再保本保收益

"刚性兑付"即通常所称的"保本""保本保息""保本保收益"。对金融消费者来说，"刚性兑付"产品传递的是理财无风险的观念，让金融消费者相信无风险也能有高收益的"神话"。长此以往，大多数金融消费者会丧失风险判断能力和正确的投资理财观念，也使得金融诈骗有了可乘之机。对金融机构来说，"刚性兑付"意味着最终的风险将完全由金融机构承担，金融市场的波动和风险是常态，一旦金融机构难以承担，将导致局部乃至系统性金融风险的产生。对金融市场来说，"刚性兑付"背离了"风险与收益相匹配"的市场规律，不利于行业的长远发展，不利于发挥金融市场的融资作用。

因此对广大金融消费者而言，首先要强化理性投资和风险防范意识。"资管新规"的核心内容就在于打破"刚性兑付"，过去银行理财产品承诺的类似"保本保息""零风险"都成了过去式。要适当学习投资理财基础知识，了解投资市场存在的风险，树立"风险与收益相匹配""高收益往往伴随着高风险"的理念，充分评估后科学理性投资。

(二) 研究产品结构和赎回条件

对于银行理财产品，投资者需要了解产品的挂钩标的；对于那些自己不熟悉、没把握的挂钩标的的理财产品，投资者需要谨慎对待。另外，投资者应注意：有的理财产品不允许提前赎回，有的理财产品虽然能够提前赎回，但只能在特定时间赎回，且需要支付赎回费用。

(三) 把握产品期限

银行理财产品的期限有长有短，要把握投资期与资金可控期及其风险隐患。一些半年期或一年期的理财产品可能是在股市高位发行的，这类理财产品如果出现亏损，要想在短期实现"翻本"，难度较大。有的理财产品期限较长，设计的结构又比较好，即使现在亏损，但将来如果市场向好，这类理财产品完全有可能扭亏为盈。

（四）密切关注投资方向

银行理财产品资金投入方向与理财产品收益率直接相关。许多银行理财产品特别是股票类理财产品，实际上是由银行聘请的基金公司、证券公司等投资顾问负责管理，其投资研究能力在很大程度上决定了产品的收益和风险控制能力，因此投资者在购买银行理财产品时应了解投资顾问的投资研究能力。

理财文化

《孙子兵法》蕴含的投资理念

《孙子兵法·计篇》记载："夫未战而庙算胜者，得算多也；未战而庙算不胜者，得算少也。多算胜，少算不胜，而况于无算乎"，在开战之前，"庙算"能够胜过敌人的，是因为按五事七计经过周密研究，有十之八九正确，得到的胜利条件多；开战之前，"庙算"不能胜过敌人的，是因为研究不周，只有十之四五正确，所得的胜利条件少。研究周密，胜利条件多，当能胜敌；研究不周，胜利条件少，不能胜敌，而何况研究完全错误，没有胜利条件呢！

这一军事思想蕴含了丰富的投资理念，投资必须三思而后行，谋定而后动，审时度势，既考虑获利的一面，又考虑必须承担的风险，兼顾利弊，进退有度，绝不能不假思索地做出盲目的决定。

模块小结

任务一　投资与投资规划			
投资规划	分类	判断标准	区别
	公司投资规划	投资主体的差异	对公司等机构规划资产
	个人投资规划	投资主体的差异	对个人和家庭规划资产
任务二　股票投资规划			
股票的概念	股票作为一种有价证券，是投资者向公司提供资本而取得的由股份有限公司签发的权益凭证（所有权凭证）		
股票的特征	股票具有收益性、流动性、无期限、参与性		
股票投资分析	基本分析和技术分析		
股票投资者	保守型投资者、对风险有一定承受能力的稳健型投资者和喜欢风险的积极型或进取型投资者，要认真规划投资策略，进行股票投资		
任务三　债券投资规划			
债券的概念	债券是社会各类经济主体为筹措资金直接向投资者发行的承诺按期还本付息的债权债务凭证		
债券的特征	债券具有偿还性、流动性、安全性、收益性等特征		

国债的分类	凭证式国债、记账式国债和储蓄（电子式）国债
债券投资者	无论是保守型投资者、稳健型投资者还是进取型投资者，都要制定不同债券的配置比例、调整原则和调整范围
任务四　证券投资基金投资规划	
基金的概念	一种利益共享、风险共担的集合证券投资方式
基金的特征	具有集合投资，专业理财；组合投资，分散风险；利益共享，风险共担；严格监管，信息透明；独立托管，保障安全等特征
基金的分类	开放式基金、封闭式基金等
基金投资者	更适合领固定薪水的上班族、于未来某一时点有特殊资金需求投资者及不喜欢承担过大投资风险者
任务五　银行理财产品投资规划	
银行理财产品的概念	商业银行按照约定条件和实际投资收益情况向投资者支付收益、不保证本金支付和收益水平的非保本理财产品
银行理财产品风险分类	根据理财产品的投资范围、风险、收益、流动性等不同因素，将理财产品的风险等级分为五个等级，分别是 R1、R2、R3、R4、R5
银行理财产品投资者	对绝大多数投资者来说并不适合高风险理财，更适合中低风险理财

模块测评

1. 利用证券仿真交易软件，同学们根据各自的性格特点和投资目标，进行为期三个月的证券投资交易，期末形成投资分析报告。

2. 小李今年 28 岁，参加工作有 3 年时间，在一家科技企业中从事设计软件销售工作，月收入 8 000 元，现有银行存款 10 万元，没有证券投资经历，如何选择合适的理财方式？

3. 张先生今年 29 岁，就职于一家国有企业，月薪税后 5 000 元。妻子是高中语文老师，税后月薪 4 000 元左右。两人年终奖约合 1 万元。无外债、无住房，有活期存款 20 万元。2023 年年初，在朋友的推荐下，张先生开始尝试投资基金，先后购买了 8 000 元华夏成长、6 000 元交银成长、5 000 元博时第三产业、5 000 元信诚周期、4 000 元招商安泰、2 000 元银河成长，此外刚刚开通了基金定投，每月定投 500 元的博时平衡基金。

家庭每月生活开支约 6 000 元。双方父母身体健康，均有社保，能自给自足并每年结余 4 万元左右。张先生计划未来 5 年左右在郊县购置一套房产，约 80 万元。张先生现在发愁的是，如何在进行长远的投资的同时又不影响家庭的生活品质？针对张先生的情况，制作一份投资分析报告。

模块八 个人纳税筹划

学习目标

- 知识目标

1. 熟悉个人所得税的基本要素；
2. 掌握各项所得应纳税额的计算；
3. 掌握个人所得税筹划内容、方式和方法；
4. 掌握个人其他涉税事项的税务筹划。

- 能力目标

1. 能够正确计算个人所得税应纳税额；
2. 能够正确进行个人涉税事项的税务筹划。

- 素养目标

1. 明确个人纳税筹划的基本前提是“合法”和“正当”，划清个人纳税筹划与偷税、逃税、骗税、漏税等行为的界限；
2. 深入解读《个人所得税法》，树立纳税筹划法治意识；
3. 通过学习公益救济性捐赠的纳税筹划，树立慈善友爱的意识。

模块导入

设想你是一家公司的员工，2023 年 6 月收支情况如下：工资收入 30 000 元；利用业余时间为某企业提供形象策划，取得收入 20 000 元；正式出版专著一本，取得收入 10 000 元；转让个人专利技术一项，取得收入 58 000 元；购买福利彩票，取得中奖收入 16 000 元。购买价值 200 000 元汽车一辆；支付老人赡养费 1 000 元；签订租房合同 1 份，按照合同载明一次性支付金额 12 000 元。这些收支涉及哪些税种？个人所得税如何计算？如何进行合理合法的税务筹划？本模块将为你解答上述问题。

任务一　个人所得税计算与申报

一、个人所得税的纳税人及纳税义务

（一）个人所得税的纳税人

个人所得税的纳税人，是指在中国境内有住所，或者无住所而一个纳税年度内在中国境内居住累计满 183 天的个人；以及无住所又不居住，或者无住所而一个纳税年度内在中国境内居住累计不满 183 天的个人。依据自然人的住所和居住时间两个标准，将个人所得税纳税人划分为居民纳税人和非居民纳税人。

1. 居民纳税人

在中国境内有住所，或者无住所而一个纳税年度内在中国境内居住累计满 183 天的个人，为个人所得税居民纳税人。

所谓有住所，是指因户籍、家庭、经济利益关系而在中国境内习惯性居住。一个纳税年度，是指从公历 1 月 1 日起至 12 月 31 日止。

2. 非居民纳税人

在中国境内无住所又不居住，或者无住所而一个纳税年度内在中国境内居住累计不满 183 天的个人，有来源于中国境内的所得，为个人所得税的非居民纳税人。

（二）个人所得税纳税人的纳税义务

1. 居民纳税人的纳税义务

居民纳税人，承担无限纳税义务，应就其来源于中国境内和境外的所得，向我国政府履行全面纳税义务，依法缴纳个人所得税。

2. 非居民纳税人的纳税义务

非居民纳税人承担有限纳税义务，只就其来源于中国境内的所得向我国政府履行纳税义务，依法缴纳个人所得税。

（三）个人所得税的扣缴义务人

扣缴义务人，是指向个人支付所得的单位或者个人，包括企业、事业单位、机关、社会团体、军队、驻华机构、个体户等单位或者个人。

二、个人所得税的征税对象

个人所得税的征税对象为个人取得的各项应税所得。

（一）工资薪金所得

工资薪金所得，是指个人因任职或者受雇而取得的工资、薪金、奖金、年终加薪、劳动分红、津贴、补贴以及与任职或者受雇有关的其他所得。

1. 属于工资薪金所得的收入

（1）退休人员再任职取得的收入；

（2）企业职工取得的用于购买企业国有股权的劳动分红；

（3）出租汽车经营单位对出租车驾驶员采取单车承包或承租方式运营，出租车驾驶员从事客货营运取得的收入；

（4）营销活动中，企业和单位对营销业绩突出的雇员以培训班、研讨会、工作考察等名义组织旅游活动，通过免收差旅费、旅游费对个人实行的营销业绩奖励。

2. 不属于工资薪金所得的收入

（1）独生子女补贴；

（2）执行公务员工资制度未纳入基本工资总额的补贴、津贴差额和家属成员的副食品补贴；

（3）托儿补助费；

（4）差旅费津贴、误餐补助。

（二）劳务报酬所得

劳务报酬所得，是指个人从事劳务取得的所得，包括：设计、装潢、安装、制图、化验、测试、医疗、法律、会计、咨询、讲学、翻译、审稿、书画、雕刻、影视、录音、录像、演出、表演、广告、展览、技术服务、介绍服务、经纪服务、代办服务以及其他劳务的所得。

理财讨论

工资薪金所得与劳务报酬所得有何区别？

（三）稿酬所得

稿酬所得，是指个人因其作品以图书、报刊形式出版、发表而取得的所得。所谓作品，包括文学作品、书画作品、摄影作品以及其他作品。作者去世后，财产继承人取得的遗作稿酬，应征收个人所得税。

（四）特许权使用费所得

特许权使用费所得，是指个人提供专利权、商标权、著作权、非专利技术以及其他特许权的使用权取得的所得。提供著作权的使用权取得所得，不包括稿酬所得。

居民个人取得工资薪金所得、劳务报酬所得、稿酬所得、特许权使用费所得（以下称“综合所得”），按纳税年度合并计算个人所得税；非居民个人取得综合所得，按月或者按次分项计算个人所得税。

（五）经营所得

经营所得，包括：

（1）个体工商户从事生产、经营活动取得的所得，个人独资企业投资人、合伙企业的个人合伙人来源于境内注册的个人独资企业、合伙企业生产、经营的所得；

（2）个人依法从事办学、医疗、咨询以及其他有偿服务活动取得的所得；

（3）个人对企业、事业单位承包经营、承租经营以及转包、转租取得的所得；

（4）个人从事其他生产、经营活动取得的所得。

（六）利息、股息、红利所得

利息、股息、红利所得，是指个人拥有债权、股权而取得的利息、股息、红利所得。

（七）财产租赁所得

财产租赁所得，是指个人出租不动产、机器设备、车船以及其他财产取得所得。

（八）财产转让所得

财产转让所得，是指个人转让有价证券、股权、合伙企业中的财产份额、不动产、机器设备、车船以及其他财产取得的所得。

（九）偶然所得

偶然所得，是指个人得奖、中奖、中彩以及其他偶然性质的所得。

三、个人所得税的税率

居民个人综合所得适用税率如表 8-1 所示，非居民个人综合所得适用税率如表 8-2 所示，经营所得适用税率如表 8-3 所示，利息、股息、红利所得，财产租赁所得，财产转让所得和偶然所得，适用 20%的比例税率。

表 8-1　居民个人综合所得适用税率表

级数	全年应纳税所得额	税率（%）	速算扣除数
1	不超过 36 000 元的部分	3	0
2	超过 36 000 元至 144 000 元的部分	10	2 520
3	超过 144 000 元至 300 000 元的部分	20	16 920
4	超过 300 000 元至 420 000 元的部分	25	31 920
5	超过 420 000 元至 660 000 元的部分	30	52 920
6	超过 660 000 元至 960 000 元的部分	35	85 920
7	超过 960 000 元的部分	45	181 920

表 8-2　非居民个人综合所得适用税率表

（非居民个人的工资薪金所得、劳务报酬所得、稿酬所得、特许权使用费所得适用）

级数	全月应纳税所得额	税率（%）	速算扣除数
1	不超过 3 000 元的	3	0
2	超过 3 000 元至 12 000 元的部分	10	210
3	超过 12 000 元至 25 000 元的部分	20	1 410
4	超过 25 000 元至 35 000 元的部分	25	2 660
5	超过 35 000 元至 55 000 元的部分	30	4 410
6	超过 55 000 元至 80 000 元的部分	35	7 160
7	超过 80 000 元的部分	45	15 160

表 8-3 个人所得税税率表（经营所得适用）

级数	全年应纳税所得额	税率（%）	速算扣除数
1	不超过 30 000 元的	5	0
2	超过 30 000 元至 90 000 元的部分	10	1 500
3	超过 90 000 元至 300 000 元的部分	20	10 500
4	超过 300 000 元至 500 000 元的部分	30	40 500
5	超过 500 000 元的部分	35	65 500

理财讨论

税率表 8-1、表 8-2、表 8-3 适用范围和级距划分有何不同?

四、个人所得税应纳税额的计算

（一）有住所居民个人综合所得应纳税额的计算

1. 有住所居民个人综合所得应纳税额的一般计算

居民个人综合所得，以每一纳税年度的收入额减除费用 60 000 元以及专项扣除、专项附加扣除和依法确定的其他扣除后的余额，为应纳税所得额。

（1）综合所得的收入。第一，工资薪金所得，按收入的全额计税；第二，劳务报酬所得，按收入减除 20%的费用后的余额为收入额；第三，稿酬所得，按收入减除 20%的费用后的余额确认收入额后，减按 70%计算；第四，特许权使用费，按收入减除 20%的费用后的余额为收入额。

（2）综合所得的扣除。

1）基本减除费用。个人所得税法规定基本减除费用按年减除 60 000 元，预扣预缴个人所得税时，每月扣除 5 000 元。

2）专项扣除。专项扣除包括居民个人按照国家规定的范围和标准缴纳的基本养老保险、基本医疗保险、失业保险等社会保险费和住房公积金等。

3）专项附加扣除。专项附加扣除包括子女教育、继续教育、大病医疗等七项支出，其支出标准方法如下：

一是子女教育。自 2023 年 1 月 1 日起，子女教育（子女接受全日制学历教育的相关支出）专项附加扣除标准，由每个子女每月 1 000 元提高到 2 000 元。父母可以选择由其中一方按扣除标准的 100%扣除，也可以选择由双方分别按扣除标准的 50%扣除。

二是继续教育。纳税人在中国境内接受学历（学位）继续教育的支出，在学历（学位）教育期间按照每月 400 元定额扣除。同一学历（学位）继续教育的扣除期限不能超过 48 个月。纳税人接受技能人员职业资格继续教育、专业技术人员职业资格继续教育的支出，在取得相关证书的当年，按照 3 600 元定额扣除。

三是大病医疗。在一个纳税年度内，纳税人发生的与基本医保相关的医药费用支出，扣除医保报销后个人负担累计超过 15 000 元的部分，由纳税人在办理年度汇算清缴时，在 80 000 元限额内据实扣除。

四是住房贷款利息。纳税人本人或者配偶单独或者共同使用商业银行或者住房公积金个人住房贷款为本人或者其配偶购买中国境内住房，发生的首套住房贷款利息支出，在实际发生贷款利息的年度，按照每月 1 000 元的标准定额扣除，但最长不得超过 240 个月。

五是住房租金。纳税人在主要工作城市没有自有住房而发生的住房租金支出，可以按照以下标准定额扣除：直辖市、省会（首府）城市、计划单列市以及国务院确定的其他城市，扣除标准为每月 1 500 元；除上述所列城市以外，市辖区户籍人口超过 100 万的城市，扣除标准为每月 1 100 元；市辖区户籍人口不超 100 万的城市，扣除标准为每月 800 元。

六是赡养老人。自 2023 年 1 月 1 日起，纳税人赡养一位及以上被赡养人的赡养支出，统一按照以下标准定额扣除：纳税人为独生子女的，按照每月 3 000 元的标准定额扣除；纳税人为非独生子女的，由其与兄弟姐妹分摊每月 3 000 元的扣除额度，每人分摊的额度不能超过每月 1 500 元。

七是 3 周岁以下婴幼儿照护专项附加扣除。扣除标准是每个婴幼儿每月 2 000 元。从婴幼儿出生的当月至满 3 周岁的前一个月，纳税人可以享受这项专项附加扣除。父母可以选择由其中一方按扣除标准的 100%扣除，也可以选择由双方分别按扣除标准的 50%扣除。

4）其他扣除。其他扣除包括个人缴付符合国家规定的企业年金、职业年金，个人购买符合国家规定的商业健康保险、税收递延型商业养老保险的支出，以及国务院规定可以扣除的其他项目。

一是企业年金、职业年金。对企业或事业单位根据国家有关政策规定的办法和标准，为在本单位任职或受雇的全体职工支付的企业年金或职业年金单位缴费部分，在记入个人账户时，个人暂不缴纳个人所得税；个人缴费部分，在不超过本人缴费工资计税基数的 4%标准内的部分，暂从个人当期的应纳税所得额中扣除。

二是商业健康保险。个人购买（单位为员工统一购买的，视同个人购买）符合规定的商业健康保险产品，可以按照 2 400 元/年（200 元/月）的标准在税前扣除。2023 年 8 月 1 日起扩大商业健康险的范围，将适用个人所得税优惠政策的商业健康保险产品范围，从原来只有医疗保险，扩大到商业健康保险的主要险种，包括医疗保险、长期护理险和疾病保险。医疗保险的保险期间或保证续保期间不低于 3 年；长期护理保险和疾病保险的保险期间不低于 5 年。适用优惠政策的商业健康保险的被保险人，可以是投保人本人，也可以是其配偶、子女或父母。个人从中国境内两处或者两处以上取得工资薪金所得，且自行购买商业健康保险的，只能选择在其中一处扣除。个人购买符合规定的商业健康保险产品，保险期满后未续保或退保的，应于未续保或退保当月告知扣缴义务人终止税前扣除。实行核定征收的个体工商户业主、企事业单位承包承租经营者、个人独资和合伙企业投资者购买商业健康保险，保险期满后未续保或退保的，应及时告知主管税务机关，终止享受税收优惠。

三是递延型养老保险。个人通过个人商业养老资金账户购买符合规定的商业养老保险产品的支出，允许按照当月工资薪金、连续性劳务报酬收入的 6%和 1 000 元孰低办法税前扣除；记入个人商业养老资金账户的投资收益，暂不征收个人所得税；个人领取商业养老金时再征收个人所得税。

四是个人养老金。自 2022 年 1 月 1 日起，对个人养老金实施递延纳税优惠政策。在缴费环节，个人向个人养老金资金账户的缴费，按照 12 000 元/年的限额标准，在综合所得或经营所得中据实扣除；在投资环节，记入个人养老金资金账户的投资收益暂不征收个人所得税；在领取环节，个人领取的个人养老金，不并入综合所得，单独按照 3%的税率计算缴纳个人所得税，其缴纳的税款记入“工资、薪金所得”项目。

需要注意的是，专项扣除、专项附加扣除和依法确定的其他扣除，以居民个人一个纳税年度的应纳税所得额为限额；一个纳税年度扣除不完的，不结转以后年度扣除。

2. 有住所居民个人综合所得税预扣预缴

居民个人综合所得，按年计算个人所得税；有扣缴义务人的，由扣缴义务人按月或者按次预扣预缴税款；需要办理汇算清缴的，应当在规定期限内办理汇算清缴。

(1) 工资薪金所得预扣预缴税款计算。

扣缴义务人向居民个人支付工资薪金所得时，应当按照累计预扣法计算预扣税款，并按月办理扣缴申报。

累计预扣法，适用个人所得税预扣率如表 8-4 所示，具体计算公式如下：

本期应预扣预缴税额＝(累计预扣预缴应纳税所得额×预扣率－速算扣除数)－累计减免税额－累计已预扣预缴税额

累计预扣预缴应纳税所得额＝累计收入－累计免税收入－累计减除费用－累计专项扣除－累计专项附加扣除－累计依法确定的其他扣除

余额为负值时，暂不退税。纳税年度终了后余额仍为负值时，由纳税人通过办理综合所得年度汇算清缴，税款多退少补。

《国家税务总局关于进一步简便优化部分纳税人个人所得税预扣预缴方法的公告》，自 2021 年 1 月 1 日起施行。对上一完整纳税年度内每月均在同一单位预扣预缴工资薪金所得个人所得税且全年工资薪金收入不超过 6 万元的居民个人，扣缴义务人在预扣预缴本年度工资薪金所得个人所得税时，累计减除费用自 1 月份起直接按照全年 6 万元计算扣除。即，在纳税人累计收入不超过 6 万元的月份，暂不预扣预缴个人所得税；在其累计收入超过 6 万元的当月及年内后续月份，再预扣预缴个人所得税。扣缴义务人应当按规定办理全员全额扣缴申报，并在《个人所得税扣缴申报表》相应纳税人的备注栏注明“上年各月均有申报且全年收入不超过 6 万元”字样；对按照累计预扣法预扣预缴劳务报酬所得个人所得税的居民个人，扣缴义务人比照上述规定执行。

表 8-4　个人所得税预扣率（居民个人工资薪金所得预扣预缴适用）

级数	累计预扣预缴应纳税所得额	预扣率（%）	速算扣除数
1	不超过 36 000 元的	3	0
2	超过 36 000 元至 144 000 元的部分	10	2 520
3	超过 144 000 元至 300 000 元的部分	20	16 920
4	超过 300 000 元至 420 000 元的部分	25	31 920
5	超过 420 000 元至 660 000 元的部分	30	52920
6	超过 660000 元至 960000 元的部分	35	85 920
7	超过 960 000 元的部分	45	181 920

例 8-1： 王某 2023 年 1 月和 2 月月工资收入为 10 000 元，每月费用扣除标准为 5 000 元，专项扣除 1 000 元，专项附加扣除 2 000 元。试计算该扣缴义务人预扣预缴个人所得税。

解析：1 月预扣预缴个人所得税＝(10 000－5 000－1 000－2 000)×3%＝60(元)

2月预扣预缴个人所得税＝(10 000×2－5 000×2－1 000×2－2 000×2)×3%－60＝60(元)

(2) 其他综合所得预扣预缴税款计算。

扣缴义务人向居民个人支付劳务报酬所得、稿酬所得、特许权使用费所得时，应当按照以下方法按次或者按月预扣预缴税款：

劳务报酬所得、稿酬所得、特许权使用费所得以收入减除费用后的余额为收入额；其中，稿酬所得的收入额减按70%计算。

劳务报酬所得、稿酬所得、特许权使用费所得，属于一次性收入的，以取得该项收入为一次；属于同一项目连续性收入的，以一个月内取得的收入为一次。

减除费用：预扣预缴税款时，劳务报酬所得、稿酬所得、特许权使用费所得每次收入不超过4 000元的，减除费用按800元计算；每次收入4 000元以上的，减除费用按收入的20%计算。

应纳税所得额：劳务报酬所得、稿酬所得、特许权使用费所得，以每次收入额为预扣预缴应纳税所得额，计算应预扣预缴税额。劳务报酬所得适用个人所得税预扣率如表8－5所示，稿酬所得、特许权使用费所得适用20%的比例预扣率。

表8－5　个人所得税预扣率（居民个人劳务报酬所得预扣预缴适用）

级数	预扣预缴应纳税所得额	预扣率（%）	速算扣除数
1	不超过20 000元的	20	0
2	超过20 000元至50 000元的部分	30	2 000
3	超过50 000元的部分	40	7 000

例8－2：王某2023年4月和6月分别取得劳务报酬30 000元、3 800元，7月取得稿酬20 000元，试计算该扣缴义务人预扣预缴个人所得税。

解析：4月预扣预缴个人所得税＝30 000×(1－20%)×30%－2 000＝5 200(元)

6月预扣预缴个人所得税＝(3 800－800)×20%＝600(元)

7月预扣预缴个人所得税＝20 000×(1－20%)×70%×20%＝2 240(元)

3. 居民个人综合所得个人所得税汇算清缴

居民个人年度综合所得汇算清缴计算公式如下：

年综合所得应纳税所得额＝年收入额－6万元－专项扣除－专项附加扣除－依法确定的其他扣除

年综合所得应纳税额＝年综合所得应纳税所得额×税率－速算扣除数

综合所得年度汇算清缴应补(退)税额＝(年综合所得应纳税所得额×税率－速算扣除数)－累计预扣预缴税额

例8－3：王某2023年全年工资收入120 000元，专项扣除12 000元，专项附加扣除24 000元，全年预扣预缴个人所得税700元；12月取得劳务报酬30 000元，预扣预缴个人所得税5 200元。试计算王某全年应补（退）个人所得税。

解析：年综合所得应纳税所得额＝120 000＋30 000×(1－20%)－60 000－12 000

−24 000＝48 000(元)

年综合所得应纳税额＝48 000×10%−2 520＝2 280(元)

综合所得年度汇算清缴应退税额＝5 200＋700−2 280＝3 620(元)

(二) 有住所居民个人工资薪金所得、劳务报酬所得应纳税额的特殊计算

1. 个人取得全年一次性奖金应纳税额的计算

居民个人取得全年一次性奖金，在 2027 年 12 月 31 日前，可不并入当年综合所得，以全年一次性奖金收入除以 12 个月得到的数额，按照按月换算后的综合所得税率表，确定适用税率和速算扣除数，单独计算纳税。计算公式为：

应纳税额＝全年一次性奖金收入×适用税率−速算扣除数

居民个人取得全年一次性奖金，也可以选择并入当年综合所得计算纳税。

理财实训

2023 年 12 月，王某取得一次性年终绩效奖 12 万元，单独计算个人所得税，请计算其应纳的个人所得税。

2. 居民个人取得股票期权、股票增值权、限制性股票、股权奖励等股权激励所得应纳税额的计算

居民个人取得股票期权、股票增值权、限制性股票、股权奖励等股权激励所得符合规定的相关条件的，在 2027 年 12 月 31 日前，不并入当年综合所得，全额单独适用综合所得税率表，计算纳税。计算公式为：

应纳税额＝股权激励收入×适用税率−速算扣除数

个人取得解除劳动关系、提前退休、内部退养的一次性补偿收入应纳税额的计算

3. 个人领取企业年金、职业年金应纳税额的计算

个人达到规定退休年龄，领取的企业年金、职业年金，全额单独计算应纳税款。其中按月领取的，适用月度税率表计算纳税；按季领取的，平均分摊计入各月，按每月领取额适用月度税率表计算纳税；按年领取的，适用综合所得税率表计算纳税。

4. 单位低价向职工售房应纳税额的计算

单位按低于购置或建造成本价格出售住房给职工，职工因此而少支出的差价部分，符合规定的，不并入当年综合所得，以差价收入除以 12 个月得到的数额，按照月度税率表确定适用税率和速算扣除数，单独计算纳税。计算公式为：

$$\text{应纳税额}=\frac{\text{职工实际支付的购房价款低于该房屋的}}{\text{购置或建造成本价格的差额}}\times\text{适用税率}-\text{速算扣除数}$$

(三) 经营所得应纳税额的计算

1. 经营所得应纳税所得额的确定

经营所得，以每一纳税年度的收入总额减除成本、费用以及损失后的余额，为应纳税所得额。取得经营所得的个人，没有综合所得的，计算其每一纳税年度的应纳税所得额

时，应当减除费用 6 万元、专项扣除、专项附加扣除以及依法确定的其他扣除。专项附加扣除在办理汇算清缴时减除。

无住所居民和非居民个人应纳税额的计算

2. 应纳税额的计算

(1) 查账征收。

从事生产、经营活动，能提供完整、准确的纳税资料，正确计算应纳税所得额的，实行查账征收，按年计算个人所得税。

1) 预缴。个体工商户业主、个人独资企业投资者、合伙企业个人合伙人、承包承租经营者个人以及其他从事生产、经营活动的个人在中国境内取得经营所得，计算预缴税款时，公式如下：

利润总额＝收入总额－成本费用

$$\text{应纳税所得额}=\left(\text{利润总额}-\text{允许弥补以前年度亏损}\right)\times\text{合伙企业个人合伙人分配比例}-\text{允许扣除的个人费用及其他扣除}$$

应纳税额＝应纳税所得额×适用税率－速算扣除数

应补(退)税额＝应纳税额－减免税额－已缴税额

2) 汇算清缴。个体工商户业主、个人独资企业投资者、合伙企业个人合伙人、承包承租经营者个人以及其他从事生产、经营活动的个人在中国境内取得经营所得，计算汇算清缴应纳税额时，公式如下：

利润总额＝收入总额－国债利息收入－成本费用

纳税调整后的所得＝利润总额±纳税调整项目金额

$$\text{应纳税所得额}=\text{纳税调整后所得}-\text{弥补以前年度亏损}-\text{允许扣除的个人费用及其他扣除}-\text{投资抵扣}-\text{准予扣除的个人捐赠支出}$$

应纳税额＝应纳税所得额×适用税率－速算扣除数

应补(退)税额＝应纳税额－减免税额－已缴税额

个人独资企业、合伙企业应纳税额的计算

(2) 核定征收。

从事生产、经营活动的纳税人，未提供完整、准确的纳税资料，不能正确计算应纳税所得额的，由主管税务机关核定应纳税所得额或者应纳税额。

(四) 财产租赁所得应纳税额的计算

1. 财产租赁所得税前扣除税费

财产租赁所得，以一个月内取得的收入为一次。以个人每次取得的收入，定额或定率减除规定费用后的余额为应纳税所得额。除规定费用外，纳税人还可以扣除其他相关费用：

(1) 纳税人在出租财产过程中缴纳的税金和教育费附加。

(2) 能够提供有效、准确凭证，证明由纳税人负担的该出租财产实际开支的修缮费用。允许扣除的修缮费用以每次 800 元为限，一次扣除不完的，准予在下一次继续扣除，直到扣完为止。

(3) 个人将承租房屋转租取得的租金收入，在计算个人所得税时，向房屋出租方支付的租金及增值税。

2. 财产租赁所得税前扣除税费的扣除次序

（1）财产租赁过程中缴纳的税费；

（2）向出租方支付的租金；

（3）由纳税人负担的租赁财产实际开支的修缮费用；

（4）税法规定的费用扣除标准。

3. 应纳税所得额的计算

财产租赁应纳税所得额的计算公式为：

$$\begin{array}{c}\text{每次(月)收入不超过}\\ \text{4 000 元的应纳税所得额}\end{array}=\begin{array}{c}\text{每次(月)}\\ \text{收入额}\end{array}-\begin{array}{c}\text{缴纳的}\\ \text{税费}\end{array}-\begin{array}{c}\text{修缮费用}\\ \text{(800 元为限)}\end{array}-800$$

$$\begin{array}{c}\text{每次(月)收入超过}\\ \text{4 000 元的应纳税所得额}\end{array}=\left[\begin{array}{c}\text{每次(月)}\\ \text{收入额}\end{array}-\begin{array}{c}\text{缴纳的}\\ \text{税费}\end{array}-\begin{array}{c}\text{修缮费用}\\ \text{(800 元为限)}\end{array}\right]\times(1-20\%)$$

4. 财产租赁所得应纳税额的计算

财产租赁所得依其应纳税所得额20%的比例税率计算应纳税额，个人出租房屋所得税税率为10%。其计算公式为：

应纳税额＝应纳税所得额×适用税率

理财实训

2024 年 4 月，王某出租自有房屋一套，取得不含税租金收入 12 000 元，发生修缮费用 2 000 元，缴纳相应税费 300 元，请计算其应纳个人所得税。

（五）财产转让所得应纳税额的计算

1. 财产转让所得应纳税额

财产转让所得以一次转让财产的收入额减除财产的原值和合理费用后的余额为应纳税所得额，适用20%的比例税率。其计算公式为：

应纳税所得额＝每次收入额－财产原值－合理费用

应纳所得税额＝应纳税所得额×20%

（1）财产原值确定。其一，有价证券，为买入价以及买入时按照规定缴纳的有关费用；其二，建筑物，为建造费或者购进价格以及其他有关费用；其三，土地使用权，为取得土地使用权所支付的金额、开发土地的费用以及其他有关费用；其四，机器设备、车船，为购进价格、运输费、安装费以及其他有关费用；其五，其他财产，参照以上方法确定。

（2）合理费用扣除。所谓合理费用，是指卖出财产时按照规定支付的有关税费。纳税人按规定实际支付的住房装修费用、住房贷款利息、手续费、公证费等，允许作为合理费用扣除。

（3）转让债权的财产原值确定和合理费用的扣除。转让债权，采用“加权平均法”确定其应予减除的财产原值和合理费用，其计算公式为：

$$\text{一次卖出某一种类债券允许扣除的买入价和费用}=\frac{\text{纳税人购进的该种类债券买入价和买进过程中缴纳的税费总和}}{\text{纳税人购进的该种类债券的总数量}}\times\text{一次卖出的该种类债券的数量}+\text{卖出该种类债券过程中缴纳的税费}$$

2. 转让股权应纳税所得额的计算

个人转让股权，以股权转让收入减除股权原值和合理费用后的余额为应纳税所得额。

(1) 股权转让收入。即转让方因股权转让而获得的现金、实物、有价证券和其他形式的经济利益。

(2) 股权原值的确认。以现金出资方式取得的股权，按照实际支付的价款与取得股权直接相关的合理税费之和确认股权原值；以非货币性资产出资方式取得的股权，按照税务机关认可或核定的投资入股时非货币性资产价格与取得股权直接相关的合理税费之和确认股权原值；通过无偿让渡方式取得股权，按取得股权发生的合理税费与原持有人的股权原值之和确认股权原值。

3. 转让受赠房屋应纳税所得额的计算

受赠人转让受赠房屋的，应以其转让受赠房屋的收入，减除原捐赠人取得该房屋的实际购置成本以及赠予和转让过程中受赠人支付的相关税费后的余额，作为受赠人的应纳税所得额。

(六) 利息、股息、红利所得和偶然所得应纳税额的计算

1. 应纳税所得额的确定

利息、股息、红利所得和偶然所得，以支付利息、股息、红利时取得的收入为一次。以每次收入额为应纳税所得额，不扣除任何费用。

2. 应纳税额的计算

利息、股息、红利所得和偶然所得应纳税额的计算公式为：

应纳税额＝应纳税所得额(每次收入额)×适用税率

理财实训

2023 年 10 月，王某购买福利彩票支出 1 000 元，中奖收入 12 000 元，请计算其应纳个人所得税。

(七) 扣除捐赠款的计算

扣除捐赠款的计算公式为：

捐赠支出扣除限额＝申报的应纳税所得额×30％

应纳税所得额＝申报的应纳税所得额－允许扣除的捐赠额

1. 个人所得税前全额扣除的公益捐赠

包括个人通过非营利性的社会团体和国家机关：向公益性青少年活动场所的捐赠；向福利性、非营利性的老年服务机构的捐赠；向中华健康快车基金会和孙冶方经济科学基金会、中华慈善总会、中国法律援助基金会和中华见义勇为基金会的捐赠；向教育事业的捐

赠；向灾区的捐赠；等等。

2. 个人所得税前限额扣除公益捐赠

（1）居民个人发生的公益捐赠支出可以在财产租赁所得、财产转让所得、利息股息红利所得、偶然所得、综合所得或者经营所得中扣除。在当期一个所得项目扣除不完的公益捐赠支出，可以按规定在其他所得项目中继续扣除。

（2）居民个人发生的公益捐赠支出，在综合所得、经营所得中扣除的，扣除限额分别为当年综合所得、当年经营所得应纳税所得额的30%；在分类所得中扣除的，扣除限额为当月分类所得应纳税所得额的30%。

（3）居民个人自行决定在综合所得、分类所得、经营所得中扣除的公益捐赠支出的顺序。

（4）居民个人取得工资薪金所得的，可以选择在预扣预缴时扣除，也可以选择在年度汇算清缴时扣除。居民个人取得劳务报酬所得、稿酬所得、特许权使用费所得的，预扣预缴时不扣除公益捐赠支出，统一在汇算清缴时扣除。

（5）居民个人发生的公益捐赠支出，可在捐赠当月取得的分类所得中扣除。

居民个人捐赠当月有多项多次分类所得的，应先在其中一项一次分类所得中扣除。

（6）个人同时发生按30%扣除和全额扣除的公益捐赠支出，自行选择扣除次序。

（八）两人或两人以上共同取得同一项目收入的计算

两人或两人以上共同取得同一项目收入的，应当对每个人取得的收入分别按照税法规定减除费用后计算纳税，即实行“先分、后扣、再税”的办法。

理财实训

2023 年 11 月，王某、李某和邓某编著的教材出版，分别取得稿酬 800 元、3 000 元、7 000 元，请计算三人的应纳个人所得税。

（九）境外所得已纳税款抵免的计算

1. 境外所得已纳税款抵免的规定

在中国境内有住所，或者无住所而一个纳税年度内在中国境内居住累计满 183 天的个人，从中国境内和境外取得的所得，都应缴纳个人所得税。居民个人从中国境外取得的所得，准予其在应纳税额中扣除已在境外缴纳的个人所得税税额，但扣除额不得超过该纳税人境外所得依照我国税法规定计算的应纳税额。

2. 抵免限额的确定

居民个人在中国境外一个国家（地区）实际已经缴纳的个人所得税税额，低于依照规定计算出的来源于该国家（地区）所得的抵免限额的，应当在中国缴纳差额部分的税款；超过来源于该国家（地区）所得的抵免限额的，其超过部分不得在本纳税年度的应纳税额中抵免，但是可以在以后纳税年度来源于该国家（地区）所得的抵免限额的余额中补扣。补扣期限最长不得超过五年。

五、个人所得税的优惠政策

（一）《个人所得税法》规定的免税项目

（1）省级人民政府、国务院部委和中国人民解放军军以上单位，以及外国组织、国际组织颁发的科学、教育、技术、文化、卫生、体育、环境保护等方面的奖金。

（2）国债和国家发行的金融债券利息。

（3）按照国家统一规定发放的补贴、津贴。

（4）福利费、抚恤金、救济金。

（5）保险赔款。

（6）军人的转业费、复员费、退役金。

外籍专家工资薪金所得免征个人所得税的项目

（7）按照国家统一规定发给干部、职工的安家费、退职费、退休工资、离休工资、离休生活补助费。

（8）经国务院财政部门批准免税的所得。

（二）减征个人所得税的项目

有下列情形之一的，可以减征个人所得税：残疾、孤老人员和烈属的所得；因严重自然灾害造成重大损失的。

（三）暂免征收个人所得税的项目

（1）个人举报、协查各种违法犯罪行为而获得的奖金。

（2）个人办理代扣代缴税款手续，按规定取得的扣缴手续费。

（3）个人转让自用达 5 年以上且是唯一的家庭生活用房取得的所得。

（4）自 2022 年 1 月 1 日起，对法律援助人员按照《中华人民共和国法律援助法》规定获得的法律援助补贴，免征个人所得税。

（四）股息、红利所得免税规定

实施上市公司股息、红利差别化个人所得税政策：个人从公开发行和转让市场取得的上市公司股票和持有挂牌公司的股票，持股期限在 1 个月以内（含 1 个月）的，其股息、红利所得全额计入应纳税所得额；持股期限在 1 个月以上至 1 年（含 1 年）的，暂减按 50%计入应纳税所得额；个人从公开发行和转让市场取得的上市公司股票，持股期限超过 1 年的，股息红利所得暂免征收个人所得税。

其他减免个人所得税的项目

六、个人所得税的征收管理

（一）征收方法

我国个人所得税，采取扣缴义务人代扣代缴申报纳税和纳税人自行申报纳税两种征收方法。

其他税收优惠政策

1. 扣缴义务人代扣代缴

个人所得税，以取得应税所得的个人为纳税人，以支付所得的单位或者个人为扣缴义务人。

2. 纳税人自行申报及汇算清缴

有下列情形之一的，纳税人应当依法办理纳税申报：取得综合所得需要办理汇算清缴；取得应税所得没有扣缴义务人；取得应税所得，扣缴义务人未扣缴税款；取得境外所得；因移居境外注销中国户籍；非居民个人在中国境内从两处以上取得工资薪金所得；国务院规定的其他情形。

取得综合所得需要办理汇算清缴的情形包括：一是从两处以上取得综合所得，且综合所得年收入额减除专项扣除的余额超过 6 万元；二是取得劳务报酬所得、稿酬所得、特许权使用费所得中一项或多项所得，且综合所得年收入额减除专项扣除的余额超过 6 万元；三是纳税年度内预缴税额低于应纳税额；四是纳税人申请退税。

（二）纳税期限及扣缴期限

个人所得税的扣缴义务人和自行申报纳税人，必须按税法规定的期限向税务机关进行纳税申报和缴纳税款。

1. 纳税期限

（1）居民个人取得综合所得，按年计算个人所得税；有扣缴义务人的，由扣缴义务人按月或者按次预扣预缴税款；需要办理汇算清缴的，应当在取得所得的次年 3 月 1 日至 6 月 30 日内办理汇算清缴。

（2）纳税人取得经营所得，按年计算个人所得税，由纳税人在月度或者季度终了后 15 日内向税务机关报送纳税申报表，并预缴税款；在取得所得的次年 3 月 31 日前办理汇算清缴。

（3）纳税人取得利息、股息、红利所得，财产租赁所得，财产转让所得和偶然所得，按月或者按次计算个人所得税。

（4）居民个人从中国境外取得所得的，应当在取得所得的次年 3 月 1 日至 6 月 30 日内申报纳税。

2. 扣缴期限

（1）扣缴义务人发生时间。扣缴义务人向个人支付应税款项时，应当依照个人所得税法规定预扣或者代扣税款，按时缴库，并专项记载备查。

（2）缴款期限。扣缴义务人每月或者每次预扣、代扣的税款，应当在次月十五日内缴入国库。

任务二　个人所得税纳税筹划

一、居民个人综合所得的纳税筹划

（一）工资薪金收入的纳税筹划

1. 计税工资薪金收入减少化

单位在发放员工工资薪金时，可以采取以下方法把本应发放给员工的一些收入福利化、费用化，降低员工名义工资薪金收入，少缴或不缴个人所得税。主要包括：一是工资薪金费用化。单位将本应由员工个人承担的一些费用，由工资薪金发放改为凭合法有效凭证实报实销，将工资薪金收入费用化，从而达到降低名义工资薪金之目的。二是工资薪金福利化。单位可通过高福利的方法向员工提供居住服务、通勤服务、餐饮服务等福利项目，即减少员工的相应的消费支出，又通过降低工资薪金收入减轻个人所得税税负。

例 8-4：王某 2023 年工资薪金收入 100 000 元，全年支付购书款 10 000 元、交通费 12 000 元，实际可支配收入为 78 000 元。基本减除费用为 60 000 元，不考虑其他扣除项目，应选择哪种纳税筹划方案？

解析：

方案一：购书款、交通费由王某自行承担。

王某 2023 年应纳个人所得税=(100 000－60 000)×10%－2 520=1 480(元)

方案二：公司为王某报销购书款，免费提供通勤服务，将全年工资下调为 78 000 元。

王某 2023 年应纳个人所得税=(78 000－60 000)×3%=540(元)

公司通过工资薪金费用化和福利化，王某全年少缴个人所得税 940 元（1 480－540），所以选择方案二。

2. 专项扣除最大化

专项扣除包括居民个人按照国家规定的范围和标准缴纳的基本养老保险、基本医疗保险、失业保险等社会保险费和住房公积金等。单位可通过在国家规定的范围和标准内从高缴纳“三险一金”的办法，降低应税工资薪金收入，减轻个人所得税税收负担。

例 8-5： 王某 2023 年工资薪金收入 100 000 元，全年实际缴纳“三险一金”20 000 元，按照国家规定的范围和标准可缴纳“三险一金”29 000 元。基本减除费用为 60 000 元，不考虑其他扣除项目，应选择哪种纳税筹划方案？

解析：

方案一：按实际缴纳“三险一金”20 000 元计算。

王某 2023 年应纳个人所得税=(100 000－60 000－20 000)×3%=600(元)

方案二：公司将王某工资调低为 91 000 元，“三险一金”调高至 29 000 元（住房公积金增加 9 000 元）。

王某 2023 年应纳个人所得税=(91 000－60 000－29 000)×3%=60(元)

公司通过“三险一金”最大化，王某全年少缴个人所得税 540 元（600－60），所以选择方案二。

3. 专项附加扣除优选化

专项附加扣除包括子女教育、继续教育、大病医疗等七项支出。个人所得税法律、法规已明确规定了专项附加扣除的项目、范围、标准和方法，纳税人应选择合理的扣除方法进行纳税筹划。如纳税人子女教育费用由父母双方各扣 50%，还是选择其中一方扣除；继续教育费用由纳税人自己扣除，还是选择由其父母扣除等。

例 8-6： 王某和妻子李某 2023 年工资薪金收入分别为 120 000 元、75 000 元。有两个孩子，一个上二年级，一个上五年级，基本减除费用为 60 000 元，不考虑其他扣除项目，应选择哪种纳税筹划方案？

解析：

方案一：子女教育费选择由夫妻双方各扣 50%。

王某 2023 年应纳个人所得税=(120 000－60 000－24 000)×3%=1 080(元)
李某 2023 年应纳个人所得税=75 000－60 000－24 000=－9 000(元)，不缴个人所得税
王某、李某 2023 年应纳个人所得税合计=1 080(元)

方案二：子女教育费选择由王某一方按100%扣除。

王某2023年应纳个人所得税=(120 000−60 000−48 000)×3%=360(元)

李某2023年应纳个人所得税=(75 000−60 000)×3%=450(元)

王某、李某2023年应纳个人所得税合计=360+450=810(元)

通过对子女教育费用扣除方法的合理选择，夫妻全年少缴个人所得税270元(1 080−810)，所以选择方案二。

4. 其他扣除合理化

其他扣除包括个人缴付符合国家规定的企业年金、职业年金，个人购买符合国家规定的商业健康保险、税收递延型商业养老保险的支出，以及国务院规定可以扣除的其他项目。纳税人要合理利用其他扣除的有关规定进行纳税筹划。如合理确定企业年金、职业年金的缴费比例，合理购买商业健康保险等。

例8-7：王某2023年工资收入100 000元，其2022年月平均工资为10 000元，本年度按照工资计税基数2%缴纳企业年金，未购买商业健康险。基本减除费用为60 000元，不考虑其他扣除项目，应选择哪种纳税筹划方案？

解析：

方案一：按照税法相关规定计算。

王某2023年应纳个人所得税=(100 000−60 000−10 000×2%×12)×10%−2 520
=1 240(元)

方案二：将缴费比例提高到4%，个人购买符合条件的商业健康险200元/月。

王某2023年应纳个人所得税=(100 000−60 000−10 000×4%×12−200×12)×3%
=984(元)

提高企业年金缴费比例、个人购买商业健康险后，王某全年少缴个人所得税256元(1 240−984)，所以选择方案二。

5. 全年一次性奖金分解化

居民个人取得的全年一次性奖金，在2027年12月31日前，可不并入当年综合所得，以全年一次性奖金收入除以12个月得到的数额，按照按月换算后的综合所得税率表，确定适用税率和速算扣除数，单独计算纳税。纳税人可将全年一次性奖金和工资进行适当转化，使得一次性奖金尽量全部和部分适用较低税率。

例8-8：王某2023年综合所得全年应纳税所得额50 000元，年终一次性绩效奖120 000元，应选择哪种纳税筹划方案？

解析：

方案一：按照税法相关规定计算。

王某2023年综合所得应纳个人所得税=50 000×10%−2 520=2 480(元)

王某2023年绩效奖应纳个人所得税=120 000×10%−210=11 790(元)

王某2023年应纳个人所得税=2 480+11 790=14 270(元)

方案二：将绩效奖分解，36 000元作为一次性绩效奖发放，其余84 000元奖金并入工资。

王某2023年综合所得应纳个人所得税=(50 000+84 000)×10%−2 520=10 880(元)

王某 2023 年绩效奖应纳个人所得税＝36 000×3%＝1 080(元)

王某 2023 年应纳个人所得税＝10 880＋1 080＝11 960(元)

王某通过将年终一次性绩效奖分解为两部分，可节税 2 310 元（14 270－11 960），所以选择方案二。

（二）其他综合所得的纳税筹划

1. 利用不同的税目合理避税

综合所得项目不同，收入额确定方式不同。如果与企业签订的是劳动合同，其收入则按工资薪金收入计税；如果与企业签订劳务合同，则适用劳务报酬收入计税。这一规定提供了合理避税的空间，可将工资薪金收入通过合同变更，减按劳务报酬项目较低收入计入综合所得计税收入。

例 8－9：2023 年王某与甲乙两个企业签订劳动合同，分别取得工资薪金收入 100 000元、80 000 元。基本减除费用为 60 000 元，不考虑其他扣除项目，应选择哪种纳税筹划方案?

解析：

方案一：按照税法规定计算。

王某 2023 年综合所得应纳个人所得税＝(80 000＋100 000－60 000)×10%－2 520

＝9 480(元)

方案二：王某与乙企业签订劳务合同，本年度分 4 次按季度收到劳务报酬收入，合计金额仍然是 80 000 元。

王某 2023 年综合所得应纳个人所得税＝[100 000＋80 000×(1－20%)－60 000]×10%－2 520

＝7 880(元)

王某与乙企业签订的劳动合同变更为劳务合同，综合所得收入由 80 000 元变为 64 000 元，少缴个人所得税 1 600 元（9 480－7 880），所以选择方案二。

2. 费用转移法

纳税人有劳务报酬所得、稿酬所得、特许权使用费所得时，可以通过将本应自己承担的一些费用转移给对方以减少这些所得的每次收入，进而少缴个人所得税。

例 8－10：2023 年王某工资薪金收入 100 000 元，业余时间为某单位提供形象策划方案设计，劳务合同载明金额为 20 000 元。基本减除费用为 60 000 元，不考虑其他扣除项目，应选择哪种纳税筹划方案?

解析：

方案一：按照税法规定计算。

王某 2023 年综合所得应纳个人所得税＝[100 000＋20 000×(1－20%)－60 000]×10%－2 520

＝3 080(元)

方案二：将劳务合同载明金额降低为 12 000 元，双方商定本应由王某承担的设计材料费、交通费、设备工具费等必要费用改由对方承担，金额为 8 000 元。

王某2023年综合所得应纳个人所得税 =[100 000+12 000×(1−20%)−60 000]×10%−2 520
=2 440(元)

王某通过费用转移，可节税640元（3 080−2 440），所以选择方案二。

二、经营所得的纳税筹划

（一）扣除项目限额的纳税筹划

在计算个体工商户的年应纳税所得额时，纳税人应合理安排扣除项目的年度支出；部分扣除项目超限额的在以后年度允许继续扣除，如广告费和业务宣传费；部分扣除项目超限额的在以后年度不得扣除，如业务招待费。在进行纳税筹划时，既要充分考虑扣除项目的减税效应，也要考虑以后年度是否能继续扣除的规定。

（二）成本费用的纳税筹划

（1）可将家庭中的其他成员列为个人独资企业、合伙企业、个体经营者、私营企业的雇员，通过增加雇员数量多列税前工资、加班费、福利费。

（2）对于家庭和生产、经营之间发生的一些费用且难以划分的，应尽量计入个体工商户的生产、经营的支出中，在税前列支。

（三）财产归属的纳税筹划

如果财产归属个人独资企业、合伙企业、个体工商户，则其转让收益和租赁收益均应并入“经营所得”项目征税；如果财产归属于投资者个人，则按“财产租赁所得”或“财产转让所得”项目分别纳税。归属不同，计税依据和税率也不一样，可通过合理筹划降低税负。

三、财产租赁所得的纳税筹划

（一）修缮费用的纳税筹划

如果将房屋修缮安排在签订租赁合同的当月或以后，那么，修缮费用与该出租财产直接相关，可持有效凭证进行扣除。

例8-11：2023年2月，王某有一处房产，由于暂时空闲不住而出租，租期为4个月。每月房屋出租收入8 000元，免缴增值税，其他相关税费200元。承租人入住后发现房子漏水，要求王某维修。如果王某整体修缮，费用需要3 000元，如果针对性小修补，费用很少也不影响出租期使用。不考虑其他因素，应选择哪种纳税筹划方案？

解析：

方案一：王某简单维修出租房。

出租期内应纳个人所得税=(8 000−200)×(1−20%)×10%×4=2 496(元)

方案二：王某大修出租房。

2—4月应纳个人所得税=(8 000−200−800)×(1−20%)×10%×3=1 680(元)
5月应纳个人所得税=(8 000−200−600)×(1−20%)×10%=576(元)
合计应纳个人所得税=1 680+576=2 256(元)

王某考虑到该房屋的后续出租，决定大修，本租赁合同期内可节税240元（2 496−2 256）。所以选择方案二。

(二) 租金分布的纳税筹划

纳税人可利用每次收入定额或定率扣除费用的税法规定，通过租赁期内合理分布每月租金收入，不缴或少缴个人所得税。

例 8-12： 2023 年 3 月，王某将一处房产出租，合同约定租赁期为 5 个月，每月不含增值税租金收入 4 000 元。不考虑其他因素，应选择哪种纳税筹划方案？

解析：

方案一：按税法规定计算。

王某租赁期内应纳个人所得税＝(4 000－800)×10％×5
＝1 600(元)

方案二：修改合同，由于某种原因，前 4 个月每月租金 800 元，第 5 个月租金 16 800 元，租金合计 20 000 元。

王某 3—6 月份不缴个人所得税。

王某 7 月份应纳个人所得税＝16 800×(1－20％)×10％＝1 344(元)

王某租赁期内月租金的合理分布可节税 256 元（1 600－1 344)。所以选择方案二。

四、财产转让所得的纳税筹划

(一) 财产转让所得计征方法的纳税筹划

纳税人转让财产，如果能提供财产原值的，按照税法规定缴纳个人所得税，纳税人必须提供有关的合法凭证；对未能提供完整、准确的财产原值合法凭证而不能正确计算财产原值的，税务部门可根据当地实际情况核定其财产原值或实行核定征收。因此，纳税人可在正常计税和核定征收之间，进行合理纳税筹划。

例 8-13： 2023 年 6 月，王某将原来购买的价值 10 万元的一套房屋（有合法凭证）转让，取得不含增值税收入 60 万元，按照售价的 1％支付公证费。不考虑其他因素，应选择哪种纳税筹划方案？

解析：

方案一：按照正常计税方法计算。

王某应纳个人所得税＝(60－10－0.6)×20％＝9.88(万元)

方案二：王某不提供财产原值的合法凭证，当地规定的征收率为 3％。

王某应纳个人所得税＝60×3％＝1.8(万元)

由于王某不能提供房屋原值，可节税 8.08 万元（9.88－1.8)。所以选择方案二。

(二) 住房转让税收优惠的纳税筹划

个人转让自用达 5 年以上且是唯一家庭生活用房取得的所得，暂免征收个人所得税。因此，纳税人可在征免之间，进行合理纳税筹划。

例 8-14： 2023 年 7 月，王某为了改善居住条件，准备将自用的家庭唯一生活用房转让，房屋原值 30 万元（有合法凭证），预计不含税转让收入 40 万元，合理费用 2 万元。不考虑其他因素，应选择哪种纳税筹划方案？

解析：

方案一：按照税法规定计算。

王某预计应纳个人所得税＝(40－30－2)×20%＝1.6(万元)

方案二：如果该房屋是王某自用5年以上且是唯一家庭生活用房，免缴个人所得税。

如果转让时不符合免税条件，王某可考虑暂时不转让，待符合免税条件时再转让，可节税1.6万元。

（三）股权转让的纳税筹划

1. 利用“正当理由”的纳税筹划

如能出具有效文件，证明被投资企业因国家政策调整，生产经营受到重大影响，导致低价转让股权等股权转让收入明显偏低，视为有正当理由。纳税人可充分利用上述规定，通过修改公司章程、相关协议进行“内部”低价转让；可将股票低价转让给直系亲属等，减少股票转让应纳税所得额。

2. 利用“核定定价”的纳税筹划

个人转让股权未提供完整、准确的股权原值凭证，不能正确计算股权原值的，由主管税务机关核定其股权原值。如果核定的成本大于实际成本，可以适用这一方法进行税务筹划，以降低应纳税所得额。

五、利息、股息、红利所得的纳税筹划

（一）利息收入的纳税筹划

存款方式不同、购买债券的种类不同，取得的利息收入的纳税规定也不同。纳税人可优先考虑将闲置资金投资于免征个人所得税的项目。如购买国债、国家发行的金融债券、地方政府债券和储蓄存款的利息所得，免征个人所得税；纳税人持有的2019—2023年发行的铁路债券的利息收入，减按50%计入应纳税所得额；等等。

例8-15：2023年6月王某有一笔为期3年的100 000元闲置资金准备稳健性投资，倾向于购买债券和大额存单，有3年期国债票面年利率4.0%、3年期大额存单利率3.95%、某公司经批准发行3年期公司债券利率4.5%可选。不考虑其他因素，应选择哪种纳税筹划方案？

解析：

方案一：购买国债，免税。

3年利息收入＝100 000×4.0%×3＝12 000(元)

方案二：购买大额存单，免税。

3年利息收入＝100 000×3.95%×3＝11 850(元)

方案三：购买公司债券。

3年利息收入＝100 000×4.5%×3＝13 500(元)

应纳个人所得税＝13 500×20%＝2 700(元)

税后利息收入＝13 500－2 700＝10 800(元)

王某购买国债、大额存单和公司债券，实际税后利息收入分别为12 000元、11 850元和10 800元，所以应选择方案一。

（二）股息、红利所得的纳税筹划

对于纳税人因持有公司的股票而取得的股息、红利所得，既要考虑个人所得税相关减免税规定，又要考虑将本该领取的股息、红利所得留存企业，作为对企业的再投资的相关税法规定，进行合理纳税筹划。如纳税人以股份形式取得的仅作为分红依据，不拥有所有权的企业量化资产，免征个人所得税；纳税人取得的上市公司股息、红利实行差别化个人所得税政策；等等。

例 8-16： 王某持有公开发行和转让市场取得的上市公司股票情况如下：2023 年 6 月 2 日购入 A 股票，当月 27 日卖出，持有期间取得股息 7 000 元；2023 年 5 月 10 日购入 B 股票，2023 年 6 月 20 日卖出，持有期间取得股息 8 000 元；2022 年 1 月 12 日购入 C 股票，2023 年 6 月 10 日卖出，持有期间取得股息 12 000 元。不考虑其他因素，应选择哪种纳税筹划方案？

解析：

方案一：按照税法规定计算。王某持有三类股票期间取得的股息实行差别化税收政策，A 股票股息全额征税，B 股票股息减按 50%计入应纳税所得额，C 股票暂免征收个人所得税。

应纳个人所得税＝7 000×20%＋8 000×50%×20%＝2 200(元)

税后股息所得＝7 000＋8 000＋12 000－2 200＝24 800(元)

方案二：王某在 2023 年 7 月 3 日卖出持有的 A 股，持有期间取得股息 7 000 元。

应纳个人所得税＝7 000×50%×20%＋8 000×50%×20%＝1 500(元)

税后股息所得＝7 000＋8 000＋12 000－1 500＝25 500(元)

王某通过 A 股持有期间的些许变化，可节税 700 元（2 200－1 500），所以选择方案二。

六、公益救济性捐赠的纳税筹划

（一）公益救济性捐赠形式的纳税筹划

纳税人公益、救济性捐赠扣除，现行个人所得税相关法律规定有两种形式：全额扣除和限额扣除。利用捐赠的税收优惠进行纳税筹划，一方面可以抵免一部分税款；另一方面鼓励纳税人善举行为长期化。个人在捐赠时可在两种形式中优先考虑税前允许全额扣除的项目。

例 8-17： 2023 年王某综合所得的应纳税所得额为 38 000 元，其准备用于公益救济性捐赠 20 000 元。不考虑其他因素，应选择哪种纳税筹划方案？

解析：

方案一：按限额扣除。

扣除限额＝38 000×30%＝11 400(元)

应纳个人所得税＝(38 000－11 400)×3%＝798(元)

方案二：按全额扣除。

应纳个人所得税＝(38 000－20 000)×3%＝540(元)

王某公益救济性捐赠，用于对中华见义勇为基金会等可全额扣除的项目，可节税 258 元（798－540）。所以最好选择方案二。

（二）合理选择扣除次序的税收筹划

居民个人发生的公益捐赠支出可在纳税人各项应税所得中扣除。在当期一个所得项目扣除不完的公益捐赠支出，可以按规定在其他所得项目中继续扣除。如果纳税人同期所得适用的税率高低不等，则纳税人应尽量使高税率的所得项目先享受捐赠带来的减税效应。

例 8-18： 2023 年王某综合所得应纳税所得额 30 000 元，偶然所得 20 000 元，本年度 12 月通过境内社会团体向边远山区捐赠支出 6 000 元。不考虑其他因素，应选择哪种纳税筹划方案？

解析：

方案一：在综合所得中扣除。

扣除限额＝30 000×30%＝9 000(元)

应纳个人所得税＝(30 000－6 000)×3%＋20 000×20%＝4 720(元)

方案二：在偶然所得中扣除。

扣除限额＝20 000×30%＝6 000(元)

应纳个人所得税＝30 000×3%＋(20 000－6 000)×20%＝3 700(元)

王某公益救济性捐赠，选择在高税率的偶然所得中扣除，可节税 1 020 元（4 720－3 700）。所以最好选择方案二。

（三）捐赠数额分次的纳税筹划

若所得仅为一项，将捐赠限额分次安排，分次计算捐赠扣除限额，可以提高扣除限额合计数，相应允许扣除的捐赠额提高，个人所得税少缴。

例 8-19： 2023 年 5—6 月，王某将自己一套房子对外出租，分别收到不含增值税租金收入 3 000 元、5 000 元，5 月份王某通过境内社会团体向经济落后地区捐赠支出 2 000 元。不考虑其他因素，应选择哪种纳税筹划方案？

解析：

方案一：按税法规定计算。

5 月份扣除限额＝(3 000－800)×30%＝660(元)

5 月份应纳个人所得税＝(3 000－800－660)×10%＝154(元)

6 月份应纳个人所得税＝5 000×(1－20%)×10%＝400(元)

合计应纳个人所得税＝154＋400＝554(元)

方案二：选择 5 月份捐赠 660 元，6 月份捐赠 1 340 元。

5 月份扣除限额＝(3 000－800)×30%＝660(元)

6 月份扣除限额＝5 000×(1－20%)×30%＝1 200(元)

5 月份应纳个人所得税＝(3 000－800－660)×10%＝154(元)

6 月份应纳个人所得税＝[5 000×(1－20%)－1 200]×10%＝280(元)

合计应纳个人所得税＝154＋280＝434(元)

王某通过分次捐赠，可节税 120 元（554－434），所以最好选择方案二。

七、个人所得税年终汇算清缴的纳税筹划

居民纳税人年综合所得按照税法规定需办理年终汇算的，应依法办理个人所得税年终汇算清缴。需要退税的，是否办理年度汇算申请退税是纳税人的权利，无须承担任何责任。纳税人可以放弃退税，不用办理年度汇算。如果纳税人除工资薪金收入外，还有劳务报酬所得、稿酬所得、特许权使用费所得且工资预扣预缴税率低于 20%的，应当汇算并申请退税。

例 8－20：2023 年王某工资应纳税所得额 80 000 元，累计预扣预缴个人所得税 5 480 元。9 月取得劳务报酬收入 18 000 元，10 月取得稿酬收入 20 000 元，支付单位依法预扣预缴了个人所得税。王某应选择哪种纳税筹划方案？

解析：

方案一：汇算并退税。

工资薪金所得预扣预缴个人所得税＝80 000×10%－2 520＝5 480(元)

劳务报酬所得预扣预缴个人所得税＝18 000×(1－20%)×20%＝2 880(元)

稿酬所得预扣预缴个人所得税＝20 000×(1－20%)×70%×20%＝2 240(元)

全年综合所得应纳个人所得税＝[80 000＋18 000×(1－20%)＋20 000×(1－20%)×70%]×10%－2 520＝8 040(元)

全年综合所得应退个人所得税＝5 480＋2 880＋2 440－8 040＝2 760(元)

方案二：放弃退税。

如果王某放弃汇算清缴，减少收入 2 760 元，所以选择方案一。

任务三　个人其他涉税筹划

一、增值税纳税筹划

增值税有关规定：

(1) 个人出租住房，按照 5%的征收率，减按 1.5%计算增值税应纳税额。个人出租非住房，按照 5%的征收率计算增值税应纳税额。

(2) 其他个人采取一次性收取租金方式出租不动产取得的租金收入，可在对应租赁期内平均分摊，分摊后的月租金收入未超过 10 万元的，免征增值税。

(3) 北京市、上海市、广州市、深圳市以外地区的个人将购买不足 2 年的住房对外销售的，按照 5%的征收率全额缴纳增值税；个人将购买 2 年以上（含 2 年）的住房对外销售的，免征增值税。

个人发生增值税应税行为，应合理、合法进行纳税筹划。例如一次性收取租金、转让住房等，要充分利用税法规定，达到不缴和少缴增值税。

例 8－21：2023 年 1 月 1 日，王某出租其拥有的临街门面房，市场同类房产的不含税年租金收入为 120 万元左右。王某该如何进行增值税纳税筹划？

解析：

方案一：王某在 2023 年 1 月 1 日一次性收取全年租金 120 万元。

月租金收入＝120÷12＝10（万元）

月租金收入未超过 10 万元，免征增值税。

方案二：王某在 2023 年 1 月 1 日一次性收取全年租金 121.2 万元。

月租金收入＝121.2÷12＝10.1（万元）

月租金收入超过 10 万元。

应纳增值税＝121. 2×5%＝6. 06（万元）

王某多收了1.2万元租金，多缴纳增值税6.06万元，所以应当选择方案一。

二、契税纳税筹划

契税有关规定：

（1）法定继承人（包括配偶、子女、父母、兄弟姐妹、祖父母、外祖父母）继承土地、房屋权属，不征契税；非法定继承人根据遗嘱承受死者生前土地、房屋权属，属于赠予行为，应征契税。

（2）对个人购买家庭唯一住房（家庭成员包括购房人、配偶、未成年子女），面积为90平方米及以下的，减按1%的税率征收契税；面积为90平方米以上的，减按1.5%的税率征收契税。对个人购买家庭第二套改善性住房，面积为90平方米及以下的，减按1%的税率征收契税；面积为90平方米以上的，减按2%的税率征收契税。

个人发生契税应税行为，要充分利用税法规定，合理、合法进行纳税筹划，不缴和少缴契税。

例8-22：2023年12月，王某准备结婚，计划首次购买家庭唯一住房（面积在90平方米左右，价格在200万元左右），当地规定的契税税率为4%。王某该如何进行契税纳税筹划？

解析：

方案一：王某选择购买90平方米、成交价格200万元的住房。

$$应纳契税=200\times1\%=2(万元)$$

方案二：王某选择购买90.5平方米、成交价格210万元的住房。

$$应纳契税=210\times1.5\%=3.15(万元)$$

面积增加了0.5平方米，成交价格多付10万元，契税多缴1.15万元，共计多付11.15万元，所以应选择方案一。

三、车船税纳税筹划

车船税有关规定：

（1）对节能车船，减半征收车船税。

（2）新能源车船，免征车船税。免征车船税的新能源汽车是指纯电动商用车、插电式（含增程式）混合动力汽车、燃料电池商用车。

车船税按年申报，分月计算，一次性缴纳。纳税人在购置应税车船时，要充分利用车船税的有关规定，尤其是掌握车船税的优惠政策，以达到车船在规定使用年限节税的目的。

例8-23：2023年5月，王某决定购买1辆排气量在4.0升以上的汽车，预计使用年限15年，当地规定的该类车的车船税税额为每年每辆5 400元。王某该如何进行车船税纳税筹划？

解析：

方案一：购买某品牌燃油汽车。

$$年应纳车船税=1\times5\,400=5\,400(元)$$

$$15年共计应纳车船税=15\times5\,400=81\,000(元)$$

方案二：购买某品牌节能汽车。

$$年应纳车船税=1\times5\,400\times50\%=2\,700(元)$$

15 年共计应纳车船税＝15×2 700＝40 500(元)

方案三：购买某品牌新能源汽车，免征车船税。

根据以上计算分析，不考虑其他因素，单就环境保护和节税而言，王某应当选择方案三。

四、车辆购置税纳税筹划

车辆购置税有关规定：

(1) 车辆购置税的征税对象，是指在我国境内购置应税车辆的行为。

(2) 车辆购置税税率为 10%，购买自用车辆的计税依据为纳税人支付给销售者的全部价款，不包括增值税。

纳税人在购置车辆时，要利用税法规定，尤其是计税依据的确定，合法进行纳税筹划。

例 8－24：2023 年 7 月，王某计划购置价格在 400 000 元左右的汽车 1 辆，准备 100 000 元为自己的爱车装饰美化。王某该如何进行车辆购置税纳税筹划？

解析：

方案一：王某决定在某汽车 4s 店购车并装饰，支付车价款 400 000 元，装饰费 100 000元。

应税车辆计税价格＝(400 000＋100 000)÷(1＋13%)＝442 477.88(元)

应纳车辆购置税＝442 477.88×10%＝44 247.79(元)

方案二：王某决定在某汽车 4s 店购车，支付车价款 400 000 元，在另一汽车装饰店装饰，支付装饰费 100 000 元。

应税车辆计税价格＝400 000÷(1＋13%)＝353 982.30(元)

应纳车辆购置税＝353 982.30×10%＝35 398.23(元)

方案三：王某决定在某汽车 4s 店购买某品牌新能源车，支付车价款 400 000 元，支付装饰费 100 000 元。免征车辆购置税。

通过以上计算分析，若购买新能源车，选择方案三可节约 44 247.79 元；若购买非免税车辆，选择方案二可节约 8 849.56 元（44 247.79－35 398.23)。

理财文化

从古代财税思想中汲取智慧

财税制度自古有之，中华民族数千年文明史孕育了丰富的关于财税制度的思想。从古代财税思想中汲取智慧，对于今天建立现代财税体制具有重要价值。

财政随国家的产生而产生，是国家治理体系的重要组成部分。从先秦到明清，符合仁政的财政原则可归纳为“敛从其薄”（《左传·哀公·哀公十一年》)、“节用而爱人”(《论语·学而》)。前者针对财政收入，后者针对财政支出。中国古代思想家们认为，“夫农工商贾者，财之所自来也”，既要养护财源，又要取财有度，税收必须“敛从其薄”“彼有余而我取之”，实现“其所有余”，如此才能实现“农工商贾皆乐其业”。

为了实现社会公平，中国古代思想家们强调税收制度的“至平”“趣公”原则，希望通过发挥税收的杠杆作用来调节收入分配。《续资治通鉴长编》提出了“均天下之财，使百姓无贫”的政策主张，强调政府要承担起调节收入分配的职能。南北朝时期的苏绰认为，如果在租税上能够“斟酌贫富”，合理地划分等次，只要方法适当就能够实现“政和而民悦”，“均无贫”。

模块小结

任务一　个人所得税计算与申报			
纳税人	分类	判断标准	纳税义务
	居民纳税人	住所和居住时间	承担无限纳税义务
	非居民纳税人	住所和居住时间	承担有限纳税义务
征税范围	征税办法	适用税率	应纳税额计算
综合所得　1. 工资薪金所得	按月预缴，按年汇算清缴	七级超额累进税率	预扣预缴税款的计算
综合所得　2. 劳务报酬所得	按月/次预扣预缴；年末并入综合所得	预扣预缴 年终并入综合所得	预扣预缴税款的计算
综合所得　3. 稿酬所得	按月/次预扣预缴；年末并入综合所得	预扣预缴 年终并入综合所得	预扣预缴税款的计算
综合所得　4. 特许权使用费所得	按月/次预扣预缴；年末并入综合所得	预扣预缴 年终并入综合所得	预扣预缴税款的计算
综合所得汇算清缴应纳税额	应纳税额＝应纳税所得额×税率－速算扣除数－已预扣预缴个人所得税		
5. 经营所得	按月/季预缴、按年汇算清缴	五级超额累进税率	预缴税额的计算年终汇算清缴
6. 利息、股息、红利所得	按次	比例税率20%	次收入应纳税额的计算
7. 财产租赁所得	按月	比例税率20%	次收入4 000元以下应纳税额的计算
			次收入4 000元以上应纳税额的计算
8. 财产转让所得	按次	比例税率20%	次所得的应纳税额的计算
9. 偶然所得	按次	比例税率20%	次收入应纳税额的计算

任务二　个人所得税纳税筹划	
工资薪金所得的纳税筹划	计税工资薪金收入减少化；专项扣除最大化；专项附加扣除优选化；其他扣除合理化；全年一次性资金分解化
其他综合所得的纳税筹划	利用不同的税目合理避税；费用转移法

经营所得的纳税筹划	扣除项目限额的纳税筹划；成本费用的纳税筹划；财产归属的纳税筹划
财产租赁所得的纳税筹划	修缮费用的纳税筹划；租金分布的纳税筹划
财产转让所得的纳税筹划	计征方法的纳税筹划；住房转让税收优惠的纳税筹划；股权转让的纳税筹划
利息、股息、红利所得的纳税筹划	利息收入的纳税筹划；股息、红利所得的纳税筹划
公益救济性捐赠的纳税筹划	捐赠形式的纳税筹划；扣除次序的税收筹划；捐赠数额分次的纳税筹划
年终汇算清缴的纳税筹划	汇算清缴的纳税筹划
任务三　个人其他涉税筹划	
增值税纳税筹划	增值税有关规定；增值税纳税筹划
契税纳税筹划	契税有关规定；契税纳税筹划
车船税纳税筹划	车船税有关规定；车船税纳税筹划
车辆购置税纳税筹划	车辆购置税有关规定；车辆购置税纳税筹划

模块测评

2023 年王某全年应发工资薪金总额 158 500 元，全年缴纳“三险一金”29 500 元、职业年金 3 400 元、工会会费 58 元，年终奖 32 000 元。当年 7 月为其他单位提供咨询服务共得劳务报酬收入 32 000 元；10 月出版科普读物获得稿酬收入 5 000 元；自有住宅出租，租期从 3 月至 12 月，每月租金 2 300 元，6 月发生修缮费 1 200 元，取得发票，未缴纳其他相关税费；11 月持有国库券取得利息收入 500 元；取得储蓄存款利息收入 1 800 元；年内获得省政府颁发的先进工作者奖金 2 300 元。王某有两个孩子，儿子上小学，3 月份他的女儿年满 3 周岁，他与妻子约定由他全额享受子女教育专项附加扣除。他的父亲已有 65 周岁，他和弟弟采用均摊方式享受赡养父母专项扣除。2023 年 9 月是他的首套房贷最后一次还款期，月供 3 200 元。2023 年 11 月他取得了注册会计师职业资格证。

（1）王某全年涉及几项个人所得税应税项目？

（2）计算王某年综合所得应纳个人所得税。

（3）假设王某年终奖单独计算，计算其应纳个人所得税。

（4）设定辅助条件，为王某设计综合所得、年终奖的纳税筹划方案。

模块九 教育规划

学习目标

● 知识目标

1. 了解教育规划的意义；
2. 了解教育资金的主要来源；
3. 掌握教育规划的流程；
4. 掌握各类教育规划工具及其特点。

● 能力目标

1. 能够估算客户教育金需求；
2. 能够运用适合的教育规划工具制定教育规划方案。

● 素养目标

1. 分析教育的重要性，引导学生在接受教育的过程中自强自律、吃苦耐劳、艰苦奋斗；
2. 分析教育负担比指标，引导学生孝敬父母、感恩父母，弘扬中华民族传统美德。

模块导入

随着社会经济的发展和人们观念的转变，我国家庭在教育培训上的经济投入比例也一直呈上升趋势。根据2020年央视财经《中国经济生活大调查》发布的调查报告显示：2020年中国普通家庭花钱排行榜上第一位是教育培训，占比达到了32.44%，该项调查表明，在持续六年间，中国百姓的教育培训消费意愿一直呈明显上升趋势。因此，从消费角度来说，教育消费已经成为国民消费的重要部分。

在中国父母普遍对孩子存在“望子成龙”的期待之下，家庭教育支出在全部支出中的比例逐步上升。面对沉重的教育负担，我们该如何应对？本模块的学习，将会帮助人们做出合理的教育规划，轻松应对家庭的教育费用问题。

任务一 教育规划基本认知

一、教育规划的必要性

（一）教育最值得投资

教育决定着人类的今天，也决定着人类的未来。对于一个家庭而言，教育就是家庭幸福、稳定安康的前提。接受教育可以增长知识、增进技能，进而争取更多的就业机会，增强职业适应性，提高职业持续发展能力。因此，用于教育的支出并非是单纯的消费支出，而是对人力资本的直接投资。

（二）教育费用越来越高

随着我国的教育体制改革，人们对接受优质教育的需求越来越高，教育费用和家庭教育资金投入也持续上升。相关数据显示，中国家庭非常舍得在教育上花钱，子女各阶段平均教育支出占家庭年收入的20%以上，其中高等教育阶段教育支出占家庭年收入的29%以上。

一般用“教育负担比”指标来衡量教育支出对家庭生活的影响。如果预计教育负担比大于30%，则表明该家庭教育支出压力偏大，应尽可能提前进行规划。

$$\text{教育负担比}=\frac{\text{届时子女教育金费用}}{\text{家庭届时税后收入}}\times 100\%$$

例 9-1： 客户张先生的儿子，预计在3年后就读国内普通高等院校，估算届时平均学费10 000元/年，住宿费3 000元/年，生活费15 000元/年，预计张先生和妻子全年总税后收入80 000元，试计算张先生家庭的教育负担比。

解析：届时的教育负担比＝28 000/80 000＝35%

（三）教育金弹性差

与其他规划相比，教育金是时间弹性和费用弹性相对较差的理财目标。

从时间弹性来看，按照我国的教育体系安排，子女18岁进入大学，届时父母应该至少准备好一年的高等教育金，否则会影响子女正常的学习。这一特点，不同于购房或退休养老规划这类规划目标，如果财务状况不允许，可以推迟目标的实现时间，但是教育目标显然无法推迟。

从费用弹性来看，高等教育费用相对固定，不管家庭收入与资产状况如何，对每位学生都基本相同。它不像其他消费支出或退休养老规划，可以调整目标费用。

除此以外，教育金还有持续时间长、受通货膨胀影响大的特点。这些都使得提前进行教育规划变得非常必要。

二、教育规划的主要内容

（一）教育规划的概念

教育规划是指对实现预期教育目标所需要的费用进行的一系列资金管理活动。

根据教育对象的不同，教育规划可分为个人教育规划和子女教育规划两种。个人教育规划是指对客户本人的教育规划，其在消费的时间、金额等方面有很大的不确定性；子女教育规划是指为客户子女将来的教育目标所需资金进行规划和管理，通常子女教育规划是个人家庭理财规划的核心，尤其高等教育阶段为非义务教育，且教育费用较高，是教育规划的重点。因此，本模块内容主要讨论客户子女的教育规划。

（二）教育规划的原则

理财是设立并达成财务目标的过程。虽然每个客户对子女教育设定的目标并不相同，子女自身情况也千差万别，但一般而言制定子女教育规划都应遵循以下几个原则：

1. 目标合理

父母都期望子女能够达成自己的培养目标，但每个孩子资质不同，兴趣爱好也会随着人生阶段的不同而发生变化。因此，在为子女设定教育目标时，应充分考虑孩子的成长阶段和自身特点，并结合家庭实际的经济情况、风险承受能力设定理财目标。同时采用相对灵活的教育金积累方式，以适应子女在未来的不同选择。

2. 尽早规划

子女教育金时间弹性差、费用弹性差，且高等教育阶段费用支出较大，所以要尽早筹备，充分利用货币时间价值带来的好处（见表 9-1）。同时子女高等教育金支付期与退休金准备期高度重合，如果不提早规划，可能会因为供子女上大学而影响退休生活质量。

表 9-1　教育规划时间/价值比较（高等教育金）

	甲	乙	丙
规划时间	孩子出生时	孩子上小学时	孩子上初中时
投资总年限（年）	18	12	6
投资收益率	5%	5%	5%
每月投资额（元）	250	375	750
投资本金（元）	54 000	54 000	54 000
孩子上大学时积累的投资总价值（元）	87 301	73 786	62 823

3. 专款专用

教育金的储备贯穿孩子的整个教育阶段，周期较长。正因为如此，很多人容易在中途就将教育金转做他用，等孩子需要使用资金时，才发现资金不足。因此，教育金的规划账户应单独开立，专款专用，并坚持做到定期定额投资，这样才能使孩子的教育得到保障。

4. 稳健投资

在进行教育资金的储备过程中，不同的规划工具能产生不同的收益，但是高收益的投资必将承担较高的风险。子女教育金费用弹性差，如果一味地追求高收益，一旦本金遭受损失，对子女未来的教育将会带来很大的影响。因此规划工具配置时，尽可能遵循稳健的原则，如储蓄、货币类工具、教育理财产品、教育保险等，特别是规划时间较短的客户，稳健尤为重要。

任务二　教育规划实务

一、教育规划的流程

在制定教育规划方案之前，首先应该熟悉教育规划的流程，如图 9-1 所示。

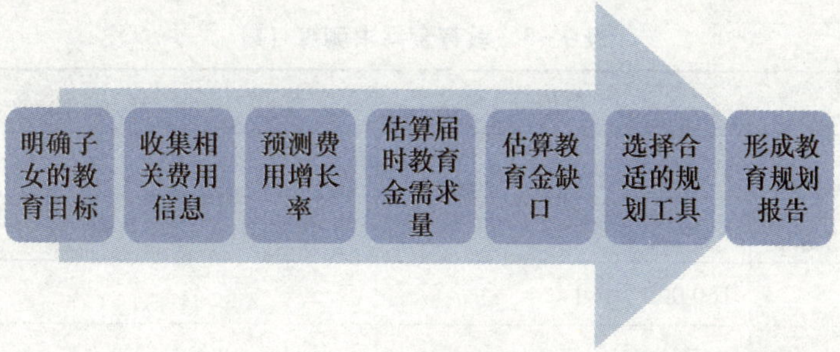

图 9-1　教育规划的流程

二、客户教育金需求分析

教育规划主要围绕教育所需资金进行。因此，客户对子女有什么样的教育目标，为实现此目标需要多少资金，就属于教育金需求分析。

（一）明确子女的教育目标

家庭需要明确希望子女未来接受的教育目标，并了解实现该目标当前所需的费用。一般可以通过以下问题来帮助明确目标（见表 9-2）。

表 9-2　教育目标客户问卷

预设问题	预设选项				
您的子女目前年龄是多少？					
您的教育规划目标阶段是哪个？	□初中	□高中	□大学	□研究生	□博士及以上
您希望子女在何地完成该项教育？	□国内	□国外			
	□本地	□外地			
	意向城市				
您希望子女在何种类型学校完成该项教育？	□公立学校	□私立学校	□国际学校		

（二）估算教育费用

根据教育目标，结合实际情况，预测教育费用的增长率，计算届时所需费用。

第一步：了解目前各类目标院校所需费用。不同类型的院校收费不同，不同城市、不同国家的学费、生活费等也有巨大的差异，可以通过网络查询、电话咨询等方式，来了解相关费用。

第二步：设定通胀率。由于教育规划周期较长，教育费用不得不考虑通货膨胀的因素，可以通过国家统计机构发布的信息进行大体的估算预测。

第三步：按预计通胀率，计算子女就读目标院校时所需的最终费用。

例 9-2：王先生的儿子今年 10 岁，王先生希望儿子 18 岁时能去加拿大读大学。经过了解，加拿大目前留学费用约 150 000 元/年，学制 4 年。假定通胀率为 4%，试测算王先生的教育金需求。

解析：王先生教育金需求测算如表 9-3 所示。

表 9-3 教育金需求测算（1）

项目	数值	备注
子女年龄	10 岁	
距离目标年数	8 年	18 岁大学
目前大学费用	150 000 元/年	
学制	4 年	
通胀率	4%	3%～5%，假设 4%
届时大学费用	205 285.36 元/年	$n=8$，$i=4\%$，$PV=150\,000$，$FV=205\,285.36$

（三）估算教育金缺口

若客户目前没有任何教育金储备，则估算的届时教育费用即为该客户的教育金缺口，需要从现在开始采用一次性投资或者分期投资进行准备；若客户目前已有一部分教育金准备，则需计算现有教育准备金在届时的终值与所需资金的缺口，即为客户实际的教育金需求。

例 9-3：在例 9-2 中，假定王先生的儿子入学后费用不再增长，王先生目前已为儿子储备 50 000 元准备金，投资报酬率为 5%，试测算王先生的教育金缺口。

解析：王先生教育金缺口测算如表 9-4 所示。

表 9-4 教育金需求测算（2）

项目	数值	备注
届时总费用	774 970.92 元	$n=4$，$i=4\%$，$A=205\,285.36$ $PV=774\,970.92$（期初年金）
目前的教育准备金	50 000 元	
投资报酬率	5%	
至上大学时的累积额	73 872.77 元	$n=8$，$i=5\%$，$PV=50\,000$，$FV=73\,872.77$
教育金缺口	701 098.15 元	774 970.92－73 872.77＝701 098.15（元）

三、教育金的来源分析

如图 9-2 所示，教育金的来源主要有以下渠道：

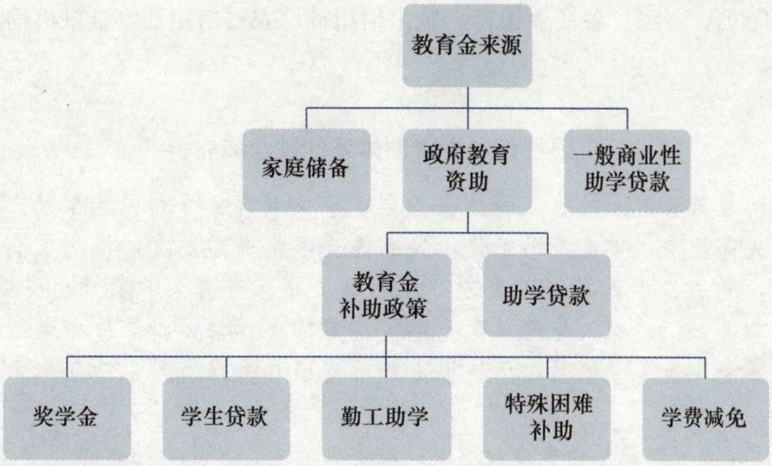

图 9－2　教育金的来源

（一）家庭储备

教育金主要来源是客户家庭储备、客户自身资产及每年结余。

（二）政府教育资助

政府每年都会在财政预算中拨出一部分资金对符合条件的学生提供教育资助。

1. 教育金补助政策

我国高校基本上形成了以奖学金、助学贷款、勤工助学、特殊困难补助和学费减免（简称奖、贷、助、补、减）为主的帮助贫困生的政策体系，可以为家庭教育金准备不足提供帮助。此外，还有针对少数民族学生、军校学生、公安院校学生、师范类学生提供的特殊身份补助。

2. 助学贷款

助学贷款主要有两类，分别是国家助学贷款和生源地助学贷款。

国家助学贷款是由政府主导、财政贴息，银行、教育行政部门与高校共同操作的专门帮助高校贫困家庭学生的银行贷款。借款学生不需要办理贷款担保或抵押，但需要承诺按期还款，并承担相关法律责任。借款学生通过学校向银行申请贷款，用于弥补在校学习期间学费、住宿费和生活费的不足，毕业后分期偿还。

国家助学贷款与生源地助学贷款比较

生源地助学贷款是指国家开发银行向符合条件的家庭经济困难的普通高校新生和在校生发放的、在学生入学前户籍所在县（市、区）办理的助学贷款。贷款资金主要用于学生缴纳在校期间的学费和住宿费。生源地助学贷款是国家助学贷款的重要组成部分。

（三）一般商业性助学贷款

一般商业性助学贷款是指金融机构对正在接受非义务教育学习的学生或其直系亲属、法定监护人发放的商业性贷款，该贷款只能用于学生的学杂费、生活费以及其他与学习有关的费用。一般商业性助学贷款财政不贴息，贷款利率按人民银行规定的同期限贷款利率执行，最低额度为人民币2 000 元（含 2 000 元），最高额度为人民币 50 万元；期限最短为半年，最

一般商业性助学贷款

长不超过 5 年（含 5 年）。各商业银行、城市信用社、农村信用社等金融机构均可开办。

理财前沿

中国特色学生资助体系的健全和完善

学生资助是重要的保民生、暖民心工程，事关教育公平和民生福祉。党的十八大以来，党中央高度重视学生资助工作，要求健全学生资助制度，提高家庭经济困难学生资助水平，党的二十大报告更是进一步明确“完善覆盖全学段学生资助体系”。教育部门会同有关部门，深入贯彻落实党中央决策部署，督促指导地方各级政府和学校着力建设高质量学生资助体系，坚持推进精准资助和资助育人，建立起中国特色的学生资助体系。

目前我国学生资助已形成了投入上以政府资助为主、学校和社会资助为辅，方式上以无偿资助为主、有偿资助为辅，对象上以助困为主、奖优为辅的中国特色学生资助体系。从现实经验来看，我国资助体系的健全完善，不仅解决了我国家庭经济困难学生上学难的问题，也为世界各国特别是发展中国家提供了学生资助的中国智慧、中国样本和中国方案。

不让一个学生因家庭经济困难而失学，这是党和政府对人民群众做出的郑重承诺。目前，我国的资助体系涵盖 28 个中央政府资助项目，“奖、助、贷、免、勤、补、减”多元政策相结合，年资助人次 1.5 亿，年资助金额 2 600 多亿元。党的十八大以来，我国累计资助学生近 13 亿人次。它不仅体现了我国坚持以人民为中心、努力办好人民满意教育的初心使命，更充分彰显了中国特色社会主义制度的优越性。

四、教育规划工具选择

子女从出生开始即要使用教育金，教育金消费数额大、跨度长，在整个消费期都需要进行教育规划。了解了教育金的来源后，最重要的是对教育金规划中可使用的规划工具有深入的认识，合理使用规划工具，才能达到预期的教育目标。根据教育金筹集的时间长短来分，教育规划工具分为短期规划工具和长期规划工具两大类。

（一）短期规划工具

如果较晚进行教育规划，即短期内就需要一笔资金来支付教育费用，家庭储备不足，此时就应考虑贷款或者资产变现。

贷款类型有住房抵押贷款、学校贷款、政府贷款、资助性机构贷款、银行贷款。一般首先考虑能否具有低息的助学贷款条件，其次是政府或资助性机构，最后考虑银行贷款。银行贷款利率较高，且需要抵押物，应考虑是否会影响未来的退休计划或家庭其他理财规划。需求紧迫时再采用资产变现或典当，但将影响家庭总资产。

（二）长期规划工具

家庭教育金规划时间较长的话，可以采用一些长期投资工具，遵循规划原则，定期定额，逐步积累，达到教育目标。

1. 教育储蓄

教育储蓄存款是指以储蓄存款方式，为子女接受非义务教育（在校小学四年级及以上学生）积蓄资金，是零存整取储蓄存款的一种。教育储蓄存款具有储户特定、存期灵活、总额控制、利率优惠、利息免税的特点。起存金额为50元，存期分为一年、三年、六年3个档次，存款本金合计最高限额为2万元。

教育储蓄作为传统储蓄业务，现行利率较低，主要目的是强制储蓄，可以帮助客户实施教育金规划。

2. 教育年金保险

教育年金保险是针对少年儿童在不同生长阶段的教育需要提供相应的保险金。教育保险既具有强制储蓄的作用，也有一定的保障功能。

教育年金保险的基本功能：

(1)"保费豁免"功能。所谓"保费豁免"功能就是一旦投保的家长遭受不幸，身故或者全残，保险公司将豁免所有未交保费，子女还可以继续得到保障和资助。

(2) 强制储蓄的功能。父母可以根据自己的预期和孩子未来受教育水平的高低来为孩子选择险种和金额，一旦为孩子建立了教育保险计划，就必须每年存入约定的金额，从而保证这个储蓄计划一定能够完成。

(3) 具有保险的保障功能。一旦投保人发生疾病或意外身故及高残等风险，不能负担孩子的教育金储备计划保费，而保单原应享有的权益不变，仍然能够给孩子提供以后受教育的费用。

(4) 具有理财分红功能。它一般分多次给付，回报期相对较长，能够在一定程度上抵御通货膨胀的影响。

3. 定期定额基金投资

教育储蓄和年金保险都具有强制储备教育金的特点，但属长期投资，收益率较低，可将储蓄转化为投资，例如定期定额购买平衡型基金，既可以定期强制储备，又能获得较高的投资收益。

基金定投（定期定额基金投资）是指在固定的时间，以固定的金额，投资到指定的开放式基金中，类似于银行的零存整取方式。该类基金具有投资起点低、管理水平高、收益共享、风险共担、灵活方便等特点，能积少成多，平摊投资成本，降低整体风险，是家庭教育规划工具中最值得推荐的。但是作为教育金准备工具，基金定投最好选择债券型、指数类平衡型、稳健型的基金，短期、中期、长期可以选择不同类型，根据基金走势灵活调整，不建议投资于股票型基金。

例9-4：在例9-3中，经测算，王先生教育资金缺口为701 098.15元，如果采用定投方式，每月需要投资多少？

解析：定投月投资额的计算如表9-5所示。

表9-5　教育金需求测算（3）

教育金缺口	701 098.15元	774 970.92－73 872.77＝701 098.15
定投月投资额	5 954.6元/月	$n=8*12$，$i=5\%/12$，$FV=701\ 098.15$，$A=5\ 954.60$

4. 子女教育信托

子女教育信托是指委托人（一般为父母）以子女的教育为目的，一次或定期将资金转入信托专户，由受托人（信托公司）代为投资运用，并约定将来在某特定时间将信托财产定期转予受益人。在我国，子女教育信托一般是家族信托的一部分，起到家庭财产定向传承、风险隔离、避税避债等财产传承与保障作用。

子女教育家族信托

设立子女教育信托具有多方面的积极意义：一是激励子女努力奋斗。在设立信托时，通过设立一定的条件，只有当子女达到预定目标，才能取得相应的资金，进而激励子女努力奋斗。二是防止子女任意挥霍财产。受托人对教育金的管理可以避免孩子养成不良嗜好，防止子女对资金的滥用。三是有助于培养孩子的理财意识。设立信托后，孩子的教育及生活开支都将与信托机构、资金托管机构紧密相连，有利于其从小养成节俭、合理规划的理财观念。四是规避家庭财务危机。通过设立信托，保证了一部分财产的安全性，可以避免由于家庭财务危机而给子女未来的教育和生活带来不良影响，实现风险阻隔。五是财产可获得专业的管理和规划。专业信托机构的理财管理服务可以使信托财产得到最好的规划和配置，实现保值增值，同时保证子女未来的学习和生活。

5. 自行投资的资产配置

可以选择风险系数较低的政府债券（国债）、投资基金；如果教育规划的时间较长，也可以适当选用股票做投资组合，但该类型资产所占比重不应过大。

例 9-5：王先生和妻子准备为即将出生的宝宝进行教育规划，王先生年收入约 10 万元，他的妻子年收入约 6 万元。依王先生和妻子对孩子的教育期望测算，宝宝各个阶段成长教育费用如表 9-6 所示。

表 9-6　宝宝各个阶段成长教育费用

成长教育阶段	年支出（元）	总支出（元）
孕产期	20 000	20 000
婴儿期（0～2 岁）	32 200	96 600
幼儿园期（3～5 岁）	28 000	84 000
小学期（6～11 岁）	53 000	318 000
中学期（12～17 岁）	57 700	346 200
大学期（18～21 岁）	38 000	152 000
出国留学期（22～23 岁）	193 725	387 450
合计		1 404 250

假设未来 30 年的年均通胀率为 3%，则每阶段届时实际所需费用如表 9-7 所示。

表 9-7　每阶段实际所需费用

序号	成长教育阶段	年支出（元）	届时实际总支出（元）
第 1 年	孕产期	20 000	20 000.00
第 2 年	婴儿期（0～2 岁）	32 200	33 166.00
第 3 年		32 200	34 160.98
第 4 年		32 200	35 185.81

续表

序号	成长教育阶段	年支出（元）	届时实际总支出（元）
第 5 年	幼儿园期（3～5 岁）	28 000	31 514.25
第 6 年		28 000	32 459.67
第 7 年		28 000	33 433.46
第 8 年	小学期（6～11 岁）	53 000	65 183.31
第 9 年		53 000	67 138.81
第 10 年		53 000	69 152.98
第 11 年		53 000	71 227.57
第 12 年		53 000	73 364.40
第 13 年		53 000	75 565.33
第 14 年	中学期（12～17 岁）	57 700	84 734.40
第 15 年		57 700	87 276.43
第 16 年		57 700	89 894.72
第 17 年		57 700	92 591.56
第 18 年		57 700	95 369.31
第 19 年		57 700	98 230.39
第 20 年	大学期（18～21 岁）	38 000	66 633.23
第 21 年		38 000	68 632.23
第 22 年		38 000	70 691.19
第 23 年		38 000	72 811.93
第 24 年	出国留学期（22～23 岁）	193 725	382 333.05
第 25 年		193 725	393 803.04
合计			2 244 554.04

若王先生一家选择定期定额的储蓄，按现行的储蓄利率零存整取滚动储蓄，假设平均储蓄利率为 2%，则需每月存入银行的金额为：

$$2\ 244\ 554.04 \div (F/A,\ 2\%/12\ 300) = 5\ 772.72(\text{元})$$

考虑到王先生一家税后月平均收入为 13 300 元，月储蓄率＝5 772.72/13 300＝43%，偏高，会影响家庭正常支出，并且储蓄利率低于通胀利率，试调整方案。

解析：可以考虑如下整合方案：

(1) 购买教育保险，虽然每月支出会增加一部分用于保费，但其实相当于每月强制储蓄，还可以加强家庭风险保障。

(2) 每月定投一个投资组合，建议 30%债券型开放式基金、30%指数型基金、40%股票型基金，这样一个稳健型的投资组合综合回报率约为 5%，则王先生一家每月定投 2 586 元即可以实现投资目标。

这样，王先生一家能轻松实现教育金目标，还增强了家庭抗风险的能力，随着家庭收入的增长，可以再进行其余相关家庭目标的规划。

理财文化

“教育”一词最早的出处

很多人对“孟母三迁”“孟母断机杼”的故事耳熟能详，故事的主人公是战国时期的孟轲和他的母亲。因为父亲去世得早，孟轲由母亲抚养成人。孟轲小时候特别调皮贪玩，他的母亲为了让其成才，几次三番搬家为其创造良好的学习环境，并用弄断织布梭子的做法现身说法。在母亲的精心教诲下，孟轲走上了正确的人生之路，成为“孔子之后第一人”，被誉为“亚圣”。

而“教育”一词最早正是出于孟子及其弟子所著的《孟子》。在《孟子·尽心章句上》中孟子曾言：“君子有三乐，而王天下不与存焉。父母俱存，兄弟无故，一乐也；仰不愧于天，俯不怍于人，二乐也；得天下英才而教育之，三乐也。”由此可知，“教育”一词的出现已经有两千多年的历史了。

模块小结

任务一　教育规划基本认知		
教育负担比		届时子女教育金费用/家庭届时税后收入×100%
教育金弹性		时间弹性差，费用弹性差
教育规划分类		个人教育规划
		子女教育规划
教育规划的原则		目标合理、尽早规划、专款专用、稳健投资
任务二　教育规划实务		
教育资金来源	家庭储备	使用灵活，资金有限
	政府教育资助	条件受限，资金有限
	一般商业性助学贷款	成本高，贷款条件高
教育规划工具	短期规划工具	家庭储备、贷款、资产变现
	长期规划工具	教育储蓄、教育年金保险、定期定额基金投资、子女教育信托、自行投资的资产配置

模块测评

1. 杨先生的儿子今年7岁，预计18岁上大学，大学学费现在是2.4万元/年，预计学费每年上涨4%（假设入学后学费及生活费增长为0）。杨先生想为孩子设立一个教育基金，每年年末投入一笔固定的钱，直到孩子上大学为止。假定年投资收益率为5.98%，则每年应投入多少元?

2. 张先生和妻子都是企业中层管理人员，两人的年收入在10万元左右，且都有“五险一金”。他们有一个半岁大的孩子。现在拥有住房一套，每月日常生活开支大约5 000元，另有6万元存款及5万元股票。张先生一家希望在两年内购买一辆10万元左右的轿车。最近张先生和妻子在是否应当为孩子未来教育进行规划产生了分歧。张先生认为，现在的孩子们花费很多，而且未来上大学的费用也很高，应当早一些做准备，买点保险或其他专门的理财产品，张先生的妻子则认为孩子现在还小，应当把手头的资金尽量拿去投资，好快速积累，将来才够给孩子用。如果你是张先生一家的理财顾问，你觉得谁说得更有道理？你会给出怎样的建议？

模块十 退休养老规划

学习目标

- 知识目标
  1. 了解退休养老规划的基本概念；
  2. 掌握养老规划的影响因素；
  3. 掌握养老规划方案制定的原则和需求分析方法；
  4. 熟悉社会养老保险和社会医疗保险的基本内容。
- 能力目标
  1. 能够分析客户养老规划的影响因素；
  2. 会使用养老需求分析法测算客户退休养老的资金需求；
  3. 能够根据客户财务状况选择适合的退休养老规划工具；
  4. 可以根据客户的综合信息编制退休养老方案。
- 素养目标
  1. 弘扬尊老爱幼的传统美德，培养当代青年的责任担当；
  2. 分析我国现行社会养老保险制度，开展爱国教育，厚植家国情怀。

模块导入

中国是世界上人口老龄化问题比较突出的国家。随着社会医疗保障体系的改革完善，近年来人民的平均寿命不断延长，老年人口的比重不断提升，2023年年底我国65岁以上的老年人口达到2.17亿，庞大的老年人口总量决定了中国养老问题的艰巨性。

当代“421”式的家庭结构，使年轻人面临需要同时赡养多位老人的压力，而年轻人在日趋激烈的就业环境和工作压力下“啃老”也极为普遍。在传统家庭养老功能弱化、社区养老资源紧张的现状下，老年人该如何安度晚年？每个人都会步入老年生活，如何才能让自己拥有足够的物质保障，享受到较高质量的晚年生活？

本模块将会学习退休养老的基本概念，了解影响养老的基本因素，通过掌握养老规划原则和养老需求分析制定适合养老规划的方案，即通过及早选择适合的退休养老规划工具，为老年生活储备资金，解决老年人晚年生活的后顾之忧。

任务一　认识养老规划

老年是每个人必须经历的阶段，我们可以躲避灾难，分散风险，但是却逃不开衰老。现实生活中很多的因素都影响和制约着老年生活的质量，而我们能做的就是在年老之前，为自己的老年生活及早规划。

一、退休养老规划的含义

退休养老规划是个人理财规划的重要组成部分，指人们为了在将来拥有高品质的退休生活，而从现在开始进行的财富积累和资产规划。所谓“兵马未动，粮草先行”，养老规划主要是从财富积累和资产规划两个方面来筹划，两个方面相辅相成的，财富积累是资产规划的前提，资产规划是财富积累的保障，两者共进为退休养老积累更多的物质财富。

（一）财富积累

在我国，上班族会在60岁左右退休，女性可能会更早一些。退休之后的生活来源可能面临断崖式的下跌，若要保证退休后财务自由，必须在工作阶段开始积累养老资金，这个阶段收入水平逐步提高，而生活消费虽然也在增加，但随着时间推移会趋于稳定，能够为退休养老积蓄一定的资金，提升晚年的生活质量。

（二）资产规划

在快节奏的现代生活中，退休对人们的心理、收入、生活状态都会产生一定程度的影响，年老之后的生活开支会受到棘轮效应影响，短时间内不会有大的改变，仅依靠积累的财富可能难以覆盖整个退休养老生活阶段，坐吃山空不如合理规划。制定合理和有效的养老资产规划，不仅能够满足年老后的消费支出而且能够保障老年生活的高品质和幸福感。

二、制定退休养老规划的必要性

（一）退休生活时间在增加

随着科学技术的进步和卫生健康事业的发展，人们的寿命不断延长，1990年我国人口的平均寿命为68.55岁，2015年平均寿命延长至76.34岁，预计到2025年中国人的平均寿命将延长至78.3岁，因此退休后人们面临的养老生活时间将大大延长，更长时间的退休生活意味需要更多的储备资金和更完善的养老规划。

（二）养儿防老的观念在改变

随着家庭结构的变化和生活方式的变革，年轻人与老年人在生活方式、子女教育及思想观念方面都有较大的差异。正因如此，一项社会调查结果显示，超过50%的老年人不愿意跟子女住在一起，养儿可能不再防老。若子女收入较低，无法顾及和照料老人，甚至还需要老人分担抚养孙子（孙女）的费用，这样老人自己无法得到赡养还会背上额外的经济负担。

（三）人们的生活品质不断提升

2023 年全年我国居民人均消费支出 26 796 元，比上年增长 9.2%，扣除价格因素，实际增长 9.0%。其中，人均服务性消费支出 12 114 元，比上年增长 14.4%；人均衣着支出 1 479 元，增长 8.4%；人均居住消费支出 6 095 元，增长 3.6%；人均生活用品及服务消费支出 1 526 元，增长 6.6%；人均交通通信消费支出 3 652 元，增长 14.3%；人均教育文化娱乐消费支出 2 904 元，增长 17.6%；人均医疗保健消费支出 2 460 元，增长 16.0%；人均其他用品及服务消费支出 697 元，增长 17.1%。我国的消费结构在不断优化，消费水平在不断提升，生活品质在不断改善。老年人在退休之后不仅要保障衣食，更希望追求高质量的老年生活，因此需要提前做好规划、储备资金保证高品质的晚年生活。

（四）老年人生活成本在增加

进入退休阶段，家庭收入会大幅度下降，然而随着物价的上涨生活消费成本却呈现上升趋势。时代与科技的进步使得人们对于养老生活品质的要求越来越高，养老开支也会越来越高。根据社会健康组织调查，有 43%的人计划在健康管理方面增加开支，除此之外在娱乐社交、文化旅游、生活设备等方面的开支也有所增加。面对不断增加的生活成本，做好理财方案，增加退休后的养老收入成为许多人制定养老规划的重要原因。

（五）其他不确定因素

另外，人生还会有许多的不确定因素，或多或少会给老年退休生活带来影响。社会医疗保险制度的变革、社会保障体系的改革、家庭成员身体状况以及市场利率波动等都是退休养老阶段应该考虑的问题，基于上述原因，制定一份适合自己的退休养老规划，是安享晚年的一份保障。

三、制定退休养老规划的原则

（一）及早规划原则

退休养老规划实际上是协调当期消费和远期消费的关系。每个人一生各个阶段的收入和支出是不匹配的，一般在青年阶段支出大于收入，在中年以后至退休前，收入大于支出，退休后的支出大于收入，退休后的赤字需要用前一阶段的积累来弥补，如何能让工作阶段积累下的资金足够弥补退休后的亏损呢？那么根据货币的时间价值规律，提早规划，则到退休时积累的资金越多，当然还要考虑积累资金的收益率。如表 10-1 显示，越早规划收益越多，投资收益率越高，资金积累越多。

表 10-1 不同年龄段资金积累统计 单位：元

期限利率本金	退休本金积累额（每年 20 000 元）			
	3%	5%	7%	9%
35 年（25 岁起）	1 209 241	1 806 406	2 764 737	4 314 215
25 年（35 岁起）	729 185	954 541	1 264 980	1 694 017
15 年（45 岁起）	371 978	431 571	502 580	578 218
5 年（55 岁起）	106 183	110 513	115 014	119 684

理财实训

王先生今年 35 岁，他计划 60 岁退休，没有缴纳基本养老保险。如今他打算为自己退休后储蓄一笔养老金，从今年开始每年存 30 000 元，年收益率为 5%，退休后他可以积累多少养老金？若 45 岁后开始存入相同金额的年金，退休后他可以获得多少的退休储蓄？

（二）弹性原则

根据客观或者主观因素的变动，如客户从事的工作收入发生变化、未来五年经济低迷、市场投资收益率下降以及未来可能出现的不确定风险造成支出的增加等，退休养老规划的目标要适时调整，因此制定退休养老规划应该综合考虑各种影响因素的变动。规划应该具有弹性，无论是时间方面还是积累目标，都应该存在缓冲期，以确保根据环境变动为客户做出最优的养老规划方案。

（三）安全性原则

养老退休规划是为了保障年老后物质生活的充裕，在选择理财规划工具时应该以安全性为主；同时制定规划方案时应该本着安全性原则多估支出，少估收入，最大限度保障盈余，这样才能使客户在退休后实现财务安全。

（四）收益性原则

老年人是风险承受能力较弱的群体，为了保障退休生活质量不下降，较为传统的方法是增加储蓄。资金的时间价值也是我们在规划中应当考虑的因素，在收益率与通货膨胀率不断变化的情况下保证资金的收益性，才能增加资金积累的总额。

任务二　养老规划实务

制定一份完善的退休养老规划方案要经过严谨的评估和测算，通过评估客户的财务及非财务信息，测算客户养老费用的资金缺口，然后对比不同投资工具的优势，选择合适的养老退休工具来满足客户退休养老的资金需求。

一、退休养老规划的工具

（一）保险产品

投保养老保险可以作为养老资金保障的重要渠道，保险产品分为社会基本养老保险和商业养老保险。其中，商业养老保险是以获得养老金为主要目的的长期人身险，它是年金保险的一种特殊形式，又称为退休金保险，是社会养老保险的补充。商业养老保险分为四类：传统型养老险、分红型养老险、万能型寿险、投资连结保险。

1. 传统型养老险

传统型养老险是投保人与保险公司通过签订合同，双方约定确定的领取养老金的时间，约定相应的额度领取，通常来说，预定利率在合约签订时已经确定，与签约时的银行存款利率保持相当水平。

2. 分红型养老险

分红型养老险一般有保底的预定利率，但这个利率比传统养老险稍低，维持在 1.5%～2.0%。分红险除固定的最低回报外，每年还有不确定的红利获得，我国规定，保险公司应当将可分配盈余的 70%以红利的方式分配给投资人。

3. 万能型寿险

万能型寿险在扣除部分初始费用和保障成本后，保费进入个人投资账户，有保底收益，一般与银行一年期定期利率挂钩。除了必须满足约定的最低收益外，还有不确定的"额外收益"。

4. 投资连结保险

投资连结保险是一种基金，是一种长期投资产品，设有不同风险类型的账户，与不同投资品种的收益挂钩。该险种不设保底收益，保险公司只是收取账户管理费，盈亏由客户全部自负。

以上四类养老保险产品各有优缺点，适用人群也不一样，如表 10－2 所示。

表 10－2　不同类型养老保险产品的对比

	优点	缺点	适合人群
传统型养老险	回报是按照合同约定的预定利率来计算，不受外界银行利率变动的影响，回报固定，风险低	由于利率固定，难以抵制通货膨胀，从长期来看，存在贬值的风险	以强制储蓄为主，在投资理财上比较保守者
分红型养老险	有约定的最低回报，且资金的收益还与保险公司经营业绩挂钩，一定程度上回避通货膨胀对养老金的威胁，使养老金相对保值甚至增值	根据保险公司经营状况分红具有不确定性，也有可能因该公司的经营业绩不好而使自己受到损失	既要保障养老金最低收益，又有一定风险承受能力的投资者
万能型寿险	收益下有保底，上不封顶且复利增长，有效抵御银行利率波动和通货膨胀的影响；账户透明，存取较灵活，可根据规划目标变动，改变投资数额	该类型保险收益计算基数是保单的账户价值，费率较高的情况下会降低收益金的基数	适合长期投资的理性投资理财者
投资连结保险	该产品以投资为目的，兼顾养老功能，投资中由理财专家选择投资品种，不同账户之间可自行灵活转换，如果坚持长线投资，有可能收益很高	该类型产品投资风险最高，客户自负盈亏，若盲目调整投资目标，有可能造成较大损失	适合风险承受能力强的年轻人

理财讨论

你会选择哪一类型的保险作为退休养老规划的工具，为什么？

（二）储蓄产品

为了实现养老保险补充功能、协调发展其他个人商业养老金融业务，健全多层次、多支柱的养老保险体系，2022 年 4 月 21 日国务院办公厅发布了《国务院办公厅关于推动个人养老金发展的意见》，推动发展政府政策支持、个人自愿参加、市场化运营的个人养老金储蓄。国内商业银行设立个人养老金资金账户，可以办理养老资金的储蓄存款。该资金账户实行封闭管理，其权益归参加人所有，参加人达到领取基本养老金的年龄、完全丧失劳动能力、出国定居或者其他符合规定的情形可以按月、分次或者一次性领取。

除个人养老储蓄，客户也可以选择银行普通储蓄产品，如活期存款、定期存款、通知存款等储蓄产品，银行普通储蓄产品主要特点是风险低、收益低，灵活方便，适合风险承受能力低、接近退休年龄的投资者。

（三）养老信托

养老信托是委托人基于对受托人的信任，将财产委托给受托人，由受托人按委托人意愿以自己的名义，为受益人的养老目的而对财产进行管理或者处分的行为，或为受益人提供全面养老服务的行为。养老信托作为信托业务的类型之一，旨在为老年人提供养老保障，兼具信托和养老功能。

养老信托在养老规划上融合了养老服务与金融服务，实现了老年人的资产管理、资产增值及养老服务的愿望，这种养老模式虽未形成规模，但已有雏形。

（四）养老基金

养老基金是一种为了未来的养老保障而进行资金储备的基金产品。对于绝大多数投资者来说，很难在年轻的时候就一次性地投入一大笔资金。养老基金需要投资者在一定期限内持续不断地投资积累养老基金，具有“聚沙成塔”“积跬步以至千里”的特点。投资者根据自身的风险承受能力选择不同类型的基金，投资方式可采取一次性或定期定额投资。作为退休养老投资工具而言，定期定额投资是比较推崇的选择，不仅积少成多而且强制储蓄，可以有效遏制年轻人的过度消费。国际公认的基金定投年收益率约7.5%，较高收益率可以帮助投资者积累较多的养老资金。

（五）以房养老

以房养老是依据拥有住房资源，利用住房寿命周期和老年住户生存余命的差异，对广大老年人拥有的巨大房产资源，尤其是人们死亡后住房尚余存的价值，通过一定的金融或非金融机制提前套现变现。具体来讲就是已经拥有房屋产权的老年人将自己的房屋产权抵押给银行、保险公司等金融机构，金融机构对老年人的年龄、预期寿命、房屋现值、未来的增值以及老人去世后房产估值进行综合评估后，按照房屋估值减去折损和预支利息的余额分摊到预期寿命年限中去，按月或者按年支付现金给借款人，一直延续到借款人去世。

理财讨论

以房养老适合哪些老年人？

二、制定退休养老规划的影响因素

影响制定退休养老规划的因素是多样的，为客户制定退休养老规划不仅要考虑客户的家庭结构、预期寿命、退休年龄，而且应考虑到客户的资产与消费倾向。

（一）家庭结构

随着经济发展和人口流动的变化，我国的家庭结构和规模也发生了巨大变化。相关数据显示，中国户均人数由 5.3 人降至 3.02 人，家庭小型化已经变为现实，而我国 65 岁以上的老龄人口已经突破 2.17 亿人，子女生活压力大，养老变难题，提早为自己或者父母储蓄足够的费用养老，做好养老规划十分必要。

（二）预期寿命

预期寿命是养老规划中首先要考虑的因素，预期寿命长则应该准备较多的退休养老基金，预期寿命短则应该准备较少的退休养老基金。如果退休后的实际寿命长于所预期的寿命，那么养老基金就会出现短缺，给老年生活带来诸多不便。因此在制定退休养老规划时应该尽量准确估计客户的预期寿命，估计客户的预期寿命可以参考客户的健康状况和“人寿保险业经验生命表”的有关判定标准。

（三）退休年龄

在进行退休养老规划时，除了考虑寿命因素，还要了解退休年龄问题。客户退休时间早则退休后的生活时间长，退休时间晚则积累退休养老金的时间会增加，消耗养老金的时间会减少。根据客户的职业不同、性别不同，退休年龄也不同。退休年龄是决定退休养老规划的起点，是在制定退休养老规划时首要考虑的因素之一。

目前我国现行企业职工退休年龄为男 60 周岁、女干部 55 周岁、女工人 50 周岁，该退休年龄政策从 20 世纪 50 年代颁布《劳动保险条例》后实施，当时我国的人均寿命不足 50 岁。从多年的实施情况看，这一政策充分考虑了当时的劳动条件、人均寿命、男女生理特点等因素，为保护职工劳动权益及身心健康发挥了积极作用。

然而，《“十四五”公共服务规划》显示我国人均预期寿命已经增长到 77.3 岁，预期 2025 年将达到 78.3 岁，相较于 20 世纪 50 年代已经增长了近 30 岁，因此，逐步推迟我国法定退休年龄，是适应我国当下的人均预期寿命，更大程度发挥劳动力社会贡献效应，并与国际退休年龄持平的一项科学选择，同时，也是缓解我国未来社保养老基金压力、健全社会保障体系的一剂良方。党的二十大重申“实施渐进式延迟法定退休年龄”，站在生育率下滑和老龄化加剧的交汇期，延迟退休改革已如箭在弦。

（四）资产与消费倾向

客户的资产投资状况是影响养老规划的重要方面，继承财产、工作所得及投资收益的资产都是退休后资产的构成部分，将直接影响到退休养老的资金规划。除资产外，消费也会影响养老规划。美国经济学家詹姆斯·杜森贝里（James Duesenberry）的相对收入消费理论认为，短期内人们的消费会随着收入的增加而增加，但难以随收入的减少而减少，所以消费倾向较高的客户在退休后的消费水平也较高，需要的养老资金较多；消费倾向比较低的客户则在退休后所需要储备的养老基金较少。

三、制定退休养老规划方案

制定退休养老规划方案主要分为五个步骤：第一步，确定退休养老的目标；第二步，估算退休后的收入和支出；第三步，计算退休养老资金缺口；第四步，选择适合的规划工具弥补资金缺口；第五步，实施、反馈与调整退休养老规划方案。

（一）确定退休养老的目标

在预估客户退休养老目标之前要先估计客户的退休年龄和预期寿命，确定客户剩余的工作时间和剩余的养老时间，将退休养老规划限定在合理的时间范围。

再则，要明确退休后的生活质量要求。应该根据现在的生活标准，结合收入与支出的基本状况确定一个恰当的调整基数。表 10－3 是退休养老目标费用的简单设定，表 10－4 是综合考虑多种收入支出因素后确定的退休养老目标的详细费用设定。

表 10－3　退休养老目标费用的简单设定

现在的生活 （月支出水平）	退休后的生活支出 （调整系数）	希望退休后的生活支出水平 （相当于现值）
（ ）元/月（ ）		（ ）元/月

表 10－4　退休养老目标详细费用设定

支出项目		现在月支出额	退休后支出额现值	支出项目		现在月支出额	退休后支出额现值
需要支出	生活费用			希望支出	旅游、休闲、娱乐		
	房屋维修				个人兴趣		
	医疗护理				赠予		
	汽车消耗				聚会		
	其他必备				其他应备		
	合计				合计		

退休后的生活目标设定决定了客户的资金需求，通常情况下对客户资金需求的估算方法是在当前消费支出水平和支出结构下，考虑通货膨胀率因素及支出调整系数后预测退休后的消费水平和支出结构。

例 10－1：李先生夫妻同岁，今年刚 35 岁，夫妻两人打算 60 岁退休。当前一家人一年的生活费用支出为 8 万元，考虑到通货膨胀因素，退休后两人的生活支出调整系数为 1，且生活费用会以 3%的速度增长。预计两人可以活到 85 岁，并以 20 万元作为退休基金的启动资金，每年年末投入一笔固定的年金作为养老积累基金，两人均没有缴纳任何社保费用。假定退休前投资回报率为 6%，退休后采用保守的投资策略，投资收益率为 3%，退休第一年的生活费用为 8 万元。根据上述材料估算李先生夫妻退休后的养老资金需求。

解析：李先生夫妻 60 岁退休，预期寿命 85 岁，则退休后的生命年限是 25 年，每年需要的生活费支出是 8 万元。退休后的资金投资回报率 3%与通货膨胀率 3%相抵消，则

李先生夫妻退休养老资金＝8×25＝200(万元)

也就是说，李先生夫妻在 60 岁刚退休时，需要准备好 200 万元的退休养老资金。

（二）估算退休后的收入和支出

退休之后的收入来源主要是社会保障收入、企业年金、商业保险、投资回报收益、兼职工作收入以及儿女的赡养费。预估退休后的收支时，针对不同的人应该有不同的预测方法，同时应该考虑货币的时间价值，在货币的时间价值折算方案中选用适合的折现率。

（三）计算退休养老资金缺口

根据公式“退休金需求缺口＝退休后生活需要资金－退休后固定收入”，可以预测退休后是否有足够的养老基金。如果资金充裕，那么退休养老规划应该注重资金的安全性管理。大多数情况下会有资金缺口，那么意味着需要通过不同的理财规划工具积累资金，选择在工作阶段每月或者每年的净收入中定期定额积累，或者准备一笔启动金寻求较高的投资回报都可以作为前期积累的方式。

例 10－2：在例 10－1 中，李先生夫妻二人退休后没有收入。目前，夫妻共有 20 万元的退休养老启动金，估算李先生夫妻退休养老资金的缺口。

解析：根据复利终值公式 $FV=PV\times(1+i)^N$，其中 $N=25$，$i=6\%$，$PV=200\,000$，代入公式得：$FV=858\,374$

$$退休养老资金的缺口=2\,000\,000-858\,374=1\,141\,626(元)$$

即李先生夫妻的资金缺口为 1 141 626 元。

（四）选择适合的规划工具弥补资金缺口

制定退休养老规划的重要任务就是弥补资金缺口，针对不同的客户应该选择不同的理财工具，为客户挑选报酬率和风险都合理的投资工具积累收益，以满足客户养老的资金需求。

例 10－3：在例 10－2 中，已经知道退休养老资金缺口为 1 141 626 元，该缺口通过每年收入积累进行定期定投来弥补，退休前投资收益率为 6%，则李先生每年需定投多少才能获得足够的退休养老资金？

解析：根据 $FV=A\times(F/A,\ i,\ n)$，其中 n 为定投年限，i 为投资收益率，A 为每年定投金额，$n=25$，$i=6\%$。

则：$A=20\,808$（元）

也就是说，李先生从现在起每年定投 20 808 元才能够保证他们夫妻在退休前获得足够的退休养老资金。

（五）实施、反馈与调整退休养老规划方案

任何理财规划的制定都不是一蹴而就的，每一份理财规划方案都会随着时间的变动和影响因素的变化，根据规划方案的实施效果和客户反馈进行定期或者不定期的调整。退休养老规划也不例外，在规划的实施中任何影响因素的变化都可能会改变实施效果，因此本着安全性与弹性原则，退休养老规划方案在实施中应该及时反馈并根据客户目标的变化做出相应的调整。

任务三　社会养老保险分析

现代养老保险制度萌芽于德国，1889 年德国俾斯麦政府颁布的《老年、残疾、死亡保险法》，被普遍认为是世界上养老保险制度正式建立的标志。德国是第一个建立现代养老保险制度的国家。

一、社会养老保险的含义

养老保险又称为老年保险，是国家和政府依据一定的法律和法规为保障劳动者在达到法定退休年龄退出劳动领域后的基本生活而建立的一种社会保险制度。

大多数国家的养老保险体系由三部分组成：社会基本养老保险、企业年金、个人储蓄性养老保险和商业养老保险。三者的设立主体不同：社会基本养老保险由国家设立；企业年金由企业设立；个人储蓄性养老保险和商业养老保险由个人自愿设立。

在社会养老保险“三支柱”中，企业年金是指在政府强制实施的公共养老金或国家养老金之外，企业在国家政策的指导下，根据自身经济实力和经济状况建立的，为本企业职工提供一定程度退休收入保障的补充性养老金制度。企业年金缴纳办法中规定企业缴费每年不超过本企业上年度职工工资总额的8%。企业和职工个人缴费合计不超过本企业上年度职工工资总额的12%。具体所需费用，由企业和职工协商确定。职工在达到国家规定的退休年龄时，可以从本人企业年金个人账户中按月或者分次领取企业年金，直至个人账户资金领取完毕为止；也可以将本人企业年金个人账户资金用于一次性购买商业养老保险产品，依据保险契约领取待遇并享受相应的继承权。

2022年11月，人力资源和社会保障部等五部门联合发布《个人养老金实施办法》（简称《办法》），按照《办法》，个人养老金是指政府政策支持、个人自愿参加、市场化运作的实现养老保险补充功能的制度。个人养老金实行个人账户制，缴费完全由参保人承担，参保人自主选择购买储蓄存款、理财产品、商业养老保险、公募基金等金融产品。实行全额积累，按照国家有关规定享受税收优惠政策。在缴费水平方面，《办法》规定，参加人每年缴纳个人养老金额度上限为12 000元。但后续根据经济社会发展水平、多层次养老保险体系发展情况等因素将适时调整。在领取方面，参加人达到领取基本养老金年龄，或者完全丧失劳动能力、出国（境）定居，以及符合国家规定的其他情形，可以领取个人养老金。领取时，可以按月、分次或者一次性领取个人养老金，并归集至本人社会保障卡。参加人死亡后，其个人养老金资金账户中的资产可以继承。

理财前沿

发展多层次、多支柱养老保险体系

党的二十大报告提出，发展多层次、多支柱养老保险体系。具体而言，要努力构建以基本养老保险为基础、以企业年金和职业年金为补充、与个人储蓄性养老保险和商业养老保险相衔接的“三支柱”养老保险体系。第一支柱为基本养老保险，包括城镇职工基本养老保险和城乡居民基本养老保险。第一支柱立足于保基本，采取社会统筹与个人账户相结合的模式，体现社会共济，已具备相对完备的制度体系。截至2021年年底，参加人数已超过10亿人，积累基金6万多亿元，基金运行总体平稳，待遇按时足额发放。第二支柱为企业年金、职业年金，由用人单位及其职工建立，主要发挥补充作用，已有良好的发展基础。截至2021年年底，参加企业（职业）年金的职工7 200多万人，积累基金近4.5万亿元，补充养老作用初步显现。第三支柱为个人储蓄性养老保险和商业养老保险，此前没有全国统一的制度性安排，是多层次养老保险体系的短板。新近出台的个人养老金制度是国家关于第三支柱的制度性安排，使三支柱养老保险体系更加健全。

党中央坚持以人民为中心的发展思想，把社会保障体系建设摆上更加突出的位置，推动我国社会保障体系建设进入快车道，我国社会保障事业发展取得历史性成就。中央强化顶层设计，加强制度引领，推动一批关键性标志性改革举措出台实施，覆盖范围持续扩大，待遇水平稳步提高，保障能力持续增强，我国成功建立起世界上最大的基本养老保险保障网，制度的公平性、可持续性显著增强，为广大人民群众老年生活提供了基本保障，也成为人民群众共享改革发展成果的重要途径。

社会养老保险制度的类型

二、养老保险的筹资模式

根据不同的筹资方式可以将养老保险分为现收现付制、完全积累制、部分积累制，表 10－5 对这三种类型的筹资模式进行了对比。

表 10－5 不同养老保险筹资模式对比

	特征	优点	缺点
现收现付制	按需制定缴费水平，用在职一代的养老保险征缴收入来支付已退休一代的养老金支出，以支定收，不留结余	维护社会公平，维护低收入者的收入，同时避免基金积累带来的资金管理的问题	只考虑短期收支平衡，当老龄化严重时，在职一代的缴费压力会比较大，可能会出现收不抵支
完全积累制	职工个人和企业将资金存入职工在专门机构的个人账户中，职工退休以后，提取个人账户中缴纳总额和增值资金来维持自己的养老开支	有利于抵御老龄化社会的冲击，同时鼓励职工多缴，政府财政负担较小	忽视社会公平，低收入者没有生活保障，同时资金存在很多的管理风险
部分积累制	介于现收现付制与完全积累制的一种筹资模式	注重效率兼顾公平，一定程度上减轻了政府财政补贴的压力	在老龄化社会冲击下同样面临资金管理的风险，但较完全积累制压力小很多

理财讨论

通过查阅资料并结合你对我国社会养老保险的了解，讨论我国现行的养老保险制度采用的是哪一种筹资模式。

三、中国的养老保险制度分析

（一）现阶段我国基本养老保险制度的构成主体

城镇职工养老保险制度和城乡居民养老保险制度共同构成我国社会养老保险体系，现行的养老保险体系根据国家发展状况的变化不断改革创新以适应经济社会发展的需求。

1. 城镇职工养老保险

（1）覆盖范围。城镇职工养老保险覆盖范围是城镇各类企业及其职工、企业化管理的事业单位及其职工、城镇个体工商户和灵活就业人员。

（2）保险缴费。城镇职工养老保险的缴纳比例是：职工所在企业缴纳16%，计入基本养老保险统筹基金；职工个人承担8%，记入个人账户。另外，各省社保个人缴费基数上下限与地方就业人员的平均工资水平相关。个体工商户和灵活就业人员参加城镇职工养老保险，其缴费基数可以在本省全口径城镇单位就业人员平均工资的60%至300%之间选择。

个人账户养老金计发月数

（3）领取条件。本人达到法定退休年龄并办理了退休手续；所在单位和个人依法参加基本养老保险并履行缴费义务；个人累计缴费时间满15年。

（4）计算方式 。

养老金领取金额＝基础养老金＋个人账户养老金

基础养老金＝［上年度月社会平均工资×(1＋本人平均缴费工资指数)/2］×缴费年限×1%

个人账户养老金＝个人账户储存额÷计发月数

例10-4： 任先生25岁，大学毕业参加工作，入职后即参加城镇职工养老保险，60岁退休时当地上年度职工月社会平均工资为20 000元，经当地社保部门确认他的平均缴费工资指数是2，其个人账户积累额是500 000元。请计算任先生养老金领取额。

解析：任先生工作期间缴费年限为35年，60岁退休对应的个人账户养老金计发月数为139，根据以上计算公式：

基础养老金＝［20 000×(1＋2)/2］×1%×35＝10 500(元)

个人账户养老金＝500 000÷139＝3 597.12(元)

养老金领取额＝10 500＋3 597.12＝14 097.12(元)

理财讨论

根据以上养老金领取金额的测算，怎样才能提高养老金领取金额？

2. 城乡居民养老保险

（1）覆盖范围。具有本地户籍且年满16周岁及以上、60周岁以下的人员（参加其他养老保险、享受其他养老保险待遇的人员除外）即可在当地入保。

（2）保险费率。缴费标准目前各地有所不同，基本实行多档次缴费。缴费档次由个人自主选择，多缴多得。各地方人民政府可以根据实际情况增设缴费档次。政府对参保人缴费给予补贴。参保人员当年没有缴费，之后再进行补缴的，补缴部分不享受政府的缴费补贴。

（3）领取条件。参保满15年且年满60周岁的城乡居民；2009年8月31日前年满60周岁以上且没有享受其他养老保险待遇的人员，可以按月领取基础养老金。

（4）计算方式。城乡居民养老保险待遇由基础养老金和个人账户养老金组成，支付终身。

月养老金＝基础养老金＋个人账户总额÷计发月数

基础养老金＝政府补贴＋高龄补贴(5元)＋缴费满15年后每多缴1年基础养老金增加1元

个人账户总额＝个人缴费＋政府补贴＋集体补助＋社会和个人资助＋上述金额产生的利息

对于高龄补贴，各地标准不同，且随国家政策调整，具体数据可查询当地人力资源与社会保障厅（局）官网。

理财实训

假如你是一名山西省城镇居民（不享受城镇职工养老保险），今年30岁，每年按200元标准缴纳城乡居民养老保险，连续缴费30年，个人共计缴费6 000元，那么年满60周岁时领取月养老金的标准是多少？（基础养老金查询山西省人力资源和社会保障厅官网，本次测算是按3%的利率计算利息。）

（二）我国社会保障体系的建设成就与发展方向

1. 建设成就

党的十八大以来，是我国社会保障制度改革力度最大、发展速度最快的时期。以增强公平性、适应流动性、保证可持续性为重点，统筹推进覆盖全民、统筹城乡、公平统一、可持续的社会保障体系建设，成就举世瞩目。

经过不懈努力，我国已建成了具有鲜明中国特色、世界上规模最大、功能完备的社会保障体系，覆盖范围不断扩大。截至2023年年底，社会保障卡持卡人数达13.79亿人，其中9.62亿人同时领用了手机中的电子社保卡。基本养老、失业、工伤三项社会保险参保人数分别从2012年的7.9亿人、1.5亿人、1.9亿人，增加到2023年年底的10.66亿人、2.44亿人、3.02亿人。国家社会保险公共服务平台累计访问量已经超过36亿人次，有效地方便群众跨省通办、一网通办。

保障能力持续增强，截至2023年年底，三项社会保险基金累计结余8.24万亿元，基金运行总体平稳。坚持社会保障水平与经济发展相适应，社会保险待遇水平稳步提高。2012年到2023年，企业退休人员月人均基本养老金由1 686元提高到3 108元。围绕记录一生、保障一生、服务一生，五级社保经办管理服务网络基本形成，国家社会保险公共服务平台上线运行，管理服务规范化、标准化、信息化水平显著提升。

在发展多层次、多支柱养老体系方面，制度体系建设取得突破。统一城乡居民养老保险制度，形成城镇职工和城乡居民两大基本养老保险制度平台；实施机关事业单位养老保险制度改革，实现了与企业养老保险制度并轨；出台基本养老保险基金投资管理办法，开展了市场化投资运营；建立企业养老保险基金中央调剂制度，全面实现了养老保险省级统筹；建立职业年金制度，出台个人养老金制度，填补了多层次、多支柱养老保险的制度空白。

2. 发展方向

党的二十大报告提出，健全覆盖全民、统筹城乡、公平统一、安全规范、可持续的多层次社会保障体系。这为我国社会保障制度的未来改革指明了方向，一是继续不断扩大社会保障覆盖范围，尤其是将更多灵活就业人员纳入社会保障范围；二是安全规范，为人民群众提供稳定预期和充分保障，实现可持续发展；三是积极推动社会保障法治化，更加重视社保基金安全和保值增值，努力提升社会保障管理精细化程度和优质服务水平，扎实推进更加公平更可持续的社会保障制度。

（三）社会养老保险与退休养老规划

参保养老保险为老年人提供了基本生活保障，使老年人老有所养。随着人口老龄化的到来，老年人口的比例越来越大，人数也越来越多，截至 2023 年年底，我国养老保险参保人数达到 10.66 亿。多层次的养老保险体系基本覆盖大部分城乡居民基本养老，一定程度上保障了老年劳动者的基本生活，相当于保障了社会大部分人口的基本生活。对于在职劳动者而言，参加养老保险意味着对将来年老后的生活有了预期，免除了后顾之忧；对于社会心态来说，人们多了些稳定、少了些浮躁，这有利于社会的稳定。

理财锦囊

社保养老 PK 储蓄理财养老，谁更划算？

第一局：谁能紧跟平均工资涨幅？

养老金水平与退休上年度社会平均工资有直接关系，养老金的计发充分考虑到了社会平均工资涨幅，也就是假如你退休时上一年度社会平均工资已经上涨到 2 万元/月，养老金发放也必须以此作为参数来计算。无论哪一种理财方式，最后的收益都是按照约定的收益率给付，而收益率是不会完全涉及 10 年、20 年后的社会平均收入水平涨幅。

第二局：还有没有其他增长机制？

到 2023 年退休人员养老金已实现 19 年连涨，而存钱和理财账户只能按照收益率增长，几乎不存在其他增长机制

第三局：个人缴存的钱用完了怎么办？

当一个长寿老人个人账户已无余额，养老保险仍将继续按月支付养老金，不少一分。如存款账户里的钱花完了，还能多给一分吗？

第四局：钱还在人没了呢？

参保人员因病或非因工死亡的，死亡时个人账户余额可继承，另外法定继承人或者指定受益人可以申报办理领取相关丧扶待遇。银行账户余额同样可以继承，但是没有任何丧葬救济待遇。

任务四　社会医疗保险分析

医疗保障是民生保障的重要内容。我国高度重视社会医疗保障制度建设，持续完善医疗保障制度。目前，我国已建立了世界上规模最大的基本医疗保障网，全国基本医疗保险参保人数超过 13.5 亿人，覆盖面稳定在 95％以上；完善的社会医疗保险体系是惠及所有参保公民的福利待遇，对退休养老的规划尤为重要。年老后健康医疗支出占比较大，一个完善的医疗服务和医疗报销制度能够为老年人提供基本的医疗保障，缓解养老

医疗资金压力。

一、现代医疗保险制度

社会医疗保险亦称“疾病社会保险”或“健康社会保险”，是被保险人因疾病、负伤、残废等造成收入中断及医疗费用的损失，由保险组织提供物质帮助的一种社会保险，包括疾病补助金和健康照顾，即对医疗、门诊、住院疗养、家庭护理服务和药品供应等的费用给付。当前，我国的社会医疗保险有基本医疗保险、企业补充医疗保险和个人补充医疗保险三个层次。

现代社会医疗保险包含四个主体，具体来说包括政府、被保险人、医疗保险机构、医疗服务提供者。四个主体之间形成三层关系：第一层是被保险人与政府之间的委托代理关系；第二层是政府与保险机构之间的监督和管理关系；第三层是医疗保险机构和医疗服务提供者之间的管理与服务关系。

二、社会医疗保险与退休养老规划

社会医疗保险解除了劳动者的后顾之忧，有利于提高劳动生产率，促进生产的发展；可以通过征收医疗保险费和偿付医疗保险服务费用调节收入差别，体现社会公平性；同时也是社会成员特别是老年人就医的重要保障。医疗保险对患病的劳动者给予经济上的帮助，有助于消除因疾病带来的重大支出造成晚年生活的窘迫。对于老年人而言，随着年龄的增长、身体的健康状况下降、就医的频率增加，医疗费用急剧上升，社会医疗保险的覆盖可以减少年老之后的医疗支出。在养老规划中，如果有完善的医疗保险将会大大降低退休养老的资金需求，缓解退休养老基金的压力。

社会医疗保险类型

三、我国社会医疗保险制度分析

我国的医疗保险模式分为两种：一种是社会基本医疗保险，包含适用于企业职工的医疗保险制度、适用于城镇居民和农村居民的城乡居民医疗保险制度；另一种是由个人意愿自愿参保的商业医疗保险。表 10-6 从不同角度对各种医疗保险进行了对比。

基本医疗保险中城镇职工医疗保险、城乡居民医疗保险在保险待遇方面存在差异，具体的门诊医疗待遇、住院医疗待遇和补充医疗待遇可以在各地区的医保局网站查询，各地区医疗保险待遇与当地经济状况、医疗体系建设以及医疗保险政策相关联。

表 10-6　不同医疗保险对比

医保层次	参保对象	健康状况要求	缴费额度	缴费年限
城镇职工医保	城镇所有用人单位的职工，包括企业（国有企业、集体企业、外商投资企业、港澳台商投资企业、私营企业等）、机关、事业单位、社会团体、民办非企业等单位的职工	无	每月按基数 9% 缴费，其中单位 7%、个人 2%	缴纳够一定期限，退休后可享受医保待遇

续表

医保层次	参保对象	健康状况要求	缴费额度	缴费年限
城乡居民医保	不属于城镇职工基本医疗保险制度覆盖范围的中小学阶段的学生（包括职业高中、中专、技校学生）、少年儿童和其他非从业城镇居民；未参加城镇职工基本养老保险的农村居民，可在户籍地自愿参保	无	每年缴纳一次，额度不定	缴纳一年保一年
商业医疗保险	通常 60 周岁以下居民（60 岁以上只能选择续交）	出具健康状况证明	视年龄不同、保额不同，保费有所不同	缴纳一年保一年

注：部分数据参考了山西省的部分社保政策，各地缴费政策会有所不同。

理财锦囊

基本医疗保险“两定点、三目录、起付线、封顶线、共付制”

“两定点”指的是定点医院、定点药店。定点医院是指社保部门公布所管辖区域内的具有社保医疗资格的医院名单，参保人凭医保卡到定点医院就医，可以按照相关规定报销医疗费，否则不能报销医疗费。定点药店是政府医疗保险管理有关部门根据国家的规定，按照一定的标准从多家符合条件的社会药店中严格遴选出来的。

“三目录”指的是医保药品目录、诊疗项目（医用耗材）目录、医疗服务设施范围。其中，基本医疗保险药品目录分为甲类、乙类两种，不在目录内的药品为自费药品。

参保人发生医疗费用后，首先自付一定额度的医疗费用，超过此额度的医疗费用才由医疗保险经办机构支付，这个自付额度称为“起付线”（见图 10－1）。

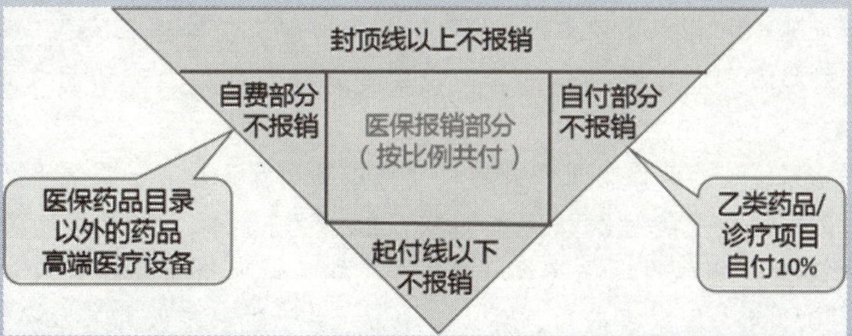

图 10－1 医保报销 V 形图

“封顶线”也称最高限额保险方式，是与起付线方式相反的费用分担方法。医疗保险机构只支付低于封顶线以下的医疗费用，超出封顶线以上的医疗费用由被保险人或由被保险人与其单位共同负担。

“共付制”又称按比例分担，即医疗保险机构和被保险人按一定的比例共同支付医疗费用，这一比例又称共同负担或共同付费率。

例 10－5：任先生上月住院手术，总费用 2.6 万元，其中医保目录范围内的费用 2.2 万元，当地月社会平均工资 0.5 万元，基本医疗保险报销的封顶线是社会平均工资的 6 倍，该医院医保报销起付线为 1 000 元，封顶线之内费用报销比例是 80%，则任先生需要自付多少费用？

解析：封顶线为 0.5×12×6＝36（万元），所以李先生本次住院费用处于封顶线以内。

任先生本次住院报销费用＝（2.2－0.1）×80%＝1.68（万元）

任先生需要自付费用＝2.6－1.68＝0.92（万元）

可以看出，我国基本医疗保险是对参保人患病时给予基本的医疗服务和物质帮助，并不能完全覆盖所有的医疗费用支出；商业医疗保险是基本医疗保险的有效补充。虽然两者在性质、保险对象、权利与义务关系、保险缴费方式及保险的待遇标准上都存在不同，但商业医疗保险可以解决基本医疗保险制度尚未覆盖的其他社会成员基本医疗问题，也有利于增强人们的健康投资意识，引导人们的健康消费。

理财讨论

在读的高职院校学生可以参保城乡居民医疗保险或者商业医疗保险，假设你因为眼睛疾病，在当地一级医院住院治疗，哪一类保险的报销比例更节省费用？通过小组讨论和查阅相关资料，分别就不同的情况展开分析，并得出结论。

理财前沿

异地就医直接结算——不断满足 1.25 亿流动人口就医需求

随着经济社会发展，人口跨区域流动日趋频繁，叠加优质医疗资源尚未形成均衡布局因素，异地就医成为社会常态，异地就医报销政策、结算方式逐渐成为群众的关心事、操心事。党中央、国务院高度重视群众异地就医问题，2020 年发布的《关于深化医疗保障制度改革的意见》中明确提出，要“加快完善异地就医直接结算服务”；《政府工作报告》连续多年对跨省异地就医直接结算做出安排部署。党的二十大再次明确要求，要“落实异地就医结算”。

近年来，全国统一的医保信息平台建成（跨省异地就医管理子系统于 2020 年 5 月上线，全国统一医保信息平台于 2022 年春建成，依托这条医保“信息高速公路”，跨省直接结算日均结算超 13 万人次，住院费用结算平均响应时间仅需 0.8 秒），一系列政策措施陆续落地［2022 年，国家医保局、财政部发布《关于进一步做好基本医疗保险跨省异地就医直接结算工作的通知》（以下简称《通知》），推动结算工作更好服务参保人。《通知》不仅明确支持跨省异地长期居住人员可以在备案地和参保地双向享受医保待遇，还就跨省临时外出就医人员报销水平做出原则规定］，这些都使得异地就医结算的便捷性显著增强，人民群众的获得感不断提升。

展望未来，《基本医疗保险跨省异地就医直接结算经办规程》2023 年 1 月 1 日起正式实施，参保人员将会享有更加高效便捷、公平可及的跨省异地就医结算服务。

理财文化

先秦的养老实践

在养老问题上，我国从先秦时期开始就奉行孝道，并且初步形成了我国传统的养老敬老体系，尤其是先秦时期学者的著书立说奠定了我国养老观念深厚的文化根基，并形塑了我国两千多年来养老观念变迁的基本轨迹。

《尚书·酒诰》曰："肇牵车牛，远服贾用，孝养厥父母。"《尔雅·释训》曰："善父母为孝。"即是说孝之本义在于"善事父母"(《说文》)，给予父母以物质方面的供养。除了基本的物质供养外，先秦时期的养老观念更注重孝的内涵，即精神层面对父母的尊敬。孔子言："今之孝者，是谓能养。至于犬马，皆能有养；不敬，何以别乎?"(《论语·为政》)。在此基础上，孟子提出了"博爱""广敬"的概念，将最初产生和存在于家庭中的孝悌观念推广到整个社会，提出了"老吾老以及人之老，幼吾幼以及人之幼"的思想(《孟子·梁惠王上》)，这种"养老敬贤""敬老慈幼"的思想体现了人类文明发展的新高度。

此外，国家对鳏寡孤独者设有抚恤养老的政策。《礼记·王制》曰："少而无父者谓之孤，老而无子者谓之独，老而无妻者谓之矜，老而无夫者谓之寡。此四者，天民之穷而无告者也，皆有常饩"。

模块小结

<table>
<tr><th colspan="3">任务一　认识养老规划</th></tr>
<tr><td>退休养老规划的含义</td><td colspan="2">财富积累、资产规划</td></tr>
<tr><td rowspan="5">制定退休养老规划的必要性</td><td colspan="2">退休生活时间在增加</td></tr>
<tr><td colspan="2">养儿防老的观念在改变</td></tr>
<tr><td colspan="2">人们的生活品质不断提升</td></tr>
<tr><td colspan="2">老年人生活成本在增加</td></tr>
<tr><td colspan="2">其他不确定因素</td></tr>
<tr><td>制定退休养老规划的原则</td><td colspan="2">及早规划原则；弹性原则；安全性原则；收益性原则</td></tr>
<tr><th colspan="3">任务二　养老规划实务</th></tr>
<tr><td rowspan="5">退休养老规划的工具</td><td>保险产品</td><td>传统型养老险、分红型养老险、万能型寿险、投资连结保险</td></tr>
<tr><td>储蓄产品</td><td>整存整取、零存整取、整存零取等</td></tr>
<tr><td>养老信托</td><td>商业信托产品</td></tr>
<tr><td>养老基金</td><td>商业养老基金产品</td></tr>
<tr><td>以房养老</td><td>特点与运营方式</td></tr>
<tr><td>制定退休养老规划的影响因素</td><td colspan="2">家庭结构、预期寿命、退休年龄、资产与消费倾向</td></tr>
</table>

<table>
<tr><td rowspan="5">制定退休养老规划方案</td><td colspan="2">确定退休养老的目标</td></tr>
<tr><td colspan="2">估算退休后的收入与支出</td></tr>
<tr><td colspan="2">计算退休养老资金缺口</td></tr>
<tr><td colspan="2">选择适合的规划工具弥补资金缺口</td></tr>
<tr><td colspan="2">实施、反馈与调整退休养老规划方案</td></tr>
<tr><td colspan="3">任务三　社会养老保险分析</td></tr>
<tr><td>社会养老保险的含义</td><td colspan="2">社会养老保险体系</td></tr>
<tr><td>养老保险的筹资模式</td><td colspan="2">现收现付制、完全积累制、部分积累制</td></tr>
<tr><td rowspan="3">中国的养老保险制度分析</td><td rowspan="2">现阶段我国基本养老保险制度的构成主体</td><td>城镇职工养老保险</td></tr>
<tr><td>城乡居民养老保险</td></tr>
<tr><td colspan="2">我国社会保障体系的建设成就与发展方向</td></tr>
<tr><td colspan="3">任务四　社会医疗保险分析</td></tr>
<tr><td>现代医疗保险制度</td><td colspan="2">四个主体、三层关系</td></tr>
<tr><td>社会医疗保险与养老退休规划</td><td colspan="2">降低医疗费用支出压力，缩小养老基金缺口</td></tr>
<tr><td rowspan="3">我国社会医疗保险制度分析</td><td rowspan="2">社会基本医疗保险</td><td>城镇职工基本医疗保险</td></tr>
<tr><td>城乡居民基本医疗保险</td></tr>
<tr><td colspan="2">基本医疗保险与商业医疗保险关系</td></tr>
</table>

模块测评

1. 王先生今年刚 40 岁，计划 60 岁退休，退休后当年生活开支 9 万元，预计通货膨胀率为 3%，王先生预期寿命为 80 岁。他打算现在拿出 10 万元作为养老基金的启动金，投入资金的回报率为 8%，退休后所有资金采用保守投资策略（年收益率为 3%），那么王先生退休后养老金总需求额度是多少？资金缺口是多少？

2. 赵先生是一名普通的工人，今年 45 岁，税后月收入为 4 000 元。妻子今年 40 岁，担任一家企业的出纳，每月税后收入为 3 500 元。赵先生夫妻有一间门面房用于出租，年收入为 20 000 元，家庭日常开支为每月 3 000 元，家里有存款 10 万元，股票基金 5 万元。

（1）分析赵先生家的财务状况和养老需求。

（2）测算赵先生的退休养老规划费用。

（3）为赵先生推荐适合的养老规划产品，制定退休养老规划方案。

3. 戴先生今年 40 岁，是一家国有企业员工。他是不婚主义者，虽然 60 岁退休之后有养老金（戴先生的月平均工资为 6 000 元，退休时参加工作年限 35 年，当地的平均工资水平为 5 500 元），但是戴先生的生活开支较高，期望在退休后到预计寿命 85 岁期间每年保证 15 万元的生活消费（不考虑通货膨胀）。表 10－7 是戴先生“五险一金”的缴纳明细，根据相关资料结合当地的养老保险和医疗保险待遇回答下列问题：

（1）按照城镇职工养老保险测算戴先生退休后第一年每月可领取的退休金数额。

（2）戴先生养老基金的缺口是多少?

（3）向戴先生推荐适合的退休养老规划产品，制定退休养老规划方案。

表 10-7　戴先生“五险一金”缴纳明细　　单位：元

	单位缴纳比例	单位缴纳金额	个人缴纳比例	个人缴纳金额	合计
养老保险	16%	960	8%	480	1 440
医疗保险	7%	420	2%	120	540
大病保险		3		2	5
生育保险	1%	60			60
工伤保险	0.5%	30			30
失业保险	0.7%	42	0.3%	18	60
住房公积金	8%	480	8%	480	960
合计	33.2%	1 995	18.3%	1 100	3 095

注：戴先生的缴费基数为 6 000 元。

模块十一 财产分配与传承规划

学习目标

- 知识目标

1. 了解婚姻家庭财产风险的种类及有关财产界定的规定；
2. 掌握财产分配规划的原则；
3. 熟悉财产分配规划的工具以及各种工具的优缺点。

- 能力目标

1. 能够提出具体的财产传承规划的建议；
2. 能够为客户制定合理的财产分配和传承规划。

- 素养目标

1. 结合《民法典》婚姻家庭编、继承编等相关法律法规的深度解读，使学生增强法治意识，知法守法，科学合理进行财产分配与传承规划；

2. 大力宣扬男女平等、夫妻和谐、尊老爱幼等家庭美德和社会公德，增强和谐意识。

模块导入

2007年相声演员侯某某因突发心脏病猝然离世，由于生前未订立遗嘱，致使家人因财产分配问题产生分歧。

现实中，名人在精神上和身体上都比普通民众承受更多的压力，因而名人因疾病或自杀等原因过早离世的事情经常出现。名人又属于超高收入者，家底丰厚，因此，他们的突然离世很容易引发遗产纠纷，从而导致亲情破裂甚至仇视，所以未雨绸缪，一定要进行财产传承规划。本模块将以《民法典》等法律条款为依据，对家庭财产分配与传承等事项进行科学解读，从而为个人理财之旅画上一个完满的句号。

通常意义上的财产分配规划是针对夫妻财产而言的，是对婚姻关系存续期间夫妻双方的财产关系进行调整。在现实生活中，由于夫妻关系在婚姻关系存续期间对双方财产往往不会做清晰界定，因此，近年来随着婚姻关系的解除或消亡，因家庭财产分配引发的纠纷，直至提起诉讼的案件数目都在逐年上升。

这既伤害家庭成员之间的感情，也不利于社会和谐，因此对家庭财产分配做出整体规划是非常有必要的。

任务一　婚姻家庭风险因素分析

家庭是一个社会的细胞，是社会构成的基础。在每个人的生活中，家庭生活占据着重要的地位，而在当今这样一个经济社会中，家庭的财产是生活幸福最重要的保障。可是在实际生活中，各种破坏财产安全的因素却让人防不胜防。所以，为了保障生活幸福，我们需要对财产的分配与传承进行科学的规划，而科学规划的前提是明晰家庭财产风险的种类。

一、经营的风险

（一）经营合伙企业的风险

普通合伙企业由各合伙人订立合伙协议，共同出资、合伙经营、共享收益、共担风险。在各种经营方式中，合伙企业对家庭财产影响是最为突出的。合伙人对合伙企业债务承担无限连带责任。

（二）经营公司的风险

设立公司最大的优势在于公司股东的“有限责任”。但是在中国，企业经营者通常有一个共同点：个人财产与经营的实业财产不分，他的房子、车子等自己使用的财产都在公司名下。那么，在法律上，这些财产就都属于公司所有。在这种公私不分的情况下，一旦经营失败产生负债，就需要投资者用全部的财产进行清偿。结果是不仅生意没了，经营的风险还会波及家庭财产。

二、婚姻变动中的财产风险

（一）婚后财产共有制容易导致纠纷的产生

我国实行的是夫妻共同财产制，在双方没有约定财产归属的情况下，财产处于共同共有状态。本应属于个人财产的部分，由于经过一段时间的婚姻生活，当婚姻状态发生变化时，将很难通过取证来证明财产属于个人所有，容易引发纠纷。

（二）利用婚姻诈骗财产

利用婚姻诈骗巨额财产虽然已经屡见不鲜，但由于一方披着“温柔”的外衣，另一方很难发现，于是，此类事件仍在发生。利用婚姻诈骗财产，是指利用我国关于夫妻财产共有的规定，在与富人结婚后，离婚时可以分得一大笔财产。

（三）转移共同财产

随着金融产品的不断增多，婚姻财产的种类也日益丰富。在婚姻财产中占有优势的一方可能隐匿、转移共同财产，甚至采用虚拟债务等手段来欺瞒配偶和法院。

（四）跨国婚姻

由于跨国婚姻涉及不同国家的法律制度，要适用国际私法的相关法律，而且通常距离遥远、取证困难，对跨国婚姻离婚的审理非常困难。

理财前沿

构建和谐稳定的婚姻家庭制度

“天下之本在国，国之本在家”，中华民族历来有家国同构的传统，在五千多年的中华文明史中，家训家风是宝贵的精神财富，也是珍贵的文化传承。《新时代公民道德建设实施纲要》指出，要“推动践行以尊老爱幼、男女平等、夫妻和睦、勤俭持家、邻里互助为主要内容的家庭美德”。党的二十大报告进一步明确实施公民道德建设工程，弘扬中华传统美德，加强家庭家教家风建设。

将社会主义核心价值观融入民事法律规范，大力弘扬社会公德、家庭美德，贯彻和体现新发展理念，这在《民法典》婚姻家庭编中得到了鲜明的体现。《民法典》第 1043 条规定，家庭应当树立优良家风，弘扬家庭美德，重视家庭文明建设。夫妻应当互相忠实，互相尊重，互相关爱；家庭成员应当敬老爱幼，互相帮助，维护平等、和睦、文明的婚姻家庭关系。为减少轻率离婚、冲动离婚现象，维护家庭稳定，《民法典》设置了“离婚冷静期”，明确自婚姻登记机关收到离婚登记申请之日起三十日内，任何一方不愿意离婚的，可以向婚姻登记机关撤回离婚登记申请。

在婚姻家庭生活实践中，滋养人性之温情、维系家庭之和谐、培育家国之情怀，推动形成爱国爱家、相亲相爱、向上向善的社会主义家庭文明新风尚，成为当代中国家庭美德建设面临的重要任务。

三、子女抚养教育的财产风险

（一）子女抚养教育财产投入风险

子女抚养教育投入没有产生应有的教育成果的风险。例如，子女出国留学，父母投入巨大，但子女没有取得任何文凭，这是对父母的最大考验。如何在防止孩子乱花钱的同时保障孩子的教育，就要解决好子女抚养教育财产投入所面临的风险。

（二）离异情况下子女抚养教育财产的风险

夫妻双方离婚后，孩子归一方抚养，分给一方的家庭财产加子女的抚养费是一笔不小的财富，但很难保证每个人都是一个管理财富的好手，很可能子女还未长大，财产就已所剩无几，孩子良好的教育将无法得以保证。尤其当一方再婚时，又可能出现财产被再婚对象侵占的可能。

（三）夫妻一方去世情况下子女抚养教育财产被侵占的风险

当夫妻一方去世后，配偶再婚，在无法区分个人财产与家庭财产的情况下，这部分财产很容易被配偶的再婚对象侵占，这样子女的生活水平很难得到良好的保障。

四、财产传承的风险

（一）遗产的争夺风险

一般来说，一个人去世后如果没有事先设立遗嘱或遗嘱无效，那么他的财产将根据法律的规定分配下去，这就是法定继承。在家庭中，每个子女所尽的赡养义务、生活状况都是不同的，有的子女对老人付出多，所分得的遗产也应该有所差别。但是按照法定继承的规定，遗产要在继承人中进行平均分配，可见法定继承无法衡量继承关系中的其他因素，只能重视表面上的公平，却无法实现真正的公平。这种事实上的不公平很容易引发纠纷。

另外，在当今生活，非婚生子女是不可忽视的存在，而非婚生子女加入遗产分配中，继承人之间的关系更为复杂，遗产争夺的风险也就加大。

（二）产业传承的风险

在中国家族性民营企业中，很多企业家的子女不愿意或没有能力很好地经营企业，企业不能够持续经营，致使“富不过三代”的情况发生，让父辈多年的努力付诸东流。对于企业本身和家庭来说，都是悲剧，没有达到财富传承的良好状态。

理财讨论

张先生今年 68 岁，经营一家煤炭企业，他有两个儿子，但二人都不想经营公司。一年后张先生去世，留下一份遗嘱，根据遗嘱的规定，张先生的大儿子分得 60%的股份，并负责经营公司，二儿子分得 40%的股份。遗产按照张先生的遗嘱进行了分配，刚开始一切都很顺利。但是二儿子由于对经营企业确实没有兴趣，很快就将股份卖给了他人。大儿子负责经营公司，但是他缺乏经营经验，几年后该煤炭企业因经营不善而濒临破产，最终只能被其他公司收购。

任务二　财产权属界定

一般意义上的财产分配规划是针对夫妻财产而言的，是对婚姻关系存续期间夫妻双方的财产关系进行的调整，因此财产分配规划也就是对夫妻财产进行规划安排。制定财产分配规划首先就要进行财产界定。财产的界定属性不仅包括财产本身的属性界定，还包括附着于其的权利属性界定。

一、财产所有权的界定

（一）财产所有权

财产所有权是指财产所有人按照法律对其财产享有占有、使用、收益和处分的权利。财产所有权是界定客户财产范围的标准。所有权是一个法律概念，体现在财产上就是法律对财产权属的规定，违反了这项规定，对财产的处理也就归于无效。

（二）财产所有权的四项权能

（1）占有权，是指所有人对财产的实际控制和掌握的权利。

（2）使用权，是指所有人依法按财产的性能和用途，对财产加以利用的权利。

（3）收益权，是指所有人将财产所产生的经济利益据为己有的权利。

（4）处分权，是指所有人决定财产的归属和命运的权利，也就是说所有人有处置财产的权利。

二、个人所有财产的界定

（一）合法收入

个人的合法收入，指个人通过各种合法途径取得的货币收入与实物收入，如劳动收入，接受继承、赠予、遗赠的收入及由个人财产产生的天然孳息和法定孳息等。

个人的合法收入是个人参加商品交换取得其他财产的物质前提。

个人财产所有权的行使、取得和丧失

（二）不动产

在我国，个人所有的不动产主要是指房屋，房屋是个人生活中的重要财产。个人可以通过自建、购买、继承、赠予等方式取得房屋所有权。房屋是不动产，按照法律规定必须依法登记后才能取得完全的法律效力。随着社会经济的飞速发展，房屋作为个人财富重要组成部分的情况越来越多。

（三）金融资产

金融资产包括储蓄、债券、基金份额和股票等。储蓄财产既可以用于保障家庭生活、子女教育等诸多需要，也可以作为一种保守的理财方式用以资金的保值增值。其他的金融资产随着我国经济的日益活跃和金融品种的不断丰富，以及人们理财意识的建立，在个人财产中的占比将会不断提高。

（四）其他财产

1. 生活用品

生活用品是指满足个人或家庭日常生活所需的消费品，包括衣物、家具、食物、文化娱乐用品及装饰品等。

2. 古董

个人收藏古董主要是满足个人对文化艺术珍品欣赏和收藏的特殊需求，当然也有不少人将其作为一种投资工具。

3. 图书资料

图书资料是记载科学文化知识的物质资料。个人收藏图书资料主要是为了学习、研究等。

三、财产共有的界定

（一）财产共有

财产共有指多个权利主体共同享有所有权，是对同一客体之上所有权量的分割。

（二）共有关系及其特征

共有关系，指基于财产共有权而发生的所有权法律关系。共有关系是一种具有内外两重关系的所有权法律关系。

共有是复合的所有权关系，它的特征是：

（1）共有的权利主体是多元的。只有当两人以上共同享有同一财产的所有权时，才能形成共有关系。

（2）共有的客体是一项统一的财产。共有关系的客体无论是一个物还是几个物，是可分物还是不可分物在法律关系上均表现为一项尚未分割的统一财产。

(3) 共有的内容是各共有人对共有物共享权利、共负义务，各主体的权利、义务是平行的而不是对应的。各共有人对共有物或按一定份额享受权利、承担义务，或不按份额享受权利、承担义务。

(4) 共有是所有权的联合，不是一种独立的所有权类型，它的形成是基于共同生活、共同生产、共同经营而发生的相同性质的所有权之间或不同性质的所有权之间的联合。

(三) 共有关系的分类

共有关系按照各共有人对共有财产的利益与负担是否存在份额，可以分为按份共有和共同共有两类。

1. 按份共有

按份共有是指各共有人按照确定的份额，对共有财产分享权利和分担义务的共有。

(1) 按份共有的形成。按份共有因为一定的法律事实而形成。例如，共同购买物品、共同投资建筑房屋、共同开发高新技术及物的添附等。按份共有的形成，除法律有特别规定外，各共有人须预先订立合同，以合同来确定彼此的按份共有关系。

(2) 按份共有人对共有财产的权利。按份共有人按照其份额均可以对共有财产进行占有、使用、收益及处分。但共有权的行使与单独的所有权不同，各共有人不能自行其是，必须达成共识。按份共有人对共有财产虽然拥有一定份额，但其权利不是基于共有财产的部分，而是基于共有财产的全部。

(3) 按份共有人可以将其份额分出或转让。所谓分出，是指共有人将自己存于共有物的份额分割出去。所谓转让，是指共有人将自己的份额转让给他人。一般来说，由于各共有人的份额是所有权总量的一部分，具有其所有权的效力，所以共有人对其份额的转让不必征得其他共有人的同意。但是法律对此有特别规定的或共有人之间在订立合同时对共有份额的分出和转让进行了限制的除外。

2. 共同共有

共同共有是指两个或两个以上的人基于共同关系，共同享有某物的所有权。共同共有根据共同关系而产生，必须以共同关系的存在为前提。这种共同关系是由法律直接规定的，如夫妻关系、家庭关系，没有共同关系这个前提，共同共有就不会产生。

(1) 共同共有没有共有份额，共同共有是不确定份额的共有。只要共同共有关系存在，共有人就不能划分自己对财产的份额。

(2) 共同共有人的内外部关系。共同共有人的权利基于共有物的全部。对于共有物的占有、使用、收益、处分权的行使，应当得到全体共有人的同意。但是如果根据法律的规定和合同的约定，某个或某些共有人有权代表全体共有人管理共有财产时，则该共有人可以依法或依合同对共有财产进行管理。

(3) 共同共有在共同关系存续期间，各共有人不得请求分割共有物。

(4) 共同共有的类型。共同共有分为夫妻共有、家庭共有和遗产分割前的共有三种类型。

第一，夫妻共有。根据《民法典》第 1062 条的规定，夫妻在婚姻关系存续期间所得的下列财产，为夫妻的共同财产，归夫妻共同所有：一是工资、奖金、劳务报酬；二是生产、经营、投资的收益；三是知识产权的收益；四是继承或者受赠的财产，但是《民法典》第 1063 条第 3 项规定的除外；五是其他应当归共同所有的财产（包括一方以个人财产投资取得的收益、男女双方实际取得或者应当取得的住房补贴和住房公积金、男女双方实际取得或者应当取得的基本养老金和破产安置补偿费）。此外，《最高人民法院关于适用〈中华人民共和国民法典〉婚姻家庭编的解释（一）》（以下简称《民法典》婚姻家庭编司法解释）第 26 条规定，夫妻一方个人财产在婚后产生的收益，除孳息和自然增值外，应认定为夫妻共同财产。

理财讨论

结合《民法典》及其司法解释对夫妻共有财产的相关规定，分析以下投资收益属于夫妻共有财产还是夫妻个人财产：(1) 王先生婚前花费 100 万元全款购买一套房屋，婚后房屋增值到 120 万元。(2) 钱女士在婚前有个人现金 100 万元。婚后，她将 100 万元存为银行定期存款。(3) 赵先生在婚前有个人现金 100 万元。婚后，他用 100 万元购买了某理财产品。(4) 李女士在婚前买了一只股票。婚后，她一直有买入卖出的操作。(5) 孙先生在婚前买了一只股票，然后转头就把这事给忘了，婚后也没有任何买卖操作。

夫妻双方对夫妻共有财产，有平等占有、使用、收益、处分的权利。尤其对共有财产的处分，应当经过协商，取得一致意见后进行。夫妻一方在处分共有财产时，另一方明知其行为而不做否认表示的，视为默认同意，事后不能以自己未亲自参加处分为由而否认另一方处分共有财产后产生的法律后果。夫妻双方对共有财产的平等处分权，并不是说双方共有的任何一件物品都必须经双方共同处分才有效，而是对那些价值较大或重要的物品必须经夫妻双方协商一致后处分才有效。

《民法典》第 1063 条规定，下列财产为夫妻一方的个人财产：一方的婚前财产；一方因受到人身损害获得的赔偿或者补偿；遗嘱或者赠予合同中确定只归一方的财产；一方专用的生活用品；其他应当归一方的财产。此外，《民法典》婚姻家庭编司法解释第 31 条规定，夫妻一方的个人财产，不因婚姻关系的延续而转化为夫妻共同财产。但当事人另有约定的除外。

《民法典》背景下房屋财产归属面面观

众所周知，在婚姻家庭生活中，房屋是重要的家庭财产。而由于夫妻离婚造成的房屋归属纠纷不在少数，对此《民法典》婚姻家庭编司法解释第 27 条规定，由一方婚前承租、婚后用共同财产购买的房屋，登记在一方名下的，应当认定为夫妻共同财产。第 29 条规定，当事人结婚前，父母为双方购置房屋出资的，该出资应当认定为对自己子女个人的赠予，但父母明确表示赠予双方的除外。当事人结婚后，父母为双方购置房屋出资的，依照约定处理；没有约定或者约定不明确的，按照《民法典》第 1062 条原则处理（推定为夫妻共同财产）。

第二，家庭共有。家庭共有财产就是家庭成员在家庭共同生活关系存续期间共同创造、共同所得的财产。它主要来源于家庭成员在共同生活期间的共同劳动收入，家庭成员交给家庭的个人私有财产及家庭成员共同积累、购置、受赠的财产。

家庭共有财产以维持家庭成员共同的生活或生产为目的，家庭共有财产属于家庭成员共同所有。每个家庭成员对于家庭共有财产都享有平等的权利。对于家庭共有财产的使用、处分或者分割，应当由全体家庭成员协商一致进行，但法律另有规定或家庭成员之间另有约定的除外。

家庭共有财产并不包括家庭成员各自所有的财产。因此，家庭成员分配家产时，只能对家庭共有财产而不能对个人财产进行分割。家庭共有财产的某一共有人死亡，财产继承时，只能把被继承人在家庭共有财产中的应有部分分出，作为遗产继承，而不能把家庭共有财产都作为遗产继承。

家庭因为生产经营发生负债时，个人经营的，以个人财产承担清偿债务的责任；家庭经营的，以家庭共有财产承担清偿债务的责任。在家庭共同生活期间，为家庭的共同生活和生产需要所付出的开支，由家庭共有财产负担。为满足个人需要而支出的费用，应由个人财产负担。

第三，遗产分割前的共有。《民法典》第 1121 条规定：继承从被继承人死亡时开始。这说明，公民一旦死亡，其财产无论在谁的占有之下，在法律上皆作为遗产一并转归继承人所有。但是，当死者有数个继承人时，其中任何继承人都不可能单独取得遗产的所有权，遗产只能为全体继承人共有。而且，在遗产分割前全体继承人对遗产的共有，只能是共同共有。

四、共有财产的分割原则和方法

（一）分割原则

一是遵守法律的原则；二是遵守约定的原则，共有人对相互间的共有关系有约定的，分割共有财产时应遵守其约定；三是平等协商、和睦团结的原则。

（二）分割方法

1. 实物分割

实物分割是分割共有财产的基本方法。除非共有财产不可分割（如一台冰箱），在其他情况下均有办法进行实物分割。分割共有财产的通常做法是先进行实物分割。对剩余的无法进行实物分割处理的财产，再用其他方法处理。

2. 变价分割

变价分割是将共有财产出卖换成货币，然后由共有人分割货币。

3. 作价补偿

作价是指估定物的价格。当共有财产是不可分物时，如果共有人之一希望取得该物，就可以作价给他，由他将超过其应得份额的价值补偿给其他共有人。

夫妻财产界定相关案例分析

一般来说，在共有财产分割中，只要有的共有人希望取得实物，有的共有人不希望取得实物，不管共有财产是否可分，经大家协商之后，都可以采取作价补偿的办法分割共有财产。

例 11-1：作家汪某于 2021 年和李某（女）结婚。2023 年汪某的一篇中篇小说在比赛中获得了大奖，于是名声大噪，然后汪某开始把他在婚前撰写的一些作品向各出版社投稿，全部被采用，获得稿酬 15 万元。汪某想把这些钱全部用在继续创作上，妻子认为应该拿出一部分家用，二人意见不统一。汪某认为这笔钱是自己用婚前完成的作品换来的，应该归个人所有，如何使用也应该是自己说了算，而李某认为这笔钱是在婚后取得的，是夫妻共有财产，应该由两人协商决定如何使用。那么，婚前完成的作品，婚后发表所取得的收入是否属于著作权个人所有呢?

解析：尽管作品是汪某在婚前完成的，但是作品的发表及财产收益的取得是在婚后，所以，这笔15万元的稿酬应属汪某和李某共有，两人应在平等协商的基础上决定该笔钱如何使用。

任务三　财产分配规划

一、财产分配规划的原则

（一）风险隔离的原则

在为客户做财产分配规划的时候，首先要考虑客户财产的安全。

一般来说，需要财产分配规划的客户是参与各种形式经营活动，来自多婚多子女的家庭，跨国婚姻及婚前就有大量财产的人。对于这类客户来说，他们需要对婚前和婚后财产通过财产分配工具的运用进行不同的财产安排，保障个人财产的安全和更好地履行对其他家庭成员的义务。

对参与各种经营活动的客户，还需要在经营风险和家庭财产之间设立防火墙以抵御经营风险对家庭财产的侵扰，从而保证家庭成员的正常生活不受影响。

（二）合情合法的原则

合情是指财产分配要合乎情理，从协调客户及其家庭成员间的关系入手，并考虑各家庭成员主要是夫妻二人对家庭的付出和贡献，这样可以减少财产分配方案在实施中可能遇到的障碍。

《民法典》第1088条规定，夫妻一方因抚育子女、照料老年人、协助另一方工作等负担较多义务的，离婚时有权向另一方请求补偿，另一方应当给予补偿。具体办法由双方协议；协议不成的，由人民法院判决。《民法典》第1090条规定，离婚时，如果一方生活困难，有负担能力的另一方应当给予适当帮助。具体办法由双方协议；协议不成的，由人民法院判决。这些规定都是上述原则的体现。

合法是指不违反与财产分配有关的法律规定。例如，为客户进行风险隔离规划时要遵守相关法律法规的规定，不能违法操作。

（三）照顾妇女儿童的原则

随着经济水平、社会意识、法律规范的不断发展和完善，男女平等基本原则在社会各方面都得到了越来越好的贯彻，但也不能忽视，男女在工作、家庭方面的投入和付出仍然远未达到平衡。大多数情况下，女性相较男性而言对家庭投入了更多的精力。据此，《民法典》第1087条规定，离婚时，夫妻的共同财产由双方协议处理；协议不成的，由人民法院根据财产的具体情况，按照照顾子女、女方和无过错方权益的原则判决。妇女儿童作为弱势群体，在离婚财产分割时给予适当照顾，是世界多数国家的做法，也符合公平原则，更与党的二十大报告所提到的“坚持男女平等基本国策，保障妇女儿童合法权益”的思想吻合。

（四）有利方便的原则

坚持有利方便原则，要求夫妻离婚分割财产时，不应损害财产的效用、性能和经济价值。夫妻共同财产，从财产的用途来划分，可以分为生产资料和生活资料。

对于共同财产中的生产资料，在分割时，应尽可能分给需要该种生产资料，能够充分发挥该种生产资料效用的一方，从而有利于发展生产，保证生产活动的正常进行。

对于共同财产中的生活资料，在分割时，要尽量满足个人从事的专业或职业的需求，如个人从事某个职业所需的书籍、器具等，以发挥物的使用价值。

对于一些特定物品，如奖章及类似的其他特定物品，离婚时应将这些特定物品分给获得者一方，同时相应考虑对另一方给予适当的经济补偿，或相应多分一些其他财产作为补偿。

（五）不得损害国家、集体和他人利益的原则

夫妻在离婚分割财产时，不得把属于国家、集体和他人所有的财产当作夫妻共同财产进行分割，不得借分割夫妻共同财产之名损害其他人的利益。

对合伙经营的企业，夫妻作为合伙人与他人合伙，在离婚分割共同财产时，不能擅自分割合伙财产，必须从合伙财产中扣除其他合伙人的财产份额，属于夫妻共同财产的部分才能分割。

对于夫妻双方通过约定分割共同财产的，人民法院应当进行审查。如果该约定合法有效，分割夫妻共同财产应当遵从其约定；如果该约定损害了国家、集体和他人利益，该约定无效。

对夫妻双方把共同财产约定归一方所有，或把共同债务约定由一方承担，但未告知债权人，从而损害债权人利益的，该约定对夫妻双方有效，对债权人不产生法律效力。

二、财产分配规划的工具

财产分配规划中所涉及的工具主要有公证和信托两种。

（一）公证

这里的公证，主要是指夫妻财产约定公证。夫妻财产约定公证在我国由公证处进行，是依法对夫妻或“准夫妻”各自婚前或婚后财产、债务的范围及权利归属问题所达成的协议的真实性、合法性给予证明的活动。公证包括两个方面的内容：对将要结婚的男女双方之间的财产协议进行公证；对已经结婚的夫妻双方之间的财产协议进行公证。

夫妻财产约定公证主要包括婚前财产约定公证和婚后财产约定公证两种类型。

1. 婚前财产约定公证

进行婚前财产约定公证的双方不仅包括未婚男女，还包括有意愿进行公证的夫妻，由公证机构依法对他们各自婚前财产和债务的范围、权利义务归属问题所达成的协议的真实性、合法性给予证明。

2. 婚后财产约定公证

根据我国法律规定，婚后共同财产是在夫妻关系存续期间取得的收入，其界定不考虑夫妻各方的工资、奖金差距，也不管是单方还是双方获得的生产经营所得。只要夫妻关系存在，夫妻任一方的工资、奖金、知识产权的收益、未说明赠予财产归单方所有的赠予及法定继承所得的财产都应视为共同所有。

（二）信托

信托是被世界各国所普遍采用的私人事务管理工具，其主要优势体现在管理机制的灵

活设计及对客户私人信息的绝对保密，可以更好地实现客户的财务及生活目标。这里主要介绍个人信托。

1. 个人信托的含义

个人信托是指委托人（特指自然人）基于财产规划的目的，将其财产所有权委托给受托人，受托人按照信托文件的规定为受益人的利益或特定目的管理或处分信托财产的行为。

2. 个人信托的特点

个人信托的显著特点是财产的消极增值管理和财产事务的积极管理。

3. 个人信托的分类

依照受益人及信托目的不同，个人信托可以分为子女保障信托、养老保障信托、遗产管理信托和婚姻家庭信托。

子女保障信托是指由委托人（父母、长辈）和受托人签订信托合同，委托人将财产转入受托人信托账户，由受托人依约管理运用；通过受托人的管理及信托规划的功能，定期或不定期给付信托财产给受益人（子女），作为其养护、教育及创业之用，以确保其未来生活。

养老保障信托是指由委托人和受托人签订信托合同，委托人将资金转入受托人的信托账户，由受托人依照约定的方式替客户管理运用；同时信托合同已明确约定信托资金为未来支付受益人（自己或其配偶）的退休生活费用。

遗产管理信托是指委托人预先以立遗嘱或订立遗嘱信托合同的方式，将财产的规划内容，包括交付信托后遗产的管理、分配、运用及给付等详定于其中。委托人死亡后，遗嘱或合同生效时，再将信托财产委托给受托人，由受托人依据信托的内容，也就是委托人的意愿来负责所交办的事项，管理、处分信托财产。

婚姻家庭信托由夫妻一方或双方作为委托人与受托人签订信托合同，将一定财产权委托于受托人作为信托资产，该财产独立于委托人的家庭财产，由受托人按照约定管理、处分。

4. 个人信托的功能

个人信托的功能主要有两个：一是保障家庭基本生活；二是规避离异配偶或其再婚配偶恶意侵占财产。

理财实训

甄先生与王女士于 2023 年 1 月协议离婚，儿子涛涛归王女士抚养，2023 年 9 月涛涛将同学小鹏打伤，须赔偿医药费 2 万元，王女士因下岗生活困难，只能负担 7 000 元医药费，于是王女士要求甄先生支付其余的赔偿款，但遭到甄先生的拒绝。根据此案例思考以下问题：(1) 甄先生是否应该负担医药费赔偿款？为什么？(2) 如果甄先生应该负担赔偿款，负担的比例是多少？为什么？

任务四 财产传承规划

财产传承规划的理念在西方国家已经深入人心，很多人都希望借助财产传承规划的制定，为自己的人生画上一个完满的句号。在我国，由于与遗产相关的管理制度还不太成熟，再加上专业从业人员的缺乏，导致实践中真正系统地制定财产传承规划的人比较少。

随着经济的发展，我国的中产阶级群体正在壮大，从理财规划角度进行私人财产的分配与传承也成为当下迫切的现实需要。而财产传承规划可以帮助当事人实现遗产的合理分配，增加遗产的价值，同时降低与当事人及其遗产有联系的人发生纠纷的比率。无论对家庭还是对社会来说，制定财产传承规划都是利大于弊的。

一、遗产

（一）遗产的法律特征

遗产是公民死亡时遗留的个人合法财产，遗产具有以下法律特征：

（1）遗产是公民死亡时遗留的财产。公民活着时，其财产不是遗产。

（2）遗产是公民个人的财产。公民个人财产包括公民个人单独所有的财产，也包括公民与他人共有财产中应属该公民所有的份额。

（3）遗产是公民的合法财产。非法侵占国家的、集体的或其他公民的财产，以及依照法律规定不允许公民所有的财产，不能成为遗产。

（二）遗产的范围

依照我国《民法典》第六编继承中的规定，遗产包括以下财产：

（1）公民的收入。包括公民的工资、奖金、存款的利息、从事合法经营的收入以及接受赠予、继承等所得的财产。

《民法典》关于遗产的规定

（2）公民的房屋、储蓄和生活用品。

（3）公民的林木、牲畜和家禽。公民的林木指公民在住宅前后自种的树木和自留地、自留山上所种的林木。公民的牲畜指公民自己饲养的马、牛、羊、猪等。公民的家禽指公民自己喂养的鸡、鸭、鹅等。

（4）公民的文物、图书资料。公民的文物指公民自己收藏的书画、古玩、艺术品。公民的图书资料指公民个人所有的书籍、书稿、笔记等。

（5）法律允许公民所有的生产资料。一般指国家法律允许从事工商经营的或农副业生产的公民拥有的汽车、拖拉机、船舶及饲料加工机等各种交通运输工具、农用机具、饲养设备等，以及华侨，港、澳、台同胞，外国人在我国内地投资所拥有的各种生产资料。

（6）公民的著作权、专利权中的财产权利。一般指公民享有的知识产权（著作权、专利权、商标权、发明权、发现权等）中的财产权利。但依法律规定，知识产权具有时间性，其财产权只在一定时间内受法律保护。

（7）公民的其他合法财产。包括国库券、债券、支票、股票等有价证券和履行标的为财物的债权等。此外，公民个人承包应得的个人收益，为公民的合法收入的组成部分，也属于遗产的范围。

（三）遗产中不包括的事项

遗产中不能包括的事项主要是一些权利与义务，常见的如下：

（1）与被继承人人身不可分的人身权利，如名誉权等人格权。

（2）与人身有关的和专属性的债权债务，因其具有不可转让性都不属于遗产。

（3）国有资源的使用权。被继承人生前依法取得和享有的国有资源使用权，虽然该权利在性质上属于用益物权，但因其取得须经特别程序，是授予特定人的，因此，不能列入遗产。

（4）承包经营权。个人承包应得的个人收益，依《民法典》的相关规定处理。但个人承包，依照法律允许由继承人继续承包的，按照承包合同办理。

（四）认定遗产时应注意的问题

1. 被继承人的遗产与公共财产的区别

遗产的范围只限于被继承人生前个人所有的财产，即被继承人生前享有所有权的财产才属于遗产。被继承人对公共财产享有的土地使用权、承包权等，不能作为遗产来继承。

2. 遗产与共有财产的区别

共有财产包括夫妻共有、家庭共有、遗产分割前的共有等财产。当被继承人为共有财产的权利人之一时，其死亡后，应把死者享有的份额从共有财产中分出，作为死者的遗产的组成部分。

3. 遗产与保险金、抚恤金的区别

被继承人生前和保险公司签订的人身保险合同，如果在合同中投保人已经指定了受益人，被保险人死亡后，则由合同所指定的受益人取得保险金并享有所有权。即该保险金因死者生前不享有所有权，因此不能作为死者的遗产。

抚恤金是职工因工死亡、革命军人牺牲或病故、个人因交通事故或其他事故死亡时，国家或死者生前所在单位等给予死者家属的精神关怀和物质帮助，不属于死者生前的个人财产，因此不能作为遗产。

二、财产传承规划

（一）财产传承规划的含义

财产传承规划是指为了保证财产安全继承而设计的财务方案，是当事人在其健在时通过选择适当的遗产管理工具和制定合理的遗产分配方案，对其拥有和控制的财产进行安排，确保这些财产能够按照自己的意愿实现特定目的，是从财务的角度对个人生前财产进行的整体规划。

（二）财产传承规划的必要性

《中华人民共和国遗产税暂行条例（草案）》

人终有一死，怎样才能使财产最大限度地留给后人呢？当重病的时候，又怎样保证后续的治疗费用呢？又由谁来安排配偶和子女的未来呢？财产传承规划可以起到很好的帮助作用。

财产传承规划是个人理财规划中不可缺少的部分，是一个家庭的财产得以世代相传的切实保障。我国虽然还未正式开征遗产税，但已经拟定了《中华人民共和国遗产税暂行条例（草案）》，所以了解和学习财产传承规划非常有必要。

（三）财产传承规划的原则

1. 保证财产传承规划的可变通性

财产传承规划从制定到生效有一段不确定的时间，这段时间内的客户财务状况和目标处于不断变化中，其规划也需要不断变化。因此，理财规划师要经常和客户沟通，对财产传承规划进行不断的修改，以保证它能满足不同时期客户的需要。

2. 确保财产传承规划的现金流动性

客户去世留下的遗产，要先用于支付相关的税及遗产处置费用，如办理遗产评估的费用、法律和会计手续费、丧葬费等，还清其所欠债务后，剩余部分才可以分配给受益人。所以，如果客户遗产中的现金数额不足，会导致其家人陷入债务危机。为避免这种情况发生，理财规划师必须帮助客户在其遗产中预留充足的现金。

(四) 财产传承规划的目标

财产传承规划的最终目标是帮助客户在其去世或丧失行为能力后分配和安排其资产和债务，所以常见的财产传承规划的目标是：一是为受赡（扶）养人留下足够的生活费用；二是为有特殊需要的受益人提供遗产保障；三是家庭特殊资产的继承；四是其他需要（保证家庭和睦、遗产代代相传等）。

三、法定继承

法定继承是指在被继承人没有对其遗产的处理立有遗嘱的情况下，由法律直接规定继承人的范围、继承顺序、遗产分配的原则的一种继承形式。法定继承并不直接体现被继承人的意志，仅是法律依推定的被继承人的意思将其遗产由其亲近亲属继承。

法定继承又称为无遗嘱继承，是相对于遗嘱继承而言的，即非遗嘱继承。

(一) 法定继承的顺序

《民法典》第 1123 条规定，继承开始后，按照法定继承办理；有遗嘱的，按照遗嘱继承或者遗赠办理；有遗赠扶养协议的，按照协议办理。《民法典》第 1127 条规定的法定继承顺序如图 11－1 所示。

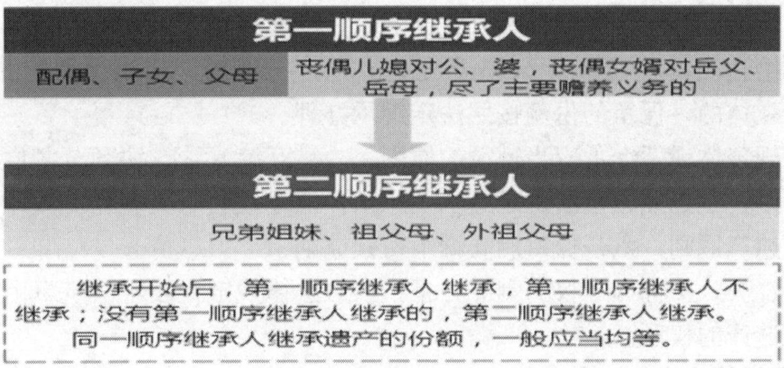

图 11－1　法定继承顺序

在第一顺序继承人中，父母包括生父母、养父母和有抚养关系的继父母。配偶是指合法的婚姻关系当事人，未形成婚姻关系的男女两性，如未婚同居、婚外同居以及无效婚姻、可撤销婚姻的男女双方，不具有法定继承权。子女包括婚生子女、非婚生子女、养子女和有抚养关系的继子女。关于子女的继承权，需要注意的是：第一，生活中“声明”与父母脱离父母子女关系的子女，仍可以依法享有对父母的继承权。第二，父母离婚后，随父母一方生活的子女，仍然可以享有对另一方的继承权。第三，非婚生子女，与婚生子女的地位完全相同，只不过其身份需要特别予以证明。第四，对于养子女，只要收养关系成立，便可以享有对养父母的继承权，但同时不再享有对生父母的继承权。第五，对于继子女，分两种情况，如果继父母对继子女没有抚养关系，则继子女只能享有生父母的继承权，无法享受继父母的继承权；如果继父母对继子女形成抚养关系，则继子女享有生父母和养父母的双重继承权。

此外，《民法典》明确规定，丧偶儿媳对公婆，丧偶女婿对岳父母，尽了主要赡养义务的，作为第一顺序继承人。其中尽主要赡养义务是指：一是对老人进行了生活上的照料和精神上的抚慰；二是对老人进行了经济上的扶助和供养；三是对老人的赡养具有长期性、经常性和稳定性。这是我国法律的一大特色，我国是世界上唯一在《民法典》中做此规定的国家。

（二）代位继承和转继承

代位继承是指被继承人的子女先于被继承人死亡的，由被继承人的子女的直系晚辈血亲代位继承。被继承人的兄弟姐妹先于被继承人死亡的，由被继承人的兄弟姐妹的子女代位继承。《民法典》的规定相较以往有了很大的变动，意味着侄儿、外甥也有机会获得继承权。

转继承是指继承开始后，继承人于遗产分割前死亡，并没有放弃继承的，该继承人应当继承的遗产转给其继承人，但是遗嘱另有安排的除外。

代位继承和转继承的区别

（三）继承的原则

《民法典》第 1132 条规定，继承人应当本着互谅互让、和睦团结的精神，协商处理继承问题。第 1156 条规定，遗产分割应当有利于生产和生活需要，不损害遗产的效用。第 1130 条规定，对生活有特殊困难又缺乏劳动能力的继承人，分配遗产时，应当予以照顾。对被继承人尽了主要扶养义务或者与被继承人共同生活的继承人，分配遗产时，可以多分。有扶养能力和有扶养条件的继承人，不尽扶养义务的，分配遗产时，应当不分或者少分。第 1131 条规定，对继承人以外的依靠被继承人扶养的人，或者继承人以外的对被继承人扶养较多的人，可以分给适当的遗产。第 1155 条规定，遗产分割时，应当保留胎儿的继承份额。胎儿娩出时是死体的，保留的份额按照法定继承办理。

以上相关规定体现了继承应当遵循的原则：一是互谅互让、协商分割原则；二是不损害遗产效用原则；三是照顾生活困难继承人原则；四是权利与义务相一致原则；五是非继承人酌情分得遗产原则；六是保留胎儿继承份额原则。

继承权的丧失，又称继承权的剥夺，是指依照法律规定在发生法定事由时取消继承人继承被继承人遗产的权利。

（四）继承权的丧失

《民法典》第 1125 条规定，继承人有下列行为之一的，丧失继承权：一是故意杀害被继承人；二是为争夺遗产而杀害其他继承人；三是遗弃被继承人，或者虐待被继承人情节严重；四是伪造、篡改、隐匿或者销毁遗嘱，情节严重；五是以欺诈、胁迫手段迫使或者妨碍被继承人设立、变更或者撤回遗嘱，情节严重。

继承人有上述第三项至第五项行为，确有悔改表现，被继承人表示宽恕或者事后在遗嘱中将其列为继承人的，该继承人不丧失继承权。

四、财产传承规划的工具

（一）遗嘱

遗嘱又称指定继承，是指由被继承人生前所立的遗嘱来指定继承人及继承的遗产种类、数额的继承方式。遗嘱是遗产规划中最重要的工具。许多人由于没有制定或及时更新遗嘱而无法实现其目标。只需依照一定的程序订立遗嘱文件，明确如何分配自己的遗产，然后签字认可，遗嘱即可生效。为了确保遗嘱的有效性，一般应采用正式遗嘱的形式，并及早拟订有关的文件。

1. 遗嘱的种类

《民法典》关于遗嘱的规定

遗嘱主要包括公证遗嘱、自书遗嘱、代书遗嘱、录音录像遗嘱、口头遗嘱、打印遗嘱。

（1）公证遗嘱，是经过公证机关公证的遗嘱。公证遗嘱必须由遗嘱人亲自到公证机关办理，不能由他人代理。公证遗嘱必须采用书面的形式，如遗嘱人亲笔书写遗嘱，要在遗嘱上签名或盖章，并注明年、月、日，公证人员对遗嘱审查后认为合法有效的，予以公证；如遗嘱人口头叙述遗嘱，要由公证人员进行笔录，经过公证人员向遗嘱人宣读并确认无误后，由公证人员和遗嘱人共同签名盖章，并注明设立遗嘱的地点和年、月、日。公证人员对遗嘱经过审查后认为合法有效的，予以公证，出具“遗嘱公证证明书”，公证书由公证机关和遗嘱人分别保存。

（2）自书遗嘱，指由遗嘱人亲笔书写制作的遗嘱。这种遗嘱的形式简单易行，具有较强的保密性，是最常用的遗嘱形式。自书遗嘱必须由遗嘱人亲笔书写遗嘱的全部内容，遗嘱人在上面签名，并注明年、月、日。自书遗嘱不能由他人代笔，也不能打印。

（3）代书遗嘱，是指由他人代笔书写的遗嘱。代书遗嘱必须符合以下要求才具有效力：其一，代书遗嘱须由遗嘱人口授遗嘱内容，由他人代书；其二，代书遗嘱须有两个以上的见证人（代书人也可以为见证人）在场见证；其三，代书人、其他见证人和遗嘱人在遗嘱上签名并注明年、月、日。

（4）录音录像遗嘱，指用带有录音、录像功能的设备记载遗嘱内容的遗嘱，录音录像遗嘱必须符合以下要求才具有效力：其一，录音或录像设备中所录制的须是遗嘱人口述的遗嘱内容；其二，须有两个以上见证人见证，见证人的见证证明也应当录制在录制遗嘱的录音或录像设备上。录音遗嘱设立后，应将录制遗嘱的存储设备封存，并由见证人共同签名，注明年、月、日。

（5）口头遗嘱，指立遗嘱人仅有口头表述而没有其他方式记载的遗嘱。口头遗嘱必须符合以下要求才具有效力：其一，只有在不能以其他方式设立遗嘱的危急情况下才可以立口头遗嘱；但是危机情况解除后，遗嘱人能够用书面或者录音形式设立其他形式遗嘱的，所立的口头遗嘱无效。其二，必须有两个以上见证人在场见证。其中，危急情况一般是指遗嘱人生命垂危或者处于战争中或遭遇意外灾害，随时都有生命危险，来不及或无条件设立其他形式遗嘱的情况。

（6）打印遗嘱，打印遗嘱应当有两个以上见证人在场见证。遗嘱人和见证人应当在遗嘱每一页签名，注明年、月、日。

2. 遗嘱的功能

遗嘱主要有以下四种功能：

（1）设立遗嘱是法律对公民财产所有权予以全面保护的最佳体现。它不仅保护了财产所有人生前的权利，而且还延伸到其死后，即所有人可以通过行使遗嘱权利明确其死后财产的归属。

（2）设立遗嘱有利于发挥家庭养老育幼的功能。公民可以用自己的遗产确保家庭成员之间的抚养、赡养关系的继续。

（3）设立遗嘱有利于发展社会福利事业。目前政府财力有限，社会福利事业还需大力发展，公民可以以遗嘱的方式将财产遗赠给国家或集体组织，也可以用作社会救济，如办学校、托儿所、养老院等和设立各种奖金。

（4）设立遗嘱有利于减少和预防纠纷。遗嘱权利人预先设立好遗产继承人各自应得的遗产份额，在其死后依遗嘱执行其意愿，则有利于解决矛盾，起到预防继承纠纷发生的作用。

3. 遗嘱的风险

遗嘱的风险主要包括以下两种：

（1）遗嘱的效力风险。大部分遗嘱都有被推翻的可能性，也就是说任何人只要认为自己有权继承遗产却被排除在外的，都可以到法庭申诉。

（2）设立遗嘱执行人的风险。在有遗嘱执行人的情形下，虽然遗嘱由遗嘱执行人保管，但遗产通常还是由继承人持有，导致遗产极容易受到侵吞，不仅容易在继承人之间产生纠纷，而且遗嘱也得不到很好的执行。

（二）遗产委任书

遗产委任书是财产传承规划的另一种工具，它授权当事人指定的一方在一定条件下代表当事人指定其遗嘱的订立人，或直接对当事人遗产进行分配。通过遗产委任书，可以授权他人代表自己安排和分配其财产，从而不必亲自办理有关的遗产手续。被授予权力代表当事人处理其遗产的一方称为代理人。在遗产委任书中，当事人一般要明确代理人的权力范围。后者只能在此范围内行使其权力。

遗产委任书包括普通遗产委任书和永久遗产委任书。

（三）遗嘱信托

遗嘱信托是委托人预先以立遗嘱的方式，将财产的规划内容详定于遗嘱中，等到遗嘱生效时，将信托财产转移给受托人，由受托人依据信托的内容管理处分信托财产。遗嘱信托具备以下功能：

（1）遗嘱信托可以延伸个人意志，妥善规划财产，减免遗产税，使财产永续传承。

（2）遗嘱信托以通过受托人的专业知识及技术对遗产分配进行合理规划，可以使遗产得到有效的保值、合理的配置和安全的传承，促使遗产发挥其最优功效。

（3）可以减少因遗产产生的纷争。

例 11-2：任先生是某跨国集团的董事长，今年 65 岁。任先生资产状况：总资产大概 6 000 万元，年薪税前 550 万元，家在北京，有两处公寓、一处别墅。家庭状况：妻子为全职太太，独子今年 24 岁。由于任先生的儿子不愿意在父亲的事业圈中实现梦想，一心想成为知名的服装设计师，准备去英国读书，专攻服装设计。任先生年事已高，身体每况愈下。考虑到由谁来接替自己掌管公司、家里财产如何传承时，任先生很是苦恼。

解析：困扰任先生的理财规划问题主要是在家庭财富的代际传承环节，建议运用遗产规划工具（遗嘱信托、人寿保险信托等）进行有效的财富保值。通过遗嘱信托，可以很好地解决财产传承问题，使家族永保富有并使财产顺利地传给后代，同时，也可以通过遗嘱执行人的理财能力弥补继承人无力理财的缺陷。因为遗嘱信托具有法律约束力，特别是中立的遗嘱继承人介入，能使遗产的清算和分配更公平，并可以避免巨额的遗产税。遗产税开征后，一旦发生继承，就会产生巨额的遗产税。

（四）人寿保险信托

人寿保险信托是以保险金或人寿保险单作为信托财产，由委托人和信托机构签订人寿保险信托合同，保险公司将保险赔偿款或期满保险金交付于受托人，由受托人依信托合同约定的方式管理、运用信托财产，并于信托终止时，将信托资产及运作收益交付信托受益人。人寿保险信托具备以下功能：

1. 财产风险隔离

委托人将财产转移至受托人处，则该信托财产所有权为受托人所有，由信托财产产生的信托收益归受益人。此种法律上所有权与受益权分离的原则，其优点在于委托人不但可免管理之责，而且可免于被债权人追索。而受托人的债权人也无法对信托财产实施主张，因为受托人仅有名义上的所有权，而无实质上的所有权。至于受益人的债权人，则因为受益人实质上的所有权是依照信托规定享受信托收益的权利，所以受益人的债权人不能直接对该财产有任何主张，至多只能代受益人请求受托人依照信托规定配发信托收益。

2. 家庭生活保障

通过保险金信托的运用，由专业信托机构妥善管理、运用信托财产（保险金），可以避免保险金的不当运用，使受益人最大限度地享受保险金的利益。

3. 专业财产管理

通过专业的财产管理服务，可以减轻自行管理运用的负担。

4. 规避经营风险

委托人如果由于经营不善导致公司亏损，发生追偿事件，此保险金不在被索偿的范围内，由受托人仍然依据合约约定的方式管理、运用保险金，并于合约终止时，将保险金及运作收益交付信托受益人，从而减少给受益人带来的损失。

（五）赠予

赠予是指当事人为了实现某种目标将某项财产作为礼物赠送给他人，而使该项财产不再出现在遗嘱条款中。

赠予的优点是可以减少税收支出，因为很多国家对赠予财产的征税都要远低于对遗产的征税。赠予的缺点是一旦财产赠予他人，则当事人就失去了对该财产的控制，可能无法将其收回。

（六）家族信托

家族信托是指信托公司接受单一个人或者家庭的委托，以家庭财富的保护、传承和管理为主要信托目的，提供财产规划、风险隔离、资产配置、子女教育、家族治理、公益（慈善）事业等定制化事务管理和金融服务的信托业务。

家族信托初始设立时财产金额或价值不低于1 000万元。受益人应当为委托人或者其亲属，以及慈善信托或者慈善组织，但委托人不得为唯一受益人。单纯以追求信托财产保值增值为主要信托目的，具有专户理财性质和资产管理属性的信托业务不属于家族信托。

家族信托具有以下五大功能：一是财富保障。利用信托财产所有权转移的特性，避免不必要的债务及资产纠纷。二是保密性。信托资产的保密，信托当事人信息的保密。信托结构分配方式的单独披露，避免分配不均等造成的家庭内部矛盾。三是财富传承。个性化信托合同体现委托人的精神，实现财富的代际转移，保障家族基业长青。四是税务筹划。

通过设立信托，合理规避或平滑税收，协助委托人做跨税务辖区的税务筹划。五是慈善目的。实现慈善事业的有序、可持续进行。

家族信托常被喻为信托业务的“明珠”。家族信托通过为高净值客户提供具有较强专业性的综合管理服务，来实现家族财富规划与传承目标，并且具有个性化、定制化、多样化等一些独特的优势，能够对家族财富起到特殊的保护和优化传承作用。从“创富”到“守富”，再到“传富”，作为家族财富长期规划和风险隔离的重要金融工具，家族信托越来越受到高净值人士的重视和青睐。

财产传承规划相关案例分析

五、影响财产传承规划的因素

应当根据不断变化的情况对财产传承规划方案进行调整。日常生活中，能够影响财产传承规划方案的因素主要有以下几种：子女的出生或死亡；配偶或其他继承人的死亡；结婚或离异；本人或亲友身患重病；家庭成员成年；继承遗产；房地产的出售；财富的变化；有关税制和遗产法的变化。

例 11－3： 被继承人张某有一子一女，均于继承开始前死亡。被继承人的配偶、父母也已先于被继承人死亡。张某的儿子留有子女甲、乙、丙，张某的女儿留有子丁。被继承人的儿媳戊对其尽了主要赡养义务。被继承人张某去世后，甲、乙、丙、丁、戊为各自应继承的份额发生纠纷，丁向人民法院提起诉讼。

解析：被继承人张某的子女先于被继承人死亡而不能对被继承人遗产行使继承权，甲、乙、丙、丁对被继承人遗产的继承属于代位继承。甲、乙、丙、丁符合代位继承被继承人的遗产的条件，享有对被继承人的遗产的代位继承权。此外，被继承人的丧偶儿媳也符合继承被继承人的遗产的条件。故而，甲、乙、丙、丁、戊同为第一顺序的法定继承人。遗产的分配份额方面，原则上被继承人的遗产应分为三份，由戊继承三分之一，甲、乙、丙三人共同继承三分之一，丁继承三分之一。

理财实训

姜先生父母双亡，于2020年和张女士离婚后与小儿子姜成一起生活，大儿子姜峰由于智障不能自理，随母亲张女士一起生活。2023年7月，姜先生突发心脏病去世，在清理遗产时发现了姜先生的一份自书遗嘱，将全部财产50万元留给小儿子姜成。根据案例信息讨论姜先生的遗嘱是否有效。

理财文化

西汉“遗嘱继承”一瞥

湖北《张家山汉墓竹简》之《二年律令·户律》曾有记载：“民欲先令相分田宅、奴婢、财物。乡部啬夫身听其令，皆叁半券书之，辄上如户籍。有争者，以券书从事；毋券书，勿听。所分田宅，不为户，得有之，至八月书户。留难先令，弗为券书，罚金一两。”可见在汉初，法律已经开始规制遗嘱继承的行为，人们可以通过遗嘱的形式对田宅、奴婢、财产等进行分配，立遗嘱时要有乡部啬夫这样的基层官吏在场见证，并且要到官府进行“券书”登记，与今日遗嘱继承中的“见证人”制度和公证制度颇为相似。

模块小结

<table>
<tr><th colspan="4">任务一　婚姻家庭风险因素分析</th></tr>
<tr><td colspan="2">经营的风险</td><td colspan="2">经营合伙企业的风险、经营公司的风险</td></tr>
<tr><td colspan="2">婚姻变动中的财产风险</td><td colspan="2">婚后财产共有制容易导致纠纷的产生、利用婚姻诈骗财产、转移共同财产、跨国婚姻</td></tr>
<tr><td colspan="2">子女抚养教育的财产风险</td><td colspan="2">子女教育财产投入风险、离异情况下子女抚养教育财产的风险、夫妻一方去世情况下子女抚养教育财产被侵占的风险</td></tr>
<tr><td colspan="2">财产传承的风险</td><td colspan="2">遗产的争夺风险、产业传承的风险</td></tr>
<tr><th colspan="4">任务二　财产权属界定</th></tr>
<tr><td colspan="2">财产所有权的权能</td><td colspan="2">占有权、使用权、收益权、处分权</td></tr>
<tr><td rowspan="4">个人所有财产</td><td>合法收入</td><td colspan="2">个人通过各种合法途径取得的货币收入与实物收入</td></tr>
<tr><td>不动产</td><td colspan="2">主要指房屋</td></tr>
<tr><td>金融资产</td><td colspan="2">储蓄、债券、基金份额和股票等</td></tr>
<tr><td>其他财产</td><td colspan="2">生活用品、古董、图书资料等</td></tr>
<tr><td colspan="2">财产共有</td><td colspan="2">多个权利主体共享所有权，是对同一客体之上所有权量的分割</td></tr>
<tr><td colspan="2" rowspan="4">财产共有的特征</td><td colspan="2">共有的权利主体是多元的</td></tr>
<tr><td colspan="2">共有的客体是一项统一的财产</td></tr>
<tr><td colspan="2">共有的内容是各共有人对共有物共享权利，共负义务</td></tr>
<tr><td colspan="2">共有是所有权的联合</td></tr>
<tr><td colspan="2">共有关系的分类</td><td colspan="2">按份共有、共同共有</td></tr>
<tr><td colspan="2" rowspan="2">共有财产的分割</td><td>原则</td><td>遵守法律，遵守约定，平等协商、和睦团结</td></tr>
<tr><td>方法</td><td>实物分割、变价分割、作价补偿</td></tr>
<tr><th colspan="4">任务三　财产分配规划</th></tr>
<tr><td colspan="2">财产分配规划的原则</td><td colspan="2">风险隔离的原则，合情合法的原则，照顾妇女儿童的原则，有利方便的原则，不得损害国家、集体和他人利益的原则</td></tr>
<tr><td colspan="2">财产分配规划的工具</td><td colspan="2">公证、信托</td></tr>
<tr><th colspan="4">任务四　财产传承规划</th></tr>
<tr><td colspan="2" rowspan="2">财产传承规划的原则</td><td colspan="2">保证财产传承规划的可变通性</td></tr>
<tr><td colspan="2">确保财产传承规划的现金流动性</td></tr>
<tr><td colspan="2">财产传承规划的工具</td><td colspan="2">遗嘱、遗产委任书、遗嘱信托、人寿保险信托、赠予、家族信托</td></tr>
</table>

模块测评

1. 请根据刘先生家庭状况为刘先生设计一份财产分配规划。刘先生今年 60 岁，老伴 57 岁。儿子去年结婚，有了自己的新巢，他与老伴的生活正式步入了“空巢期”。没有孩子在身边陪伴，老两口感觉生活一下子失去了重心。刘先生和老伴每月的退休工资加起来有 6 000 元，每月开支 2 000 元左右。之前为了给儿子买房，他们花去了大部分积蓄，现在手中的闲钱大约还剩 30 万元，一直存在银行，不知该如何打理。怎样帮助刘先生规划，才能安全地将这笔财富传承给儿子？

2. 40 岁的李先生是企业的高管，妻子全职在家，照顾正在上小学的 9 岁的儿子。家庭大概有可支配财产 800 万元。现在有一个很好的投资机会，一个朋友邀请他合伙投资，前景很看好。但是根据我国法律的规定，合伙企业的普通合伙人对债务承担的是连带责任。根据我国《民法典》的规定，我国实行的是夫妻共同财产制，也就是说，如果李先生与妻子没有进行婚姻财产的约定，其妻子对合伙企业的债务也有偿还责任。请为李先生做一份规划，以确保家庭生活的稳定性和孩子将来的上学费用。

参考文献

1. 兹维·博迪，罗伯特·默顿，戴维·克利顿．金融学：第 2 版．北京：中国人民大学出版社，2018.

2. 杰夫·马杜拉．个人理财：第 7 版．北京：中国人民大学出版社，2023.

3. 乔治·瑞达，迈克尔·麦克纳马拉，威廉·拉伯尔．风险管理与保险原理：第 14 版．北京：中国人民大学出版社，2023.

4. 理财规划师（CHFP）专业委员会．家庭财务规划．6 版．北京：中国金融出版社，2020.

5. 中国就业培训技术指导中心．理财规划师基础知识．5 版．北京：中国财政经济出版社，2013.

6. 中国就业培训技术指导中心．理财规划师专业能力．5 版．北京：中国财政经济出版社，2013.

7. 中国银行业协会银行业专业人员职业资格考试办公室．个人理财：中级．北京：中国金融出版社，2023.

8. 中国证券业协会．金融市场基础知识．北京：中国财政经济出版社，2023.

9. 中国注册会计师协会．税法．北京：中国财政经济出版社，2023.

10. 全国税务师职业资格考试教材编写组．税法．北京：中国税务出版社，2022.

11. 财政部会计财务评价中心．经济法基础．北京：经济科学出版社，2024.

12. 谭晓东，刘广君，柳明，等．健康财富规划职业技能等级教材：中级．武汉：武汉大学出版社，2022.

13. 蒋洪平，韩乐．家庭理财规划：中级．西安：西安电子科技大学出版社，2022.

14. 宋蔚蔚．个人理财．3 版．北京：中国人民大学出版社，2021.

15. 杨泽文，吴娜．个人理财业务．3 版．北京：经济科学出版社，2024.

16. 宋立温，王建花．个人理财规划实务．北京：国家行政学院出版社，2017.

17. 孙树志．病有所医：医疗保险．北京：中国民主法制出版社，2016.

18. 成欢．我国多层次养老保险体系的制度优化与路径选择．成都：西南财经大学出版社，2016.

19. 何文炯．改革开放 40 年：中国养老保险回顾与展望．教育与研究，2018（11）.

20. 王波．房贷本金还款在家庭财务报表中的处理．山西财政税务专科学校学报，2020（8）.

图书在版编目（CIP）数据

个人理财/康建军，王波主编. --2版. --北京：中国人民大学出版社，2024.5
新编21世纪高等职业教育精品教材. 金融类
ISBN 978-7-300-32697-9

Ⅰ.①个… Ⅱ.①康…②王… Ⅲ.①私人投资-高等职业教育-教材 Ⅳ.①F830.59

中国国家版本馆CIP数据核字（2024）第068504号

"十四五"职业教育国家规划教材
山西省"十四五"首批职业教育规划教材
智慧职教MOOC"个人理财"在线开放课程配套教材
"岗课赛证"融通教材
新编21世纪高等职业教育精品教材·金融类
个人理财（第二版）
主　编　康建军　王　波
副主编　梁兴国　王小军
Geren Licai

出版发行　中国人民大学出版社
社　　址　北京中关村大街31号　　邮政编码　100080
电　　话　010－62511242（总编室）　　010－62511770（质管部）
　　　　　010－82501766（邮购部）　　010－62514148（门市部）
　　　　　010－62515195（发行公司）　　010－62515275（盗版举报）
网　　址　http://www.crup.com.cn
经　　销　新华书店
印　　刷　北京宏伟双华印刷有限公司
开　　本　787 mm×1092 mm　1/16　　版　　次　2021年3月第1版
　　　　　　　　　　　　　　　　　　　　　　2024年5月第2版
印　　张　15.5　　印　　次　2025年2月第3次印刷
字　　数　352 000　　定　　价　48.00元